韶文化研究丛书编委会

岭南文化书系
韶文化研究丛书

韶关禅宗文化研究集萃

王焰安　编

暨南大学出版社

JINAN UNIVERSITY PRESS

中国·广州

图书在版编目（CIP）数据

韶关禅宗文化研究集萃/王焰安编 . —广州：暨南大学出版社，2020. 12
（岭南文化书系 . 韶文化研究丛书）
ISBN 978 - 7 - 5668 - 3116 - 3

Ⅰ.①韶…　Ⅱ.①王…　Ⅲ.①禅宗—宗教文化—文化研究—韶关
Ⅳ.①B946. 5

中国版本图书馆 CIP 数据核字（2020）第 257745 号

韶关禅宗文化研究集萃
SHAOGUAN CHANZONG WENHUA YANJIU JICUI
编　者：王焰安

- -

出 版 人：张晋升
项目统筹：苏彩桃
责任编辑：黄　斯　朱良红
责任校对：王燕玲　黄晓佳　陈皓琳
责任印制：周一丹　郑玉婷

出版发行：暨南大学出版社（510630）
电　　话：总编室（8620）85221601
　　　　　营销部（8620）85225284　85228291　85228292　85226712
传　　真：(8620) 85221583（办公室）　85223774（营销部）
网　　址：http：//www. jnupress. com
排　　版：广州市天河星辰文化发展部照排中心
印　　刷：韶关市新华宏达印务有限公司
开　　本：787mm×1092mm　1/16
印　　张：18. 5
字　　数：297 千
版　　次：2020 年 12 月第 1 版
印　　次：2020 年 12 月第 1 次
定　　价：59. 00 元

总　序

一

　　韶关历史悠久，文化底蕴深厚，源远流长，为岭南开发较早的地区之一。宋代乐史撰《太平寰宇记》所引《郡国志》言："韶州科斗劳水间有韶石，两石相对，大小略均，有似双阙……昔舜帝游此石，奏韶乐，因以名之。"其实，"韶"字来源于"舜帝南巡奏韶乐"的千古美妙传说早在隋唐时期就已流传。隋开皇九年（589），韶州以"韶"为州名，千百年来始终未改。此后，在中华大地上以"韶"命名的古城韶州成为岭南著名州府。迄今为止，韶关是唯一以"韶"命名的历史文化名城。

　　马坝人的发现证明了早在十多万年前，人类的祖先就在韶关这块古老的土地上繁衍生息。石峡文化遗址的发掘又告诉人们，在四五千年前，这片区域已经与长江流域在经济文化方面有了密切的联系，及至秦破百越、纳岭南，韶州成为岭南最早归属中央政权管辖和开发的地区之一。汉晋以降，珠玑先民持续南迁至珠江三角洲，衍成广府民系和广府文化。可以说，韶文化是岭南文化早期的一个主要源头。唐代著名文学家皇甫湜在为韶州作《韶阳楼记》时写道："岭南属州以百数，韶州为大。"韶关作为广东北大门及粤北历史文化中心，自古就发挥了传输中原文化、弘扬岭南文化的先进作用。

　　韶关自古为岭南重镇，又是人杰地灵之都、山川灵秀之域。唐初，禅宗南派创始人六祖惠能在韶州弘法近四十年，述成了第一部中国化的佛家经典《六祖坛经》，形成了著名的禅宗文化。南北朝时期以勇猛刚烈著称的风烈将军侯安都，唐开元盛世名相、以风度名扬天下的张九龄，学深刚毅、文采拔萃、以风采而著名的北宋政治家余靖，明代抗倭名将陈璘，清代著名思想家廖燕等，都是受韶文化滋养的土生

土长的韶州人杰。唐代大文豪韩愈，北宋文学家苏东坡，南宋诗人杨万里、著名理学家朱熹、名臣文天祥，明代才子解缙、著名学者丘濬、理学家陈白沙、科学家徐光启、军事家袁崇焕，清代著名诗人王士祯、朱彝尊，以及民国时期革命先行者孙中山，中华人民共和国创建者毛泽东、朱德、陈毅等一大批名人都在韶关留下了千古流芳的诗文和历史足迹。在中华世纪坛上铭刻的一百多位对中国历史文化产生深刻影响的人中有两位外国人，其中有一位是被誉为"中西文化交流第一人"的意大利传教士利玛窦，他也曾经于明代在韶关活动六年，对西学东渐和东学西传作出了不可磨灭的贡献。

从古代相传"舜帝南巡奏韶乐"到岭南名州、历史文化名城，韶关经过代代相传，已经形成了岭南文化中不可或缺的重要组成部分——韶文化。因此，我们说，韶文化是指分布在粤北地区的、受历代行政区划和自然环境影响孕育滋生的一种有着较为突出特征的史志阶段的区域文化。简言之，韶关本土的历史文化就是韶文化。韶文化的核心是以"韶"为主的包容、和谐、善美的传统精神，其文化结构的主要元素是舜韶乐文化、客家文化、南禅宗佛教文化、历史名人文化、瑶族文化、矿冶文化、山区生态文化、红色革命文化等，在文化形态上既表现了与岭南文化的同一性，又表现出自然与人文各方面的多元性和独特性。正是由于以上在地域特征、自然生态、族源构成等方面显示出的诸多特殊性，以"韶"为主题的韶文化才得以确立，并在数千年的历史中不断融合发展。

二

韶文化是岭南文化中一个主要的文化类型。这个文化类型的特色在以石峡文化为代表的萌芽阶段已初现端倪，在秦代南越国及两汉以后步入发展阶段，曲江（又称曲红，因曲红岗得名）、始兴郡皆为当时岭南最重要的中心城市之一，特别是此地最富特色的以丹霞红岩为主的自然生态风光逐渐被人们发现，而且由于舜帝南巡，在岭南地区奏韶乐的历史传说，原名"曲红岗"的丹霞地貌被赋予"至美""至善"的韶乐精神，并命名为"韶石"："隋平陈，为韶州，以韶石为名。"（唐初梁载言《十道志》）至此，以"韶"为核心的优美的自然环境和善美和合的韶乐人文精神在粤北地区被有机地结合起来，韶

乐、韶石、韶州成为这一地区最鲜明的文化符号。基于地方行政区划和自然环境特殊性而形成的区域文化——韶文化，在保留了岭南文化一般特征的同时，逐渐在粤北展现出自己独特的文化结构、文化形态特征，主要表现在：

——舜帝韶乐文化。它不仅是韶关得名之源，而且有历史上一大批古建筑作为载体，以及隋唐以来历代史志和名人歌赋作为文献记录。韶乐的和谐善美精神在韶关地区的传播至少有千余年，是韶文化的精神内核，是统领其他文化要素的主导部分，也是区别于其他区域文化的重要地方特色。之所以把粤北地区的文化称为"韶文化"，其主要原因正在于此。

——汉族移民文化、粤北客家文化、瑶族文化、畲民文化构成了韶文化的民族民系主体。特别是持续南迁的珠玑巷移民构成了日后广府民系的主体，对岭南和东南亚的开发影响深远。

——发源于韶关的南禅宗佛教文化及其他宗教文化构成了韶文化精神层面的重要补充。南禅宗文化使佛教比较彻底地中国化，影响超出岭南，波及全国甚至全世界。

——历史上，粤北古道交通文化和名人文化突出。粤北是中原文化和岭南文化之间的主要通道、海上丝绸之路的陆上重要节点，而惠能、张九龄、余靖等都是岭南人杰，影响广泛。

——历史悠久的矿冶文化。韶关采矿历史久远、规模巨大，是世界上最早运用"淋铜法（湿法炼铜）"来大规模生产胆铜的地方。矿冶业延续至今，是韶关的重要经济命脉，也是韶关突出的城市文化特色和韶文化的突出特征。

——山区生态文化。此地域居民秉承"天地同和"精神，在历史长河中与自然和谐相处，生态环境基本保持良好，是韶文化特色的显现，也是今后韶关发展的最重要的资源之一。

——以毛泽东、朱德、陈毅等人及抗战时期的广东省委在韶关的革命活动为代表的红色革命文化。此外，孙中山以韶关为根据地二次誓师北伐、抗战初期广东省省会北迁韶关等也都是宝贵的历史财富。

上述文化结构、文化特征是韶文化的主要内涵，也是我们开展韶文化研究的主要方向。

三

重视韶文化的研究、传承与弘扬，对岭南文化的传播与发展具有非常重要的意义。深入细致地挖掘和研究韶文化，可以有力地推动粤北历史文化研究的发展，推动地方人文历史与环境的良性互动，丰富人民群众的精神文化生活，深化岭南文化的固有内涵，促进岭南文化繁荣发展，为广东建设文化强省、韶关建设区域文化中心提供理论依据和文化支撑。有鉴于此，韶关市和韶关学院于 2009 年 11 月正式联合成立了韶文化研究院，现已拥有专职、兼职研究人员 40 多人，特聘文化顾问 10 人。研究院成立以来，在韶关学院和韶关市委宣传部、韶关市社会科学界联合会的领导与支持下，积极开展地方文化历史研究与传播工作，先后获准设立广东省张九龄研究中心、广东省韶文化研究基地。2012 年 7 月，经广东省委宣传部和广东省社会科学院发文，研究院升格为广东地方特色文化（韶文化）研究基地，成为全省首批九大特色文化研究基地之一。

本丛书即是该基地的初期研究成果。丛书的规模暂不限定，计划先用三年时间陆续推出几批著作。目前选题以历史文化为主，专注于与韶关有关的人、事和物，今后将逐渐扩大研究范围。

感谢韶关学院的党政领导和韶关市委宣传部、韶关市社会科学界联合会对本丛书立项、研究撰写和出版发行的支持与资助。特别感谢本丛书的各位作者，正是由于他们的辛勤劳动和无私奉献，本丛书才得以付梓面世。暨南大学出版社对本丛书的出版发行给予了帮助，在此一并感谢。

是为序。

韶关市韶文化研究院
韶关学院韶文化研究院
广东地方特色文化（韶文化）研究基地
2015 年 10 月

目 录

韶关禅宗高僧大德研究

韶关禅宗典籍研究

韶文化研究丛书

目录

韶关禅宗寺庙文化研究

岭南文化书系

韶关禅宗文化研究集萃

六祖慧能与韶州曹溪宝林道场的重修和扩建

莫昌龙　李明山

六祖慧能①与韶州有缘，在黄梅得法前，就曾在韶州的曹溪宝林寺逗留。但到底有几次，每次有多长时间，由于禅宗主张教外别传、不立文字，现在也难以有人说得具体清楚。见诸流传下来的文献史料，记载又不一致。但是，慧能在黄梅得法前后在韶州宝林寺居住逗留不止一次，确是事实。而且，正是慧能与韶州曹溪宝林寺结缘，才使曹溪宝林寺得以兴盛和发展。如果说南派禅宗思想的发展兴盛主要得缘于慧能六祖大师的身份及其努力，那么，曹溪宝林寺的地缘优势也为这种发展兴盛起了重要的奠基作用；同时，慧能也为曹溪宝林寺的发展和兴盛起了重要的促进作用。

曹溪宝林寺开山，相传在南朝梁武帝萧衍天监年间。"梁天监元年，西域智药三藏航海而来，初登五羊，至法性寺，以所携菩提树一株，植于宋求那跋陀三藏所建戒坛之前……及至南海到曹溪口，掬水饮之，香美异常。谓其徒曰：'此水与西天之水无别，溪源上必有胜地，堪为兰若。'乃溯流穷源至此，四顾山水回合，峰峦奇秀。叹曰：'宛如西天宝林山也。'因谓居民曰：'可于此山建一梵刹，一百六十年后，当有无上法宝于此演化，得道者如林，宜号宝林。'"② 后来，韶州牧侯敬中表奏朝廷，得到梁武帝的批准，并赐额曰"宝林"，梵

---

① 慧能，另一写法"惠能"。因本书为论文集，论文出自不同人之手，引用的文献典籍亦较多，存在"慧能""惠能"通用的情况，为尊重作者和保持文献原用字，本书一如其旧，不作统一。

② 马元：《重修曹溪通志》，康熙年版本。

宫（佛寺）遂成。时在天监三年，即公元504年。佛教传入中国是在两汉之际。岭南处于边鄙之地，佛教能于六朝时期传入，也不算是落后。但佛教尤其是禅宗在韶州的真正兴盛和发展，是唐朝及其后的事情，而且这种兴盛和发展又和六祖慧能有着不解之缘，曹溪宝林寺的重修、重建、扩建，就是这种兴盛、发展的外在表现。

一、慧能黄梅求法前的宝林寺第一次重修

道原《景德传灯录》记载："师（慧能）遽告其母，以为法寻师之意，直抵韶州。遇高行士刘志略，结为交友。尼无尽藏者，即志略之姑也。常读《涅槃经》。师暂听之，即为解说其义。尼遂执卷问字。师曰：'字即不识，义即请问。'尼曰：'字尚不识，曷能会义？'师曰：'诸佛妙理，非关文字。'尼惊异之，告乡里耆艾云：'能是有道之人，宜请供养。'于是居人竞来瞻礼。近有宝林古寺旧地。众议营葺，俾师居之。四众云集，俄成宝坊。师一日忽自念曰：'我求大法，岂可中道而止。'明日遂行。至乐昌县西山石室间，遇智远禅师，师遂请益。远曰：'观子神姿爽拔，殆非常人。吾闻西域菩提达磨，传心印于黄梅。汝当往彼参决。'师辞去，直造黄梅之东禅。即唐咸亨二年也。忍大师一见，默而识之。"① 这说的是慧能黄梅求法之前的事。这次慧能在曹溪居留时间不长，崇拜他的竞相前来瞻礼的居民，只是考虑就便对宝林古寺进行修葺，重新加些茅草顶盖，让慧能能够居住，且佛教信众得以听经请益就是了。尽管如此，因为慧能对佛经的独到悟解，通过无尽藏尼的宣传，还是引来了云集的四众，顷刻间使隋唐以来处于兵火摧残而破败不堪的宝林寺又成了佛教传播的"宝林道场"。这次不是大兴土木的重建，而是维修，原因是慧能暂时没有在此居住传道的长远打算。事实也是如此，不久慧能就到乐昌的智远禅师那里去了。虽然时间不长，宝林寺还是出现了四众云集、一时兴盛的局面。显然，这次宝林寺的重修和兴盛与慧能有密切关系。虽然是地方居民出力修葺，但若没有慧能这个佛教人才，宝林寺的修葺和兴盛也无从提起了。

---

① 道原：《景德传灯录》卷五。

二、慧能黄梅得法后宝林寺的重建和兴盛

"师自黄梅得法，回至韶州曹侯村，人无知者。有儒士刘志略，礼遇甚厚。志略有姑为尼，名无尽藏，常诵《大涅槃经》。师暂听，即知妙义，遂为解说。尼乃执卷问字。师曰：'字即不识，义即请问。'尼曰：'字尚不识，焉能会义？'师曰：'诸佛妙理，非关文字。'尼惊异之，遍告里中耆德云：'此是有道之士，宜请供养。'有魏武侯玄孙曹叔良及居民，竞来瞻礼。时宝林古寺，自隋末兵火，已废。遂于故基重建梵宇，延师居之，俄成宝坊。师住九月余日，又为恶党寻逐。师乃遁于前山，被其纵火焚草木。师隐身挨入石中得免。石今有师跌坐膝痕及衣布之纹，因名避难石。师忆五祖怀会止藏之嘱，遂行隐于二邑焉。"[①] 这说的是慧能在黄梅得法之后的事。当时的宝林寺，经过隋末农民大起义的战争兵火，已经是破败不堪，几成废墟了。要想让得法悟道的慧能在此讲经说法，已有的寺宇庙舍已是不方便容身居住的，只好在宝林寺的残破基础上"重建梵宇"，实际上就是重建佛寺。重建以后的宝林寺，香火又旺盛起来。这次宝林寺的重建和兴盛与慧能有直接关系。

这时的慧能虽然已黄梅得法，却还没有剃度出家，处在"恶人寻逐"阶段，想在韶州落脚并长期弘法也不可能。在被人追杀无处藏身的情况下，慧能就到山里石缝中躲避，还受到烧山大火的威胁，命如悬丝的危险仍然没有脱离。虽然这次在韶州宝林寺待的时间比在黄梅东禅寺还要长，但慧能最终还是根据五祖弘忍"逢怀则止，遇会则藏"的嘱咐离开了宝林寺，逃到韶州以远的深山老林中去避难。

避难是慧能不得已之举，并不一定是他的真实心愿。黄梅得法的慧能，何苦非得混迹猎人队中，何不早日一展宏图，实现弘法愿望？只是形势所迫，不得已通过避难来等待时机。慧能在黄梅得法后，过大庾岭到韶州宝林寺，是熟门熟路，也很想永久居留下来，只是为了解决恶人寻逐和命若悬丝的问题，才去避难的。慧能避难十六年（有说是十七年，有说五年）的处所，除了四会和怀集，还有韶州和新州。《历代法宝记》载，六祖慧能"在十七载中，或在新州，或在韶州，或隐于四会、怀集"。既是避难，第一考虑的是安全，韶州曹溪有他的朋友和信众尽力保护他，又可以传道弘法，应该是首选。但事实证明，宝林寺离交通要冲韶州很近，太显眼，还是避不了恶人寻逐的危险。回归新州故乡，也更近情理，他总要看望一下久别的老母亲。

---

① 《坛经·机缘第七》。

即便母亲不在人世，也有乡亲不能忘怀。最安全的自然是四会和怀集的深山老林，在此避难也是正理。

三、慧能剃度出家后对宝林寺的大力扩建

隋以前的韶州曹溪宝林寺的建立，和慧能没有关系。到了唐初，宝林寺近于毁废。由于慧能的出现，宝林寺又有了生机，只是情况特殊，持续时间不长。但是，正因为慧能的出现，曹溪宝林寺得到一次重修、一次重建。这两次的修建，使宝林寺有了香火兴盛的机缘与开端。而真正使宝林寺兴盛的，还是剃度后的慧能，再回韶州曹溪弘法后对宝林寺的扩建。

慧能在广州法性寺落发受戒、开堂讲法不久，印宗法师就提出了"久在何处住"的问题。慧能很干脆地回答："韶州曲江县南五十里曹溪村故宝林寺。"①

次年（676）春。师辞众归宝林，印宗与缁白，送者千余人。直至曹溪，时荆州通应律师与学者数百人，依师而住。师至曹溪宝林，睹堂宇湫隘，不足容众，欲广之。遂谒里人陈亚仙，曰："老僧欲就檀越求坐具地，得不？"陈曰："和尚坐具几许阔？"祖出坐具示之，陈唯然。祖以坐具一展，尽罩曹溪四境。四天王现身，坐镇四方。今寺境有天王岭，因兹而名。陈曰："也知和尚法力广大，但吾高祖坟墓，并在此地，他日选塔，幸望存留，余愿尽舍，永为宝坊。然此地乃生龙白象来脉，只可平天，不可平地。"寺后营建，一依其言。师游境地，山水胜处，辄息止焉，遂成兰若一十三所。今日花果院，隶籍寺门。其宝林道场，亦先是西国智药三藏，自南海经曹溪口，掬水而饮，香美异之。谓其徒曰："此水与西天之水无别，溪源上必有胜地，堪为兰若。"随流至源上，四顾山水回环，峰峦奇秀。叹曰："宛如西天宝林山也。"乃谓曹侯村居民曰："可于此山建一梵刹。一百七十年后，当有无上法宝于此演化。得道者如林，宜号宝林。"②

上文所说好像是一个神话传说，但传说里面也有历史的影子。慧能完成了曹溪宝林寺的扩建确是事实。而四大天王现身，则有些神话性质了。慧能不在广州永久居住弘法，自有他的理由。韶州虽然条件比不上广州，但慧能毅然来了，并面对和解决遇到的问题与困难。最

---

① 丁福保：《六祖坛经笺注》，香港宏大印刷制本公司，2002 年，第 157 页。
② 宗宝：《六祖大师法宝坛经附录·六祖大师缘起外纪》。

急迫的问题就是宝林寺的扩建。宝林寺堂宇破败，狭小潮湿，慧能又带来了数百弟子信众，怎么也容留不下，何况还有向社会上的佛教俗家信众传播禅宗教义的义务。宝林寺周边土地是当地士绅陈亚仙的，要扩建宝林寺，非找陈亚仙解决不可。经过慧能和陈亚仙的一番智慧对话，陈亚仙答应了慧能的要求。解决这一问题，需要巨大的智慧和胆略。慧能向陈亚仙求得"一坐具"抑或是"一袈裟"的地方，不是很简单的事情。慧能也代表禅宗宝林寺做出一些让步和牺牲，比如他同意在宝林寺保留陈亚仙的家族祖坟。更重要的是，它给宝林寺的进一步大发展带来了契机。曹溪一带很快建成了十三所佛寺建筑。这样，慧能就可以大显身手弘法了。据后来台湾禅宗大师印顺的研究可知，慧能因此可以多处居留，多处讲经弘法。这次宝林寺扩建，慧能还在卓锡泉（即九龙泉）右边专门建了一处庵宇供无尽藏尼居住。后经历代僧人重修扩建，最终成了一所规模很大的女众修持院。除建有富丽堂皇的佛殿外，还有能住上百尼姑的两排楼房以及斋堂、客堂、功德堂等。通过慧能对曹溪宝林寺的扩建和整合，周边的佛教别院和茅棚也都归属宝林寺门下了。

神龙元年（705），唐中宗李显复位后于正月十五即下诏书，敕迎六祖慧能到京城大内供养，慧能以年迈风疾表辞不去。中使薛简以辞表奏闻，唐中宗又赏赐慧能磨衲袈裟一领及绢 500 匹以为供养。神龙三年（707），唐中宗又"敕下韶州百姓：可修大师中兴寺佛殿及大师经坊，赐额为'法泉寺'，大师生缘新州故宅为'国恩寺'。"① 景云二年（711），慧能先在曹溪山宝林寺造佛塔，至先天二年（713）工程还未完成，慧能便催促早点完工，说自己该走了。由于皇帝的下诏和赏赐，慧能的名声更大。尤其是赐额"法泉寺"，为曹溪禅宗道场的发展和兴盛又一次起了推动和促进作用。也正是这个时期，宝林寺改称法泉寺。到了宋朝开宝元年（968），宋太祖敕赐"南华禅寺"，这一名称就一直沿用下来了。

六祖慧能的禅宗思想不断发展变化，逐步向国内外传播，他所在弘法 37 年的宝林寺也得到发展和壮大，并具有相当规模。宝林道场的发展兴盛和六祖慧能南禅宗的发展壮大息息相关。

（原载《韶关学院学报》2011 年第 1 期）

---

① 林有能：《六祖慧能思想研究》，香港出版社 2007 年版，第 28 页。

韶关南华禅寺及祖殿历史沿革与价值浅析

王　平　谢燕涛　高云飞

　　南华禅寺坐落于广东省韶关市曲江区马坝镇，背靠宝林山，面对曹溪，山林葱郁，四季如春。寺庙采用合院式格局，顺应山形地势，阶梯式布局，中轴对称，规模宏大，气势雄伟，次第庄严。现存的南华禅寺基本保存了民国复建时的规模，沿中轴线依次为前广场、曹溪门、放生池、宝林门、天王殿、大雄宝殿、藏经阁、灵照塔、祖殿、方丈室及后花园，东侧为钟楼、客堂、伽蓝殿、斋堂等；西侧为鼓楼、祖师殿、功德堂、禅堂等，总占地面积约 12 000 平方米（图 1）。1983年南华禅寺被确定为全国重点寺庙，2001 年被公布为全国重点文物保护单位。

　　唐仪凤二年（677）禅宗六祖慧能大师来此弘法，其后衍生出沩仰、临济、曹洞、法眼、云门五大宗派，禅宗法脉传遍中华大地，并影响日本、韩国、朝鲜乃至欧美等国家和地区，因此南华禅寺享有"中国禅宗之祖庭""东粤第一宝刹""岭南禅林之冠"等美誉，在我国佛教史上具有十分重要的地位。

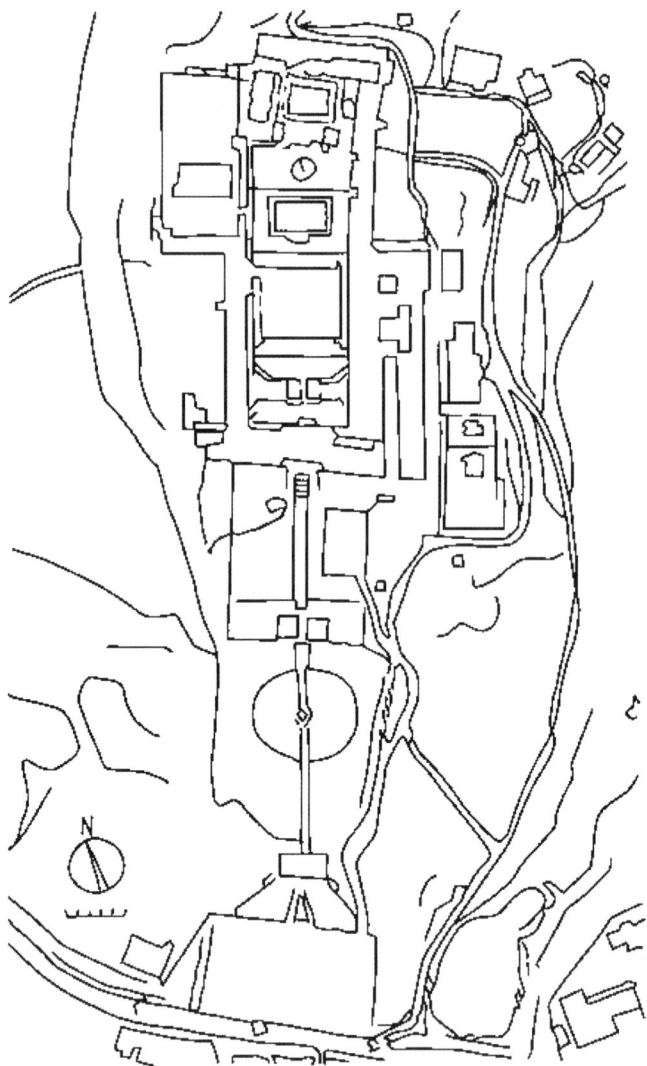

图1　南华禅寺平面图（谢燕涛绘制）

一、南华禅寺的历史与沿革

南华禅寺创建于南朝梁武帝天监元年（502），赐额"宝林寺"。唐代慧能法师在此弘法，声名远播；唐神龙元年（705），朝廷敕改"宝林寺"为"中兴寺"，神龙三年（707），唐中宗敕额"法泉寺"。宋太祖年间，赐名"南华禅寺"，沿用至今。后经宋、元、明、清、民国多次维修，终使千年古刹依旧殿宇巍峨、香火鼎盛、梵钟长鸣。

据历代《曹溪通志》、碑碣石刻等文字、金石资料记述，由于兵家战乱、自然老化等原因，南华禅寺历经几十次维修，其中主要的修

建情况如表1所示:

表1　南华禅寺修建情况①

年代	修建情况	相关禅师
梁武帝天监元年（502）	创建宝林寺	智药三藏
隋朝末年	寺遭兵火，遂至荒废	
唐仪凤二年（677）	慧能自南海法性寺移居曹溪宝林寺，得里人陈亚仙舍地，扩建宝林寺	慧能
唐中宗神龙元年（705）	朝廷敕改"宝林寺"为"中兴寺"	慧能
唐中宗神龙三年（707）	中宗赐寺额"法泉寺"，并诏韶州刺史重加修饰	慧能
唐开元二年（714）	祖塔建成，供奉六祖真身于塔内	令韬
宋开宝年间（968—976）	南汉残兵兴乱，寺宇半为灰烬；宋太祖有制复兴，敕赐名曰"南华禅寺"，沿用至今	
宋太平兴国元年（976）	宋太祖遣郎中李颂等到南华禅寺重建寺宇，复建灵照塔，塔曰"太平兴国之塔"	
宋真宗年间（997—1022）	宝缘禅师弘扬宗风并重建寺宇	
元代末年	南华禅寺三遭兵燹，颓败不堪，僧众日散，祖庭衰落	
明永乐年间（1403—1424）	稍得修葺	
明正德年间（1506—1521）	重建六祖说法堂、六祖塔，重修大雄宝殿	如靖、智汉、清洁
明嘉靖年间（1522—1566）	重修普庵殿、鼓楼、罗汉楼、碑亭、曹溪门、六祖塔、钟楼；重建方丈室、诸天殿	悟全、香溪
明万历年间（1573—1620）	重修方丈室、六祖宝塔；重建鼓楼、观音堂、挹翠亭	道宣、照权等
明万历二十八年（1600）	憨山复兴曹溪，培祖龙以护道脉、改风水以消凶煞、新祖庭以崇香火、分条析理以规模	憨山
清顺治年间（1644—1661）	重修大雄宝殿，重建方丈院	实行、心照
清康熙七年（1668）	平南王尚可喜请雪樵禅师住持南华禅寺，鼎新曹溪寺宇，略具规模	雪樵
清光绪元年（1875）	重修曹溪寺宇	微余
民国七年（1918）	李根源督办韶州军务，抢修寺宇	

① 释佛源、释传正主修，何明栋主编：《新编曹溪通志》，宗教文化出版社2000年版。

年代	修建情况	相关禅师
民国二十二年（1933）	李汉魂驻守韶关，请虚云禅师住持南华禅寺，更正山向，整治流溪，开辟广场，植树造林，所有殿宇，拆旧建新；相继新建大雄宝殿、天王殿、虚怀楼、云海楼、香积厨、斋堂、藏经楼、方丈室、祖师殿、功德堂、报恩堂、钟鼓楼、禅堂、观音堂、如意寮等殿宇房舍二百四十三楹，重塑大小佛像六百九十余尊；历时十年，将原来四合院平面布局改为今之中轴线平面布局	虚云
1982 年	振兴祖庭，重修祖殿、方丈室、观音堂，重建无尽庵、海会塔、伏虎亭、中山亭，立寺界，建围墙，兴建虚云和尚舍利塔，将大殿佛像重新贴金	惟因
1992 年	振兴祖庭，重修藏经楼、第一山门牌楼、卓锡泉、虚云老和尚纪念堂，维护寺院地界，建围墙	佛源

南华禅寺自梁天监元年建寺至今一千五百多年，经历无数天灾人祸、社会动乱，虽屡遭兵燹，濒临荒废，但依然庙宇巍峨、香火鼎盛。自南朝始建至民国初年，南华禅寺虽几经兴废，但一直保持院落式的平面格局，顺应山势，灵活布局。从其历次修建过程以及历代《曹溪通志》可知：

（1）始建至唐宋时期，随着禅宗在曹溪发扬光大，南华禅寺先后受到朝廷册封"中兴寺""法泉寺""南华禅寺"等封号，先后修建了梵刹十三所以弘扬六祖禅法，修建灵照塔以保护六祖真身。至此，南华禅寺雏形基本形成。

（2）明正德至万历年间，南华禅寺进行大量修建工作，先后修建了信具楼、六祖说法堂、六祖塔、大雄宝殿、普庵殿、鼓楼、罗汉楼、方丈室、碑亭、曹溪门、诸天殿、钟楼、观音堂、挹翠亭等，并由憨山祖师复兴曹溪祖庭，开坛传戒，编纂《曹溪通志》。十六世纪是曹溪祖庭一个重要的中兴时期，南华禅寺发展为极具规模的禅宗道场。

（3）清顺治康熙年间，清朝绥定南邦后，开始重振宗风，恢复道

场，加之平南王尚可喜积极募化南华禅寺的修建，先后修建了大雄宝殿、祖殿、围廊、御经阁、观音堂、方丈院等，南华禅寺规模与宗风得到一定程度的恢复。（图2）

（4）自民国二十二年（1933）虚云老和尚住持南华禅寺，更正山向，整治流溪，拆旧建新，先后新建了大雄宝殿、天王殿、虚怀楼、云海楼、香积厨、斋堂、藏经楼、方丈室、祖师殿、功德堂、报恩堂、钟鼓楼、禅堂、观音堂、如意寮等殿宇房舍，拓展为中轴对称、规制严谨的大型寺院规模。现南华禅寺的建筑规模、形制基本保存了民国重建时的风格与格局。

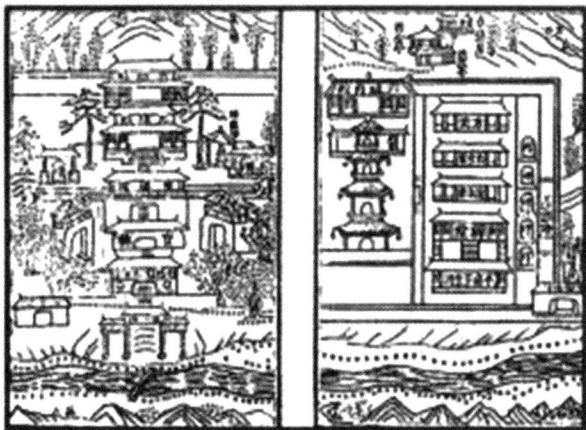

图2　清代重修《曹溪通志》寺庙建制（谢燕涛整理）

二、祖殿的修建历史

祖殿，有信具楼、旧祖殿之称，现位于南华禅寺中轴线灵照塔之后、方丈楼之前，始建年代没有明确文献记载。据历代《曹溪通志》、碑碣石刻等文字、金石资料记述，其主要历史沿革如下：

（1）清修《曹溪通志》卷六载："故六祖入灭所存肉身，初即建木塔于墓前，以安供养，后建信具楼以藏衣钵。"（六祖圆寂于唐先天二年即713年）

（2）清修《曹溪通志》卷一载："师入塔后，因孝子取首事觉，乃迁于楼，以便居守，今改为殿。"（孝子取首发生于唐开元十年即722年）

（3）明洪武年间毁于兵火。

（4）明成化二十一年（1485），住持惠淳和尚主持重建。

（5）明嘉靖十六年（1537），太仓禅师重建，府学训导邓泮有记。

（6）清康熙十一年（1672），平南王尚可喜移建祖殿于佛殿之后，将旧祖殿改建为御经阁。

（7）民国二十三年（1934），虚云大和尚修建南华禅寺时复名祖殿。

（8）1980年，住持惟因禅师及香港意超法师等重修祖殿，这次重修将原砖木构架大部分改为钢筋混凝土仿木结构。

（9）1998年，住持佛源禅师将祖殿内外整修一新。

（10）2012年，住持传正禅师重新维修祖殿。①

三、关于祖殿的几个问题

（一）始建年代问题

据清修《曹溪通志》卷六载："故六祖入灭所存肉身，初即建木塔于墓前，以安供养，后建信具楼以藏衣钵。"其中"后建信具楼"可以有两种理解：其一，信具楼位置位于木塔之后；其二，信具楼建设时间在修建木塔之后。

又据清修《曹溪通志》卷一载："师入塔后，因孝子取首事觉，乃迁于楼，以便居守，今改为殿。"可知，六祖圆寂于唐先天二年八月三日，十一月三日入塔，木塔的建造年代应该在唐先天二年十一月以前；而孝子窃首之事发生在开元十年，此时距六祖入塔已有九年，由此可推测祖殿（原信具楼）应始建于唐先天二年至唐开元十年之间。

平面可以较好保留古建筑始建时的尺度信息，对于建筑的断代具有重要的意义。祖殿平面为周围廊的柱网形式，殿身面阔五间，通面阔21.48米，内槽进深三间，外廊进深五间，同进深16.68米；在进深方向，殿身内槽柱网与外檐柱网不同，与粤西广府地区殿堂建筑平面相似，如吴阳学宫大成殿、徐闻学宫大成殿、信宜大洪国王宫太庙等。（图3、图4）

---

① 释佛源、释传正主修，何明栋主编：《新编曹溪通志》，宗教文化出版社2000年版。

祖殿宽深比约 1.29 : 1，接近广府殿堂建筑宽深比 1.27 : 1。[1] 唐代早期尺长，按照唐长安城宫殿考古遗址推算一尺约为 29.4 厘米，根据平面复原，我们可以发现：第一，祖殿保留了"唐代设计建筑物在面阔、进深、高度上都是以尺计长度的，且基本以尺为单位而以半尺为补充"[2] 的设计方法。第二，当心间次间相同，与唐佛光寺大殿以及日本奈良时期的元兴寺极乐坊五重塔相同。第三，当心间复原尺 20 尺的用尺规律，与唐代广州怀圣寺礼拜堂当心间开间尺寸 20 唐初尺相同[3]。第四，祖殿两山墙 90 厘米，作为明代重建时的承重墙体，通过勘查，发现其用砖有 25 厘米 ×12 厘米 ×4 厘米、30 厘米 ×15 厘米 ×5 厘米、33 厘米 ×16 厘米 ×7 厘米三种，其中 25 厘米 ×12 厘米 ×4 厘米与广州怀圣寺光塔外层条砖 24 厘米 ×12 厘米 ×（5.0～5.5）厘米极其相似。[4] 这给史料认为祖殿的原型（信具楼）为唐代所建的观点增加了可信度，虽后经多次重新修建，但保留了早期的建造信息。（表 2）

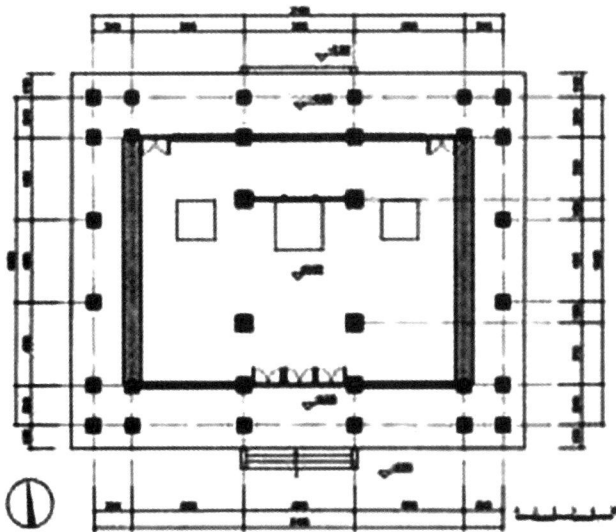

图 3　祖殿首层平面图

① 程建军：《岭南古代殿堂建筑构架研究》，中国建筑工业出版社 2002 年版。
② 傅熹年：《中国古代城市规划建筑群布局及建筑设计方法研究·前言》，见《当代中国建筑史家十书·傅熹年中国建筑史论选集》，辽宁美术出版社 2013 年版。
③ 龙庆忠：《中国建筑与中华民族》，华南理工大学出版社 1990 年版。
④ 龙庆忠：《中国建筑与中华民族》，华南理工大学出版社 1990 年版。

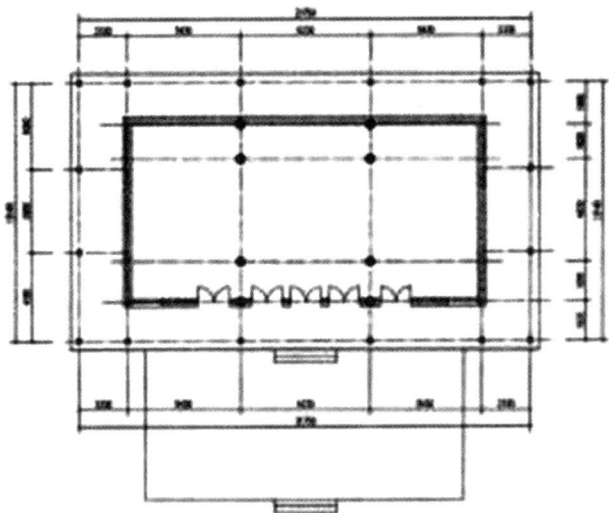

图4 徐闻学宫大成殿平面图

（图片来源：华南理工大学建筑学院建筑文化遗产保护设计研究所）

表2 南华禅寺祖殿平面尺寸

（单位：cm）

	面宽				进深			
	心间	次间	稍间	总面宽	心间	次间	稍间	总进度
实际尺寸	580	580	204	2 148	630	315	204	1 668
营造尺	18.1	18.1	6.4	67.1	19.7	9.8	6.4	52.1
复原尺	20	20	7	74	22.3	11	7	57.5

（二）殿堂式与楼阁式之争

据清修《曹溪通志》卷六载："故六祖入灭所存肉身，初即建木塔于墓前，以安供养，后建信具楼以藏衣钵。"可知，祖殿的前身信具楼作为收藏佛教信物、衣钵、法器的场所，从建筑名称可知应为楼阁式建筑，至少有2层（图5）。

清康熙十一年（1672），平南王尚可喜移建祖殿于佛殿之后（即现南华禅寺藏经阁的位置），将旧祖殿改建为御经阁。民国二十三年虚云和尚修建南华禅寺时，复名祖殿，即将御经阁改回祖殿。

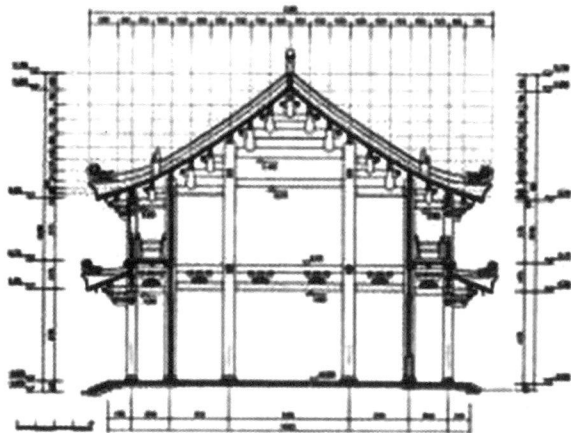

图 5　祖殿当心间横剖面图

（图片来源：华南理工大学建筑学院建筑文化遗产保护设计研究所）

　　祖殿的殿堂式与楼阁式之争，结果到底如何？经考证，楼阁式的可能性较大，原因如下：其一，从建筑名称上来看，其历来有信具楼、御经阁等楼阁式称谓。其二，通过勘测，现祖殿二层保留副阶围廊底板，二层直接用屏风门而不用窗（图6），且室内梁架二层高地方均匀布置木梁榫口，极有可能是支撑二层楼板的木过梁的位置（图7）。其三，据《重建大鉴禅师信具楼记》记载，明成化二十一年住持惠淳和尚主持重建的信具楼高三十六尺，约 11.52 米（按 1 营造尺等于 32 厘米计），按此尺度建造收藏衣钵法物的单檐建筑，空间过于浪费，而且华南地区天气湿热，珍藏物品一般会放置于相对干燥的二楼。[①]

图 6　祖殿二层副阶走廊

① 华南理工大学建筑文化遗产保护设计研究所：《韶关南华禅寺祖殿维修工程报告》，2011 年。

图 7 祖殿室内梁架木榫口

四、祖殿的建筑价值

（一）历史价值

祖殿自唐代以来即作为珍藏六祖慧能衣钵的重要场所，同时也是历代帝王册封六祖与南华禅寺保存佛教信物、衣钵、法器的场所，作为南华禅寺禅宗六祖慧能的重要史证，在中国佛教禅宗发展史上具有重要的价值。它同时也见证了南华禅寺的历史和建筑格局的发展，具有重要的史证价值。

（二）科学价值

祖殿的平面与墙体保留了早期岭南殿堂建筑的设计手法，其建筑形式和空间构架形式尽管近期修缮欠妥，但还是基本保留了建筑的历史风貌信息，是粤北客家建筑体系中较为重要的建筑类型之一，反映了此类建筑的建筑形制与地方建筑的特征，同时在考据禅宗寺庙的建筑形制等方面具有一定的学术价值。

（三）艺术价值

祖殿高大的建筑体量，重檐歇山屋面，绿色琉璃瓦，坡度平缓的屋顶，使大殿给人以庄严、稳固之感。屋脊线从中间向两端缓缓升起，配上优美的屋顶和翼角檐口曲线，给大殿增添了几分优雅。大殿的外观整体，体现了粤北特有的殿堂建筑风格。祖殿作为南华禅寺最后的重要殿堂建筑，为寺院长长的轴线空间序列画上了完美的句号。建筑比例匀称大方，构件地方特色显著，使该建筑具有一定的艺术感染力（图8、图9）。

图8　祖殿正立面　　　　　　　图9　祖殿透视图

（四）社会文化价值

祖殿作为保存、供奉六祖慧能真身的地方，每年有数以万计的宗教信仰者和游人前来观瞻拜谒，日本、韩国佛教界亦视其为圣地。祖殿对研究中国佛教史、禅宗文化和六祖慧能思想的传播，以及旅游文化的发展均具有重要的价值。

五、结语

韶关南华禅寺享有"中国禅宗之祖庭""东粤第一宝刹""岭南禅林之冠"等美誉，在我国佛教史上具有重要意义。其自梁天监元年建寺至今一千五百多年，经历无数天灾人祸、社会动乱，虽屡遭兵燹，一度濒临荒废，但现今依然庙宇巍峨、香火鼎盛。祖殿作为供奉六祖慧能衣钵之所，几经兴废，终究屹然而立。本文从文献梳理、尺度复原、对比研究等角度入手，对南华禅寺与祖殿的历史沿革、建造年代、建筑形式、文物价值等问题进行讨论，进一步揭示南华禅寺与祖殿的价值和意义，为文物修缮与文化遗产保护工作做好理论准备。

（原载《古建园林技术》2014年第4期）

南华寺藏元代八思巴字蒙古语圣旨的复原与考释

照那斯图

一、两件文书的复原

南华寺藏元代八思巴字蒙古语裱装本文献一卷，高54厘米，宽332厘米，白宣纸书写，八思巴字正体墨书，共58行。卷中有"御前之宝"汉字篆书印鉴五处，三处完整无缺，一处中间有断损，一处仅存"之宝"二字。另有李根源（1879—1965）等观赏印鉴十方。此外，在原卷裱装的左侧绫边上，有张之洞（1837—1909）光绪己丑（1889）十月题记四行。

1937年广州登云阁印行的隋斋居士《南华小志》一书中曾发表过这份文献的局部照片（第28行至第48行），并称之为"不能识别之异域文书"。经仔细辨认照片，可以确定是上边提到的裱装本。可见此本装裱的时间应在1937年之前。

笔者按照八思巴字书写行款格式自左向右直行通读裱装本全文，发现第30行与第31行、第41行与第42行，文义都不衔接，而且这两处正好都有拼接的痕迹。此外，裱装本没有此类文件应有的收尾段落。可见裱装本不仅拼接有错误，而且文字也不完整，肯定有残佚的部分。

仔细观察裱装本，可以看出第1～30行与第31～58行两部分无论行距宽窄、墨色深浅、字体大小、字的疏密都不相同，但这两部分内容上又有许多重复之处，可见裱装本是把性质相近的两份独立的文件糅合在一起了。如果把第31～41行移至第42～58行之后，不但这28行的文义完全顺畅，而且第58行上方的印文"之宝"二字也正好与第31、32行之间的印文"御前"二字密切吻合。据此，我们可以

作出如下判断：裱装本包含两件文书，第 1～30 行为一件，第 42～58 行与第 31～41 行合起来为另一件，两者都缺结尾部分。以下称前者为甲件，后者为乙件。

甲件的内容是宣谕军官、士兵、城子达鲁花赤和官员以及来往使臣，责令他们保护曹溪宝林山南华禅寺所属各路寺院的权益。

乙件的内容是宣谕宣慰司和廉访司的官员、军官、士兵、城子达鲁花赤和官员以及来往使臣，责令他们保护圆觉寺的权益。

这两件文书结尾缺损部分应包括正文最后一部分文字以及签署文书的时间和地点等。至于其他部分少数残损的字，大都可以根据上下文或参照同类文书的相应内容补出。

二、文书的年代

这两件文书的颁发年月因尾部残缺而佚去，但是我们仍可根据其他线索确定文书的年代。元代颁发给寺院的八思巴字圣旨文件里，总要按世系引述先世帝王的圣旨（所谓"在先圣旨体例"），作为当今君主颁发同类圣旨的依据。甲乙两件文书引述发布圣旨的先世帝王顺序均为：成吉思汗—窝阔台皇帝—薛禅皇帝—完者笃皇帝—曲律皇帝。最后一世为元武宗曲律，由此可以断定甲、乙两件圣旨应是元仁宗普颜笃皇帝颁发的。

特别重要的是，南华寺除了这两件圣旨之外，还藏有一份藏文的帝师法旨（译文见附录），帝师名为"公哥罗古罗思监藏班藏卜"（kun dga' blo gros rgyal mtshan dpal bzang po）。这份法旨跟甲件一样，也是颁发给韶州路南华禅寺和广州路南华戒院的，收执者也是（福心）弘辩慈济大师。法旨说："今遵皇帝陛下圣旨""今此重申护敕，必须遵旨承办"。"皇帝"显然是指普颜笃皇帝，"圣旨""护敕"指的应该就是甲件。由此可知甲件的颁发时间应早于法旨。法旨末尾记时是"蛇年正月晦日"。据《元史》记载，公哥罗古罗思监藏班藏卜任帝师始于延祐二年（1315）[1]。他历任普颜笃、格坚、泰定三朝帝师，这三朝中只有一个蛇年，即元仁宗普颜笃延祐四年丁巳（1317）。据此，甲乙两件文书的颁发时间应在公元 1312 年（仁宗登位之年）至 1317 年之间。

---

① 《元史·释老传》："（延祐）二年，以公哥罗古罗思监藏班藏卜嗣。"

三、原文的转写和翻译

元代官方颁发给寺院的各种八思巴字蒙古语文件（圣旨、懿旨、令旨、法旨等）的碑刻，大都附有汉文翻译，但南华寺所藏甲乙两件文书原来没有汉文译文。下文笔者除了对原文蒙古语词逐一用汉字释义外，每行之后加上仿照元代白话体的译文，全文之后另附现代汉语译文。

这两件文书里有一些汉语专名和术语的八思巴对音字。其中有的是习见说法，有的见于文献记载，不难确定所对应的汉字。至于少数难以确定的，笔者则暂时在《蒙古字韵》所收的同音字组里选一个可能的字。此类字前边一律标上 ＊号，表示待考。

下文在每一行前边的括号里标出甲件和乙件的行数，例如"（甲3）"表示甲件第3行，"（乙15）"表示乙件第15行（甲件和乙件行数的编号见图版一至四）。转写音标之间的短横表示词干与格附加成分之间的界限，但一行末了的短横则表示移行。如果移行处正好碰上是词干的末尾，则改用长横表示。加圆括号的音标表示补出的原文缺字。

甲件（甲1）moŋkʻa déŋri-yin kʻučʻun-dur
　　　　　长生　　天　　气力里
　　　　　长生天气力里，

　　　（甲2）yėke su Ǧali-yin ·ihe·en-dur
　　　　　大　福荫　威严　护助里
　　　　　大福荫护助里，

　　　（甲3）(Ga·an) ǦarliG man-u
　　　　　皇帝　　圣旨　俺的
　　　　　皇帝圣旨俺的。

　　　（甲4）čʻeri·ud-un noyad-da
　　　　　军　官　　每根底
　　　　　军官每根底，

　　　（甲5）čʻerig haran-a balaGa-
　　　　　军　　人每根底　城子每

军人每根底，城子

（甲6）d-un daruGas-da noyad –
　　　 达鲁花赤每根底 官人每根底
　　　 达鲁花赤、官人每根底，

（甲7）(da)（yor）čiGun yabuGun ėlč‘in-e du·ulGaGuė
　　　　　　 往来的　　　 行走的　 使臣每根底宣谕的，
　　　 往来的使臣每根底宣谕的，

（甲8）jarliG
　　　 圣旨
　　　 圣旨。

（甲9）(j) iŋgis Gan-u ök‘ödeė Ga·an-u
　　　 成吉思　　 汗　 窝阔台　 皇帝
　　　 成吉思汗、窝阔台皇帝、

（甲10）(seč‘en) Ga·an-u öl jeėt‘u Ga·an-u
　　　　 薛禅　　 皇帝　 完者笃　 皇帝
　　　 薛禅皇帝、完者笃皇帝、

（甲11）(k‘) ülug Ga·an-u ba jarliG-dur doyid ėrk‘e·u (d)
　　　 曲律　　 皇帝　 并 圣旨里　 和尚每 也里可温每
　　　 曲律皇帝圣旨里："和尚、也里可温、

（甲12）(s) sėnš₁hiŋud aliba alba Gubč‘iri ülu üjen
　　　 先生每　　　 任何 差发 科敛休　 担当
　　　 先生每，不拣什么差发休当，

（甲13）(dėŋri-yi)（ja）lbariju hiru·er ögun at‘uGayi k‘e·egde (g)
　　　 天　　　　 祈祷　 祝福 与　 有　 道
　　　 告天祝祷者"么道

（甲14）sed aju·uė ėdu·e ber bö·esu uridan-u
　　　 有来　　　 如今 也 有呵　 在先
　　　 有来。如今呵，依着在先

（甲15）jarliG-un yosu·ar aliba alba Gubč‘iri
　　　 圣旨　 体例里 任何 差发 科敛
　　　 圣旨体例里，不拣什么差发

（甲16）（ülu） üɉen
　　　休　　担当
休当者。

（甲17）deŋ ri-yi　jalbari ju　hiru·er　ögun　at'u-
　　天　　　祈祷　　祝福　　与　　有者
告天祝寿者

（甲18）Gayi　k'e·en　guaŋ duŋ taw š₁ew džiw lu lėu dzu taj
　　　　道　广　东　道　韶　州　路　六　祖　大
么道，广东道韶州路六祖大

（甲19）（giam）（džin）　k'uŋ　p'u　giaw　'ụėn miŋ
　　　鉴　　真　　空　普　觉　圆　明
guaŋ　džew　š₁en
广　　照　　禅
鉴真空普觉圆明＊广＊照禅

（甲20）š₁hi　amit'u　buk'uė-dur　bosGaGsan　tsaw　k'ėi（baw）
　　　师　活的　有时分　　立的　　曹　溪　宝
师活的时分立的曹溪宝

（甲21）lim　š₁an　nam　ɣụa　š₁en　zhi　süme-de
　　林　山　南　华　禅　寺　寺
Gariyat'an　gė（损）
属　　　　　□
林山南华禅寺属□

（甲22）（损）（lu）men　p'u　giaj　'ụėn　guaŋ　džiw
　　□　路勉　普　戒　院　广　州
lu　dzaw　š₁ėu
路　枣　树
□路＊勉普戒院、广州路枣树

（甲23）hiaŋ　nam　ɣụa　giaj　'ụėn　ɣaŋ　džiw　lu　nam
　　巷　南　华　戒　院　杭　州　路　南
ɣụa　š₁en（zhi）
华　禅　寺
巷南华戒院、杭州路南华禅寺

（甲24）ėde sümes-dur aGu hųu sim yuŋ pen tshi (dzi)

这的每寺里　　有的　福　心　弘　辩　慈济

这的每寺里有的*福*心弘辩慈济

（甲25）(taj) šˌhi dhij jen džaŋ law-da bariɟu yabu•ayi

大　　师　德　衍　长　老　执把　行的

大师德　　*衍长老执把行的

（甲26）jarliG ögbe ė ėden-u sümes-dur geyid –

圣旨　　与　这的每　寺里　　房舍里

圣旨与了也。这的每寺里房舍里

（甲27）dur an-u ėlčin bu ba•ut‘uGayi ula•a ši –

他每的　使臣每休　安下者　　铺马　祗应

使臣休安下者。铺马祗应

（甲28）(•u) su bu barit‘uGayi ts‘aŋ t‘amGa bu ög(t‘u-)

休　　拿者　地税　商税　休　与者

休拿者。地税、商税休与者，

（甲29）(geė) süme-de ėle Gariyat‘an Gaɟar usu(n)

寺　但　属　　地　水

但属寺院的水土、

（甲30）(haran) adu•usun baG t‘egirmed dem k‘eb (id)

人口　头匹　　园林　碾磨　　店　铺席

人口、头匹、园林、碾磨、店、铺席（下缺）

现代汉语译文：

靠长生天的气力，托大福荫的护助，皇帝圣旨。

向军官们，士兵们，城子达鲁花赤们、官员们，来往的使臣们宣谕的圣旨。

成吉思汗、窝阔台皇帝、薛禅皇帝、完者笃皇帝和曲律皇帝圣旨里说道："和尚们、也里可温们、先生们不承担任何差发，祷告上天保佑。"兹按以前的圣旨，不承担任何差发，祷告上天保佑；给广东道韶州路六祖大鉴真空普觉圆明广照禅师生前所建曹溪宝林山南华禅寺所属□□路勉普戒院、广州路枣树巷南华戒院、杭州路南华禅寺等寺院的福心弘辩慈济大师德衍长老收执的圣旨。在他们的寺院、房舍里，使臣不得下榻，不得索取铺马、祗应，不得征收地税、商税，（不得抢夺）寺院所属土地、河流、人畜、园林、碾磨、店舍（下缺）

乙件

（乙1）（moŋ）kʻa deŋri-yin kʻucʻun-dur
　　　长生　　　　天　　　气力里
　　　长生天气力里，

（乙2）yẻke su jali-yin ·ihe·en-dur
　　　大　福荫　威严　护助里
　　　大福荫护助里，

（乙3）Ga·an jarliG man-u
　　　皇帝　　圣旨　俺的
　　　皇帝圣旨俺的。

（乙4）suẻn ·ue shi（liam）
　　　宣　慰　司　廉
　　　宣慰司、廉

（乙5）huaŋ shi-yin noyad-（da）
　　　访　司　　　官人每根底
　　　访司官人每根底，

（乙6）čʻeri·ud-un noyad-（da）
　　　军　　　　官每根底
　　　军官每根底，

（乙7）čʻerig haran-a balaGad-un daruGas-da
　　　军　　人每根底　城子每　达鲁花赤每根底
　　　noyad-da yorčʻi（Gun）（ya-）
　　　官人每根底　往来的　　　行走的
　　　军人每根底，城子达鲁花赤、官人每根底，往来的

（乙8）buGun ẻlčʻin-e du·ulGaGuẻ
　　　使臣每根底　　　宣谕的
　　　使臣每根底宣谕的

（乙9）jarliG
　　　圣旨
　　　圣旨。

（乙10）jiŋgis　Gan-u
　　　成吉思　汗
　　　成吉思汗、

（乙11）ök'ödeė　Ga·an-u
　　　窝阔台　　皇帝
　　　窝阔台皇帝、

（乙12）(seč'en)　Ga·an-u
　　　薛禅　　　皇帝
　　　薛禅皇帝、

（乙13）öljeėt'u　Ga·an-u
　　　完者笃　　皇帝
　　　完者笃皇帝、

（乙14）k'ülug　Ga·an-u ba jarliG-dur　doyid　ėrk'e·ud　s(ėnš̌ hi-)
　　　曲律　皇帝　　并　圣旨里　和尚每　也里可温每　先生每
　　　曲律皇帝圣旨里："和尚、也里可温、先生每

（乙15）ŋud　aliba　alba Gubč'iri　ülu　üjen
　　　　　　任何　差发 科敛　　休　担当
　　　不拣什么差发休当，

（乙16）dėŋri-yi　jalbariju　hiru·er　ögun　at'uGa（yi）
　　　天　　　　祈祷　　　祝福　　与　　有
　　　告天祝祷者。"

（乙17）(k'e·egde) gsed　aju·ė　ėdu·e　ber　bö·esu　ur(idan-u)
　　　道　　　　　有来　　如今　也　有呵　　在先
　　　么道有来。如今呵，依着在先

（乙18）(jarliG-un)　yosu·ar　aliba　alba Gubč'iri　ülu　ü(jen)
　　　圣旨　　　　体例里　任何　差发 科敛　　休　担当
　　　圣旨体例，不拣什么差发休当。

（乙19）(dėŋ) ri-yi　jalbariju　hiru·er　ögun　at'uGayi　k'e·e(n)
　　　天　　　　祈祷　　　祝福　　与　　有者　　道

025

告天祝祷者么道，

（乙20）（损）（损）č'ölge-dur ɣo 'ėu dzu gėu tši

　　　　□　　□　　路　　何　遇　祖　居　士

（bo）sGa·ulu（G）-

教立的

□□路何遇祖居士教立的

（乙21）（san）'ụėn giaw zhi süme-dur aGun

　　　　圆　　　　觉　寺　寺里　有的

doyid-da bariju ya（bu·ayi）

和尚每根底　执把　行的

圆觉寺里有的和尚每根底执把行的

（乙22）（jarliG）（ög）beė ėden-u süm（es）-dur

　　　　圣旨　　与　　这的每　寺里

geyid-dur an-u（ėl-）

房舍里　　他每的使臣每

圣旨与了也。这的每寺里房舍里，使臣

（乙23）（č'in）bu ba·ut'uGayi ula·a ši·usu bu

　　　　　　休　安下者　　　铺马　祗应　休

barit'uGayi ts'aŋ t'a（mGa）

拿者　　　地税　商税

休安下者。铺马、祗应休拿者。地税、商税

（乙24）（bu）（ög）t'ugeė süme-de ėle Gari（yat'a）n

　　　　休　与者　　寺院　　但　属

Gajar usun baG（t'e-）

地　水　园林　碾磨

休拿者。但属寺院的水土、园林、碾磨、

（乙25）（gi）rmed dem k'ebid giaj den k'u Gala·un

　　　　　　店　铺席　解典库　温

usun oŋGoč'as（残缺）

水　船筏

店、铺席、解典库、浴池、船筏

（乙26）（残缺）buliju tʻatʻaju bu abtʻuGayi ėde basa doy(id)

夺　征　休　要者　这每更　和尚每

休夺要者。这和尚每

（乙27）（jarliG）tʻa(n)　kʻe·eju　yosu　uge·uė

有圣旨　　　　道　体例　没有

üėles　bu（üė-）

勾当　休　做者

有圣旨么道，没体例勾当休做者。

（乙28）（ledtʻugeė）（ü）ėledu·esu　mud　basa

做呵　　　　　　　他每　更

ülu·u　ayuGun（下缺）

不　怕

做呵，他每更不怕那什么？

现代汉语译文：

靠长生天的气力，托大福荫的护助，皇帝圣旨。

向宣慰司、廉访司官员们，军官们，士兵们，城子达鲁花赤们、官员们宣谕的圣旨。

成吉思汗、窝阔台皇帝、薛禅皇帝、完者笃皇帝和曲律皇帝圣旨里说道："和尚们、也里可温们、先生们不承担任何差发，祷告上天保佑。"兹按以前的圣旨，不承担任何差发，祷告上天保佑；给□□路何遇祖居士之寓所建圆觉寺的和尚们收执的圣旨。在他们的寺院、房舍里，使臣不得下榻，不得索取铺马、祗应，不得征收地税、商税，不得抢夺寺院所属土地、河流、园林、碾磨、店舍、解典库、浴池、船筏（残缺）。和尚们也不得依仗圣旨去做无理的事；如做，他们岂不怕？（下缺）

四、注释

（1）（甲1，乙1）：moŋkʻa 元代白话译作"长生"。这个字在八思巴字文献里有 moŋkʻa、moŋGa、moŋkʻaʻe、moŋga 等多种不同的语音形式，其中以 mogkʻa 最为常见。有些学者认为这些语音形式不符合蒙古语元音和谐律和元音与辅音的配合规律，因此对这个词的八思巴字写法的可靠性表示怀疑。我们认为写法上的差异可能代表不同的方音，也可能是因为这个词本来是突厥语借词，所以读音不稳定。看来后一种可能性更大。

（2）（甲2，乙2）：yėke"大"。辅音 k 一般不出现于蒙古语词里，按照蒙古语语音构造规律，这个词里的 k 应该是 g。八思巴字蒙古语文献里还有一个包含辅音 k 的词：juk-(iyer)"正确（地）"，但在现代蒙古语里，与这个词里的 k 对应的是辅音 b。在蒙古语音演变过程中，有 g 和 b 交替的现象。因此，跟 yėke 里的 k 一样，juk 里的 k 也应该是 g。这个 g 应该是 b 的前身。

（3）（甲2，乙2）：·ihe·en"保佑"。现代蒙语与此相当的词形是 ibegel。古蒙语里，清擦音 h 照例只在词首出现。h 见于词中的例子，八思巴字蒙古语文献里除了·ihe·en 之外，还有 t'aha·ulju"吩咐"一例。《华夷译语》里的"塔温ᴛ"，《卢龙塞略》所收《北虏译语》里的"塔兀勒"就是这个词的词干部分 t'a·ul 或 t'a·a·ul 的对音。这个词在蒙古书面语里是 tararul-，八思巴字 t'aha·ul-中的这个 h 则相当于蒙古书面语的 γ。

（4）（甲6，乙7）：daruGas"达鲁花赤"。-s 是表复数的附加成分。这个词的单数形式应该是 daruGa。不过在我们所见到的八思巴字文献里，这个词往往用的是复数。单数形式只出现过一次，但不是 daruGa，而是 daruGač'i。在《元朝秘史》里，这个词还有另一个单数形式 daruGač'in"答鲁ₜ合ᵩ臣"。

（5）（甲5～6，乙7）：balaGad-un daruGas-da noyad-da"城子达鲁花赤、官员们"。daruGas 和 noyad 分别带位格附加成分-da，二者之间是并列关系，不是修饰关系，所以译文在二者之间用顿号。

（6）（甲11，乙14）：doyid"和尚们"。单数形式是 doyin。这是汉语"道人"的音译。在元代蒙古语里，这个词指的是和尚。

（7）（甲11，乙14）：ėrk'e·u(d)"也里可温们"。甲件最后一个字母缺损，今据上下文及乙件补。这是复数形式，单数形式是 ėrk'e·un，基督教教士。

（8）（甲12，乙14）：sėnšₗhiŋud"先生们"。单数形式是 sėnšₗhiŋ，是汉语"先生"的音译，指道士。

（9）（甲18～20）：六祖大鉴真空普觉圆明广照禅师。关于禅宗

六祖惠能的谥号,《六祖坛经》所附《历朝崇奉事迹》谓:"唐宪宗皇帝谥大师曰'大鉴禅师'。宋太宗皇帝加谥'大鉴真空禅师'。""宋仁宗皇帝天圣十年……加谥'大鉴真空普觉禅师'。宋神宗皇帝加谥'大鉴真空普觉圆明禅师'。"具见《晏元献公碑记》。岑学吕《虚云和尚法汇》所录虚云为六祖请加封谥号的呈文在提到六祖的"大鉴、真空、普觉、圆明"等谥号之后说"宋以后地方有司未为请谥,故无闻焉"。甲件所记"广照"的谥号当是宋神宗以后加封的。这个谥号似不见于汉籍文献,我们根据八思巴字音译的"广照"二字是否正确,待考。

(10)(甲19,22)两见字母(p')。这个字母虽然见于《法书考》《书史会要》的八思巴字母表及《蒙古字韵》,但以前从未看到这个字母在文献中应用的实例。因此龙果夫(Alexandr Dragunov)和波普(N. Poppe)都不承认这个字母在八思巴字母表中的地位。字母在甲件中是用来标汉字"普"的声母的,写法与《蒙古字韵》《法书考》和《书史会要》相同。甲件里"普"字的八思巴字对音也与《蒙古字韵》完全一样,都是p'u。这个字母的出现不仅解决了八思巴字母表里的一桩悬案,同时也证明了上引文献记载的可靠性。

(11)(乙28):üeledu·esu mud basa ülu·u ayuɢun "如做,他们岂不怕?"这是八思巴字护寺文书常见的一个句子,相当于元代汉语白话碑中的"做呵,他们更不怕那什么"。由于这个句子难懂,一些学者曾经对它进行语法分析。波普教授在其《方体字》一书的第23条注释中提出的看法,在蒙古语言学界较为流行。波普认为这个句子是疑问句,句中 ülu·u 的·u 是疑问语气助词,相当于蒙古书面语的-uu 和现代布里亚特语的-gu。他以 ilegu/ülegu "多余"为佐证,把书面语的-uu 的前身拟作*-ɣu。但是现代蒙古语的-uu 和布里亚特语的-gu 以及其他蒙古语族语言的这个疑问语气助词同八思巴字 ülu·u 中的·u 在用法上完全不同。大家知道蒙古语族诸语言中这个疑问语气助词只能出现在谓语后面,说它用于副词后谓语前的位置上是不可思议的。因此,我们试作另一种解释。

首先讨论一下 ülu 的词性。这个词(蒙古书面语为 ülü)在现代蒙古语里没有形态变化,并且只修饰动词,属于副词类。然而它在古代蒙古语里却不同,可以带有形动词将来时附加成分-gü,属动词类(不完全动词）。原来与这个词同属一类的另一些表示否定意义的词，例如 ese "没有"，在现代蒙古语里仍然保留着它的形动词将来时形式——ese-gü，表明 ülu·u 的·u 和 esegü 的 gü 是同一个东西（八思巴字的·与 u 分别同蒙古书面语的 γ/g（g）与 u/ü 对应）。其次，ülu·u 中的·u 与其他动词的同一形式一样，后面还可以接表示格的附加成分。在现存八思巴字蒙古语资料中虽然找不到这方面的直接例证，但是我们看到《元朝秘史》第248节中有这样一句话：

ene eye-dur　man-u　oro-Gu　ulu-·u-yi　ker　medekde-gu……
这个商量里　俺的　从的　不从的行　怎　可得知
不知随不随咱们的这个计议……

这里 oro-Gu 与 ulu-·u 是并列成分，以宾格形式（附加成分-yi）作 medekde-gu 的宾语。据此，我们认为八思巴字 ülu·u 中的·u 应该是形动词将来时附加成分。至于这个句子的语气，我们认为不是一般的疑问，而是表示肯定意思的反问。因此我们把这个句子译作"如做，他们岂不怕？"

此外，这个句子里的 ayuGun "怕"也是形动词将来时的一种形式，以-Gun 这种附加成分作为终止形的谓语，也是古代蒙古语的特点。

附　录
藏文公哥罗古罗思监藏班藏卜帝师法旨译文
常凤玄　译

奉圣旨，

帝师公哥罗古罗思监藏班藏卜法旨：

晓谕：军官、士兵，地方达鲁花赤、金字使、僧俗人等，一体周知：

兹有韶州路南华禅寺（及）广州路南华戒院之住持弘辩慈济大师德衍长老，虔诚礼佛，恪守清规，今遵皇帝陛下圣旨，前此未曾摊派之军需、粮饷、乌拉（差役）等项，不得强征；不得滥索地税商税；不得进驻村舍庐帐；前此赐其辖属之佃户、财物、田地、河水、水磨、驮畜等，不得强取豪夺；凡敲诈勒索、贪赃胁骗之事不得发生。务使其自在修行。
今此重申护敕，必须遵旨承办，若有违命抗旨之徒滋生事端，
则当禀奏皇帝陛下，严惩不贷；而承受法旨者，亦应依照法
旨所示章程行事，不得有违。

蛇年（延祐四年丁巳）正月晦日，于京城大都之大寺
内，颁写法旨。

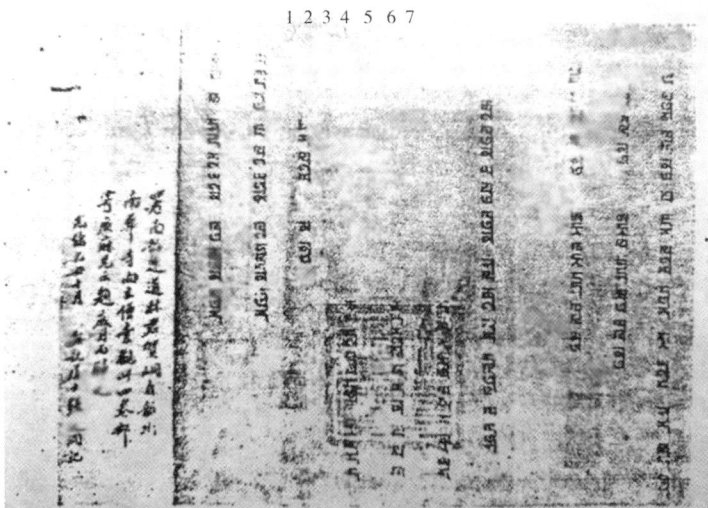

图版一

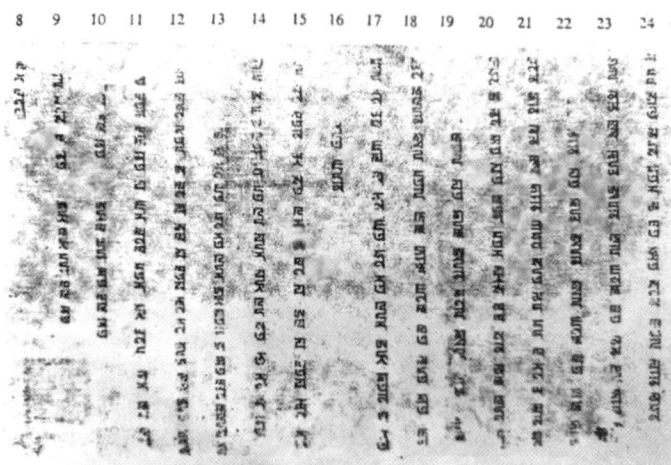

图版二

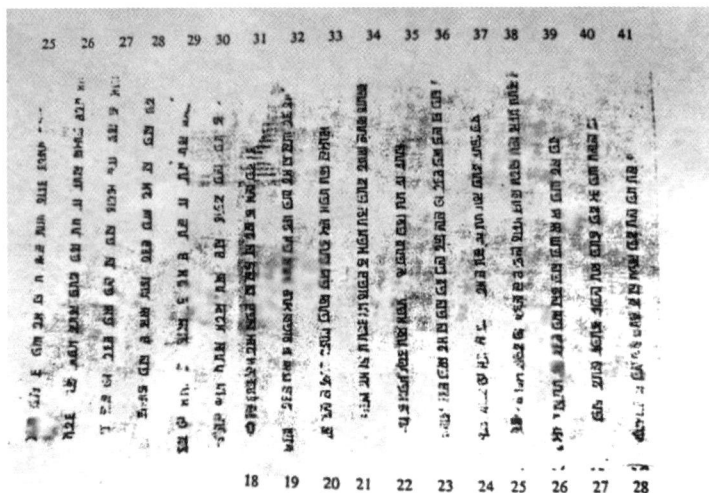

图版三

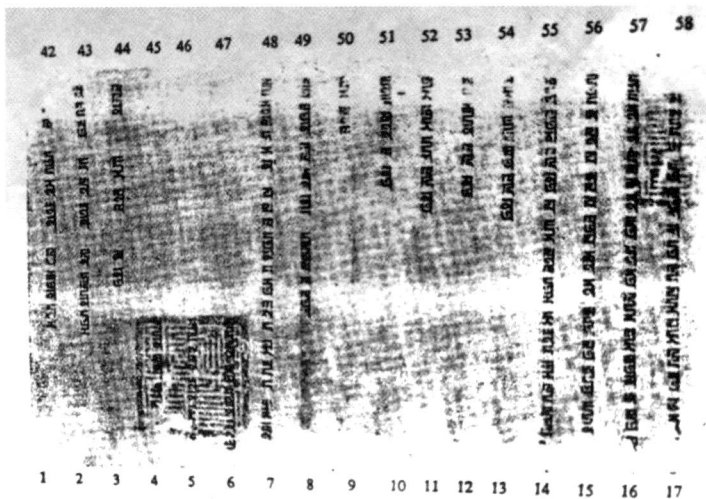

图版四

南华寺藏元代八思巴字蒙古语圣旨

说明：照片顶端的数字是裱装本的行数，其中 1～30 同时也是甲件的行数。照片底部的数字是乙件的行数。

（原载《中国语言学报》1982 年第 1 期）

韶州灵树古刹遗址考

仇 江 林 建

一、灵树寺与如敏禅师、文偃禅师

灵树寺是唐末至南汉末韶州曲江一座著名的禅院。南汉时期如敏（知圣）禅师、创立云门宗的文偃禅师先后住持于此，这两位大师在禅宗特别是云门宗的历史上有重大影响，并受到南汉王朝几代君主的尊崇，因此，灵树寺在当时颇负盛名，影响深广。入清以来，由于各种原因，灵树寺史迹逐渐湮没，志书所载，或付之阙如，或语焉不详，甚至错讹混淆，近代灵树寺遗址已不可知。一代名寺湮灭至此，令人感叹。而灵树寺遗址之谜，也一直是近代岭南佛门关注的问题。

如敏禅师是一位具有传奇色彩的高僧，据《宋高僧传·感通篇》载："释如敏，闽人也。始见安禅师，遂盛化岭外，诚多异迹。其为人也，宽绰纯笃，无故寡言，深悯迷愚，率行激劝。刘氏（龑）偏霸番禺，每迎召敏入请问，多逆知其来，验同合契。广主奕世奉以周旋，时时礼见，有疑不决，直往询访。敏亦无嫌忌，启发口占，然皆准的，时谓之为'乞愿'，乃私署为'知圣大师'。"

如敏禅师"逆知其来"的神通，还表现在他与文偃禅师具有神秘色彩的相知相契关系。据《五灯会元》卷十五载："初，知圣住灵树二十年，不请首座，常曰：'我首座生也''我首座牧牛也''我首座行脚也'。一日令击钟，三门外接首座。众出迎，师（文偃）果至。"

如敏禅师与文偃禅师素未谋面，而相知如此，正同《大汉韶州云

门山光泰禅院故匡真大师实性碑序》所称"大师以心机相露，胶漆契情"，即请文偃禅师担任灵树寺首座和尚。南汉乾亨二年（918），如敏禅师圆寂于灵树寺，寂前留帖向高祖刘䶮举荐首座文偃禅师："高祖初称帝，将事兵戎，诣如敏院，使决进止。未至，如敏已先知之，忽一日召其徒语曰：'吾已不久住世，灭后必遇无上人为吾荼毗。'因留一缄，使俟驾至进之，逾年遂坐逝。高祖适至，惊问其徒曰：'师何时得疾？'对曰：'师无疾。适遗一缄，令呈陛下。'高祖启函，得一帖云：'人天眼目，堂中上座。'高祖悟，遂决意寝兵。命火其尸，得舍利无数，赐号'灵树禅师'。诏塑其形于方丈祀之。"①

刘䶮乃"于时诏师（文偃）入见，特恩赐紫。次年敕师于本州岛厅开堂。师于是踞知圣筵，说雪峰法，实谓禅河汹涌，佛日辉华，道俗数千，问答响应"②。五年后，文偃大师"倦于延接，志在幽清，奏乞移庵，帝命俞允。癸未［刘䶮乾亨七年（923）］领众开云门山"③。文偃大师从此离开驻锡十二年的灵树寺，创建云门宗，开始弘法的新阶段。

由上述可知，如敏禅师住持灵树数十年并圆寂于此。文偃禅师任灵树首座七年，又继主灵树五年方赴云门开山，如果说云门是云门宗的祖庭，则灵树就是云门祖庭之祖庭了。对于孕育了云门宗这样一个禅宗流派的重要庙宇，岭南佛门是比较重视的。清初战乱后，著名高僧天然和尚、澹归和尚等曾寻找灵树遗址并恢复古寺。近代，以一身承嗣五宗法脉的虚云老和尚也一直关注着灵树遗址问题，在开始兴修云门寺之前就访寻灵树寺，"民国二十九年，云公以重建曹溪六祖道场竟（完结），偕粤僧福果往曲江、乳源各地，访寻灵树道场。未获"④。

二、灵树古寺寻踪

五代南汉（917—971）时期，佛教在岭南得到长足发展，灵树寺可谓声名显赫，观乎南汉君主亲临请益以及北宋名臣余靖的诗咏即可知。但历史上有关灵树地点的记载却很简略。《宋高僧传》只说"韶

---

① 《南汉书》卷十七。
② 《大汉韶州云门山光泰禅院故匡真大师实性碑序》。
③ 《大汉韶州云门山光泰禅院故匡真大师实性碑序》。
④ 《云门山志》。

州灵树院";《五灯会元》只提"韶州灵树";《南汉书》稍详,亦只云"僧如敏,福州人,栖韶州灵树山"而已。近世出版的《云门山志》提及灵树寺,只注"灵树(山名,在韶州附近。确址待考)"。既然有关的史书没有确凿的记载,我们只能到方志等文史资料中寻求线索了。

我们能够搜集到的有关方志有如下几种:明嘉靖十四年《广东通志初稿》、嘉靖四十年《广东通志》,清雍正《广东通志》、道光《广东通志》;康熙十二年《韶州府志》、康熙二十六年《韶州府志》、光绪《韶州府志》;康熙《曲江县志》、光绪《曲江县志》、宣统《曲江乡土志》。

要查阅的问题主要有以下几项:

在方志的"寺观"一栏查"灵树寺"的有关记载,后来因发现其与建封寺的关系异常密切,便增加了"建封寺"(或"建风""建峰")的内容;在"坊都村落"一栏查灵树寺所在行政区划、历史沿革以及有关数据;在人物志"仙释"一栏查"如敏""文偃"等有关禅师的资料。

此后,再由以上数据引出新的线索,继续跟踪探究。由于数据太多,关系繁杂,未能细列,这里只介绍一些重要的史料以及寻踪的推断过程。

(一)灵树寺

关于灵树寺,年代最早的两种明代《通志》都不载。

最早记载灵树寺的方志是清康熙十二年的《韶州府志》,在其"寺观"一栏中记:"灵树寺:韶石[社]都灵光村。五代知圣禅师道场,云门继席于此。"十四年后,新编《韶州府志》与《曲江县志》同年出版,关于灵树寺的记载,与前版府志几乎相同,兹引《曲江县志》所载:"灵树寺:韶社都灵光村。五代知圣禅师道场,云门继席于此。久废。国朝康熙十九年僧如光开复。"同时,康熙二十六年出版的这两种新志,在"仙释·灵树知圣禅师传略"中都增加了一些内容,再引《曲江县志》所记:"……今寺已废,然风雨中耕民常见大神现身,入夜或闻钟鼓之声。山后亦无敢樵采者。"府志所记,个别字眼不同而已。

这两种方志是在僧如光于康熙十九年开复灵树寺之后几年修成的，对当时的人物事件比较了解，所以对灵树寺的介绍比较具体、详细。此后历代方志所载都没有超出它们所述的内容。

纵观以上多种有关方志对灵树寺的记载，可以得出一个认知：灵树寺，在（韶州曲江县）韶社都灵光村。五代知圣禅师道场，云门继席于此。久废。康熙十九年建复。这里最重要的信息就是"韶社都"和"灵光村"。

（二）韶社都和灵光村

韶社都，明代两种通志都有记载。最早的《广东通志初稿》卷六《坊都》中记载韶州府曲江县区划说："都，三十有四：曰长桂一、长桂二……韶社、下礼、墨石三。"

从明中叶一直到清末，各种有关的方志所载曲江县坊都圩村区划都有韶社都。康熙间出版的《韶州府志》及《曲江县志》记韶社都的方位作："韶社都，去城北九十里。"

至于村落，《曲江县志》更具体地记载说："灵光村、八村、黄坭坑村、总铺村、下道村、灵溪村。俱韶社都。"

光绪版《曲江县志》记为："韶社都，在城北九十里。经管平圃司属村。"下属有冷田、零（灵）溪、大桥、周田、黄坑、大坝等六个圩共二十二村，村名不赘录。

可知自明中叶到清末，韶社都一直存在，它位于曲江县的东北角，离府城约九十里（清代有关志书皆录康熙《曲江县志》所载"去城北九十里"，不确）。数百年来，该都辖地时有变化，但主要圩镇就是平圃、大桥、周田、灵溪、冷田、黄坑等。灵树寺就在这个不大的范围之内。

灵光村，它只在康熙年间的《韶州府志》和《曲江县志》中有所记录，到雍正年间的《广东通志》就失载了。这样，不但康熙十九年灵树寺开复后的情况不得而知，存疑后世，而且灵树寺所在的灵光村亦随之销声匿迹。我们曾经请教当地耆宿、曲江县博物馆刘成德先生以及周田镇的一些干部群众，他们都表示从来没有听说过灵光村这个地名。

（三）韶社都的庙宇

据清代有关方志所载，韶社都只有两座庙宇，一座自然是灵树寺，另一座是乾隆年间建复的青云庵。青云庵现存大桥镇境内，可勿论，灵树寺不存，则韶社都理应没有寺庙了。但是，在周田镇还有一座相当规模的建封寺，直至1958年才被毁，如今还剩废址。

（四）位于韶社都却不属韶社都的建封寺

康熙年间的《韶州府志》《曲江县志》，还有雍正年间的《广东通志》在"寺观"一栏中都有记载："建峰（或封）寺，在上礼都。"《曲江县志卷七·都里》更载："上礼都，城南四十里。""简田、私盐头、黄坑、周田、黄竹坑等村，属上礼都。"黄坑、周田、黄竹坑这些在"城北九十里"的韶社都内的村镇，怎么又属于"城南四十里"的上礼都呢？

清末编撰的《曲江乡土志》为我们解释了其中的原因。原来清代曲江县的"都"与所属的圩镇村落不是固定不变的，而是根据粮赋完成的情况加以调整："其在本都者曰'经管'，其不在本都者曰'兼管'，甚而甲都乙属者曰'分管'，此固粮籍过割，多用活图，其间一村或隶两都，此都而或管彼村，一经考证，了然明白。"可知建封寺还是在韶社都的周田镇地面，只是以"兼管"或"分管"的形式隶属于一百多里外的上礼都。康熙、雍正两朝的有关方志都采用"在上礼都"的说法。道光之后的志书则不然（也可能周田不再属于上礼都了），多采用康熙《韶州府志》中的《韶石图》来标示建封寺的位置，光绪《韶州府志》和《曲江县志》根据《韶石图》以文字记述："建封寺、文殊寺、伏坑寺、韶石庵，俱在韶石下。（图册）"

因此，建封寺是在韶社都境内，而且在韶石山下，从《韶石图》上看，建封寺濒临浈江，位于韶石地区的东端。

（五）灵树寺位于韶石地区

据五代及北宋的一些诗文，灵树寺同样身处"韶石"之区。

韶石位于古时韶州府东北约七十里，因"昔舜南游，登石奏韶乐"而得名。① 据康熙《韶州府志》所载《韶石图》，韶石共有三十六石，天然分峙，峰峦奇秀，千姿百态，形各有异，以韶石最为清丽，"双阙"最为绝奇。韶石地区早在宋代就已成为游览胜地，建封、伏坑、文殊等寺院和尽善亭、韶亭等亭台阁榭点缀其中。

文偃禅师圆寂前写给南汉皇帝的《遗表》叙述了他一生的经历，称他驻锡灵树寺时"身隈韶石之云，头变楚山之雪，以至荣逢景运，屡沐天波"。可知灵树寺就在韶石地区。

还有，北宋的余靖有诗《灵树喜长老属疾见寄，次韵酬之》，首句是："鸣韶山下客，多病似吾身。"是说"驻锡鸣韶山下灵树寺的喜长老，像我一样多病"。这也明确指出灵树寺就在韶石山下。余靖生于宋真宗咸平三年（1000），距南汉灭亡的宋太祖开宝四年（971）不足三十年，他是曲江人，对家乡史实知之甚详，应无疑问。

由此可证，灵树寺就在韶石地区。

（六）灵树寺与建封寺

建封寺在韶石下，灵树寺也在韶石下，它们有什么关系？

灵树寺历史的辉煌不必再述，建封寺也是名气很大的古寺，宋哲宗年间（1086—1100）苏东坡被贬岭南，有《宿建封寺晓登尽善亭望韶石》诗，令建封寺名扬天下，流芳千古。穿越韶石地区的"南雄古道"旁，还留存着与苏东坡同时的岭南名士谭粹应建封寺僧之请题词的刻石。

灵树是五代南汉的名寺，建封则是始建于北宋的大刹，文献中记载的这一先一后同处韶石之下的两座名寺，会不会是同一座寺庙？

《曲江县文物志》为我们提供了启示。该书第四章第一节的"周田建封寺"载："建封寺位于周田镇麻坑村东北约1公里，寺庙面临浈江，与周田村隔河相望。""1959年，周田小学在此辟地栽种蓖麻，曾挖出一件刻有'南雄大道'的四字石碑，可见其是韶石古道的必经之路。"

而后面的记载是最值得注意的："据附近老人说，寺前原有一株'龙角树'，其枝巨大低矮，横贯于路，凡人到此，不管达官贵人还是过往客商，都须下马下轿，躬身而过。"

---

① 《寰宇记》。

一座寺院，所有官商士民经过都须下马下轿，躬身而过，必定是被皇帝膜拜过或驻锡过国师级高僧大德，方能享有如此高贵尊荣。一般的寺庙根本不会有这样的传说。而且树称"龙角"，显然与所谓"真龙天子"有关，足见该寺与皇家关系之密切。在韶社都一地，只有备受几任南汉君主尊崇供养，由如敏禅师、文偃禅师住持的灵树禅院，才会如此高贵尊严，并在民间留下这样的传说。而始自北宋的建封寺，虽然也声名昭著，但它与皇室并没有这样的缘分。因此，民间传说的主角应是灵树寺，而不会是建封寺。

五代时的"灵树"，北宋时称"建封"，普通民众只知"建封"，又将它的前身"灵树"的史迹传说也套到"建封"的头上，自然为识者所笑，但如果知道"建封"的前身就是"灵树"，则民间传说就符合历史事实了。

综合分析以上方志中的有关史料，我们可以得出一个结论：灵树寺就是建封寺的前身，建封寺是在灵树殿基上新建的庙宇。

当然这只是一个推断，还缺乏直接记述灵树寺与建封寺关系的文字证据。本来康熙十九年（1680）重建灵树寺，必定刻碑记载，留存后世，但1958年拆毁建封寺，片瓦不存，只字不留。为此，我们需要付出更多的时间精力，争取在文史资料中寻觅到有关的证据。

1. 黄佐的"建封灵树"：一字千钧

最早阐明这个问题的是明代岭南著名学者黄佐。在他编撰的《广东通志》卷六十四"仙释"中，有宋初粤北名僧惠林的传记，其中记述了惠林大师、邵思和尚与余靖之间的友谊，更重要的是，文中记载了粤北地区从五代至宋初这段时期一些著名僧人的情况并作了评价，这是岭南禅宗非常珍贵的史料。原文说：（与惠林）"同时有龙光晓空、建封灵树、伏坑理皎，皆名僧，其派实本自曹溪云"。

请注意，如同"龙光晓空""伏坑理皎"一样，"建封灵树"这个词组中，"建封"指寺庙，"灵树"指禅师名，而非寺庙名。因灵树寺的如敏禅师圆寂后被南汉主赐名"灵树禅师"，故后世常以"灵树"指称。

这就是说：与惠林同时代的有龙光寺的晓空禅师、建封寺的灵树禅师、伏坑寺的理皎禅师，都是著名的僧人，他们的法派都出自曹溪禅宗。

龙光寺，在粤北南雄。余靖有《留题龙光禅刹呈周长老》诗，另外还有《游龙光寺》诗（残句）。后来苏东坡北返路经有偈，题为"东坡居士过龙光，求大竹作肩舆，得两竿。时南华珪首座方受请为此山长老，乃留一偈院中，须其至授之，以为他时语录中第一问"①。偈曰："斫得龙光两竹竿，持归岭北南人看。竹中一滴曹溪水，涨起西江十八滩。"可知在北宋中后期，龙光寺与曹溪南华寺以及世俗的士人多有联系。至于当年的名僧晓空禅师，未详。

伏坑寺，在曲江县东北韶石下，与建封寺相近，是韶石地区四座古寺之一。康熙《韶州府志》之《韶石图》以及光绪《韶州府志》《曲江县志》之"寺观"一栏俱有记载。可惜自北宋后不见史册。理皎禅师，亦未详。

至于"建封灵树"这四个字，言简意赅，言浅意深，实际上已表达清楚了灵树大师与建封寺的关系。如敏禅师住持灵树寺数十年并圆寂于此，寂后南汉主赐号"灵树禅师"，但这怎么会与北宋的建封寺有关系？为什么说灵树禅师出自建封寺呢？

我们不妨先考查一下灵树寺、建封寺的历史：

根据记载，如敏禅师"居灵树四十余年"②。其寂年为南汉乾亨二年，前溯四十年为唐僖宗乾符五年（878），可知灵树寺始于唐末。至于该寺何时毁废，诸有关方志皆称"早废"而不记年代。我们认为灵树寺毁败应是在南汉王朝覆灭那一年，即宋太祖开宝四年，当时北宋大军南下，粤北遍地烽烟，余靖在《韶州善化院记》一文中记："'善化'，唐朝旧额也。五代兵火后，其名仅存。"

《曹溪通志·卷一》更记叙了禅宗的祖庭——南华寺亦惨遭破坏："宋太祖开宝初，王师平南海，刘氏残兵作梗，祖（六祖慧能）之塔、庙鞠为煨烬。"

备受南汉皇室尊崇的灵树寺在这场改朝换代的战乱中难逃劫难，在常理之中。

进入北宋，社会趋于安定，各寺庙也渐次恢复。建封寺始建于何时，史无载，未详。不过，苏东坡贬岭南曾宿建封寺，有诗传世，因此，建封寺之始创不会迟于宋哲宗登基之时，当然也可能早至宋初。

---

① 《苏文忠公全集》卷二二。
② 《南汉书》卷十七。

由于建封是建筑于灵树旧基之上，灵树寺就是它的前身。北宋时岭南普通人都知道这段历史，所以不论称"灵树"，还是称"建封"，所指都是那座庙。在这样的背景下，黄佐直书"建封灵树"，把灵树寺的如敏称为出自当时已改名的建封寺也就不难理解了。实际上，这句话表达了灵树寺与建封寺先成后继的关系，也反映了明代士人对此的认知。

嘉靖之后历代有关方志一直沿载黄佐《广东通志》中惠林这篇传记，从未见反驳质疑之说，可见这是近五百年来岭南史学界的共识。

清初一些僧人的诗文，让我们了解到佛门中人对灵树与建封寺关系的认识，从而对当初的推断更有信心。

2. 天然和尚与石鉴和尚的有关诗作

首先，是天然和尚的《建封滩寻灵树禅师旧址》，诗曰："青松高出建封寺，信棹滩头问古津。旧址久成豪族冢，原田半入俗居人。坡斜漫灭无行径，竹出参差多着尘。五百方袍何处去，清溪水涸石磷磷。"①

天然和尚法名函昰，是明清之际岭南著名高僧，他在清康熙五年至十年间应其徒澹归和尚之请，主法丹霞山别传寺，此诗就是在这期间写的。

单从诗题就可以看出，天然和尚对这段佛门的历史很清楚：五代灵树禅师的古道场就在建封寺。顺便说一下，建封寺面临浈江，江对岸是周田村，寺下江边有渡口叫建封渡，清康熙十二年《韶州府志》载："建风（封）渡，在周田村。"此后清代历朝《韶州府志》及《曲江县志》俱有载如此。渡口附近一带江滩称建封滩，俱以寺得名。他的看法和一百多年前黄佐所记如出一辙，可见佛门与世俗对这段历史的认知是相同的。

其次，是石鉴和尚的《经见峰滩寻灵树禅师旧址》。清初岭南洞宗海云一脉有《海云禅藻集》，卷一收石鉴和尚诗二十首，上诗是其中之一。石鉴和尚法名今覞，是天然和尚第二法嗣，历主栖贤、长庆法席。此诗写于康熙朝前期，诗曰："巉屼千叠枕长河，土室萧条带绿萝。龙象不来行径没，牛羊归去野烟多。终怜胜地埋芳草，谁道遗

① 《瞎堂诗集》卷十三。

风逐逝波？无限樵歌催落木，高天翘首意如何。"从本诗所记及随后灵树寺的重建，反映出清初僧人普遍认知灵树乃建封寺前身的史实。

3. 澹归和尚与灵树寺的复建

再次，是澹归和尚《停舟总铺，访灵树遗址，赠华、邓诸子》诗及"与邓、华二公"两封信。① 诗中已经标明灵树与建封寺的关系，书信所述直接关系灵树寺的建复，使我们对当时的背景有所了解，颇有意义。

澹归和尚法名今释，俗名金堡，明末崇祯进士，南明净臣，国亡出家为僧，成天然和尚嗣法弟子。

康熙元年澹归入丹霞诛茅建寺，五载后请本师开法别传寺。康熙十年，天然和尚赴庐山栖贤寺，澹归主丹霞直至康熙十七年出岭请藏经，上述的诗及信件即写于此段时间。

先看《停舟总铺，访灵树遗址，赠华、邓诸子》诗："停舟为访真灵树，长短枝条念本根。要路未经心已到，感时虽去意长存。畬田难得千年主，建刹全归寸草恩。他日鲸音重吼处，不教辜负古云门。"

总铺是清代浈江边的一处地名，有渡口，与建封渡相邻。据光绪《曲江县志》"渡"一栏载："总铺前渡，在韶社都。"可见灵树寺的位置就在浈江边上。

澹归和尚的第一封信摘录如下："灵树为知圣禅师道场，云门继席，盖出格宗匠阐扬之地，冠冕祖庭。""顷化主还山，备述居士欲舍故基，重开生面，闻之合掌赞叹不已。""若大心顿发，克成此举，则居士今日续施之因缘，即当年首创之功德，使慧灯晦而复明，龙剑隐而复现，知圣、云门一会俨然未散。""山僧虽衰老，敢不闻音击节，为高门称贺，为祖庭志喜耶！"

澹归到丹霞开山建成别传寺，在社会上影响很大，因此有邓居士等愿将其拥有的建封寺亦即灵树寺遗址的山地捐给佛门，请澹归和尚重建灵树道场。从澹归对邓居士的赞叹称贺以及为祖庭志喜，可知他对建复灵树的热心支持。

第二封信很简短，照录如下："承答教，殊慰老怀，此居士心光与知圣常寂光互相涉入之候也。中秋节内恐有人事应酬，过此当择日

---

① 《徧行堂集》。

奉期握晤于古殿基之上。草草未尽。"

可知澹归和尚已准备约同邓居士前往灵树旧址会晤视察，共商建复大计。后来果然成行，有诗留念。

可惜康熙十七年（1678）澹归北上请藏，再没有回韶，十九年（1680）八月圆寂于平湖。虽然澹归没有参与灵树寺的重建，但是在他圆寂那一年僧如光主持了灵树寺的开复，很可能就是在邓居士捐献的旧基上修建的。

康熙二十六年版《曲江县志》《韶州府志》都记录了如光禅师开复灵树寺这件事，并对古寺的历史有所记述。可惜的是，此后有关的方志再不见灵树寺的任何新的讯息，给后世留下了许多困惑与遗憾。

4. 韶石考察

我们对建封寺位置的判定，主要依据的是古方志中的《韶石图》。但《韶石图》是古人按想象来描绘的，方向、位置都不大准确，甚至有疏漏错讹之处，则现时建封寺遗址是否即《韶石图》所示之所，未敢确定。为此我们向中山大学彭华教授请教。彭教授十分重视，认真听取了我们的介绍和疑问，初步作出肯定的判断。为慎重起见，彭教授还抽空亲自驾车和我们一起赴韶石地区，考察了建封寺及南面邻近的"鲶鱼转"（即《韶石图》中的"上鱼鳞""下鱼鳞"），初步判定了东北方相邻的"使石"的位置。通过对山、石、地形地貌的考察，终于判定，现时建峰（封）寺的遗址，确实就是《韶石图》上所示韶石山东部临江的建封寺的遗址，亦即灵树古寺的遗址。目前遗址为一向东南开口的舒缓谷地，背靠灵树山，面对浈江，是一处绝佳的风水宝地。遗址现有当年建筑基址，估算约有八十亩。保留古枫香树一株，一人高度，树围7.5米，据植物学家估计，应该有千年的树龄，应是初建时期所植之树。

三、灵树—建封寺历史沿革

根据搜集到的文史数据，我们可以初步勾勒出灵树—建封寺简单的历史沿革。

唐末僖宗年间（874—888）弘法岭南的如敏禅师选择了韶州府城东北韶石地区东部、面临浈江的灵树山，在山腰建起一座寺庙，名灵树禅院。

五代后梁乾化元年（911），文偃禅师礼参灵树，如敏集众相迎，并委文偃任首座。

南汉乾亨二年（918）如敏禅师圆寂本寺之前，向南汉主举荐文偃为首座。如敏被赐号"灵树禅师"。文偃禅师应邀开法韶州，踞灵树筵，说雪峰法，宗风大振。

南汉乾亨七年（923），文偃禅师倦于延接，奏请移锡云门开山建寺。多年一直受到南汉皇帝尊崇，赐赍迭加，宗风远播。

宋太祖开宝四年（971），宋师南下，粤北兵火遍地，玉石俱焚，历代志书皆载灵树寺"早废"，当指其在南汉覆亡的战乱中毁灭。

入宋之后，宋太祖因曹溪亦遭兵火，"有制兴复，赐名'南华禅寺'。"① 粤北其他寺院逐渐开复。灵树寺旧基之上当有新兴之寺庙。

宋仁宗皇祐至嘉祐年间（1049—1063），余靖有《灵树喜长老属疾见寄，次韵酬之》诗，可知当年尚有灵树寺。至于当时的寺庙是仍名"灵树"，或者已改为"建封"还是其他名称，尚待考证。由于古人喜欢沿用过去的地名、官名、衙署名来指代当前的事物，所以即使当时灵树寺已经改名，余靖也很可能会沿用"灵树"来称谓它。

宋哲宗绍圣年间（1094—1098），苏东坡被贬岭南时有《宿建封寺晓登尽善亭望韶石》诗。

宋哲宗元符二年（1099），韶州名士谭粹应建封寺僧之请为题辞刻石。

建封寺由于苏东坡等著名文人的诗文而名扬天下，逐步取代了灵树寺的地位，以致后世有建封山、建封渡、建封滩等，皆以建封寺得名。"灵树"之名因代远年湮而逐渐淡出历史。

明清易代之际，建封寺毁废已久，人迹不至。

康熙初，天然和尚开法丹霞，有《建封滩寻灵树禅师旧址》诗。

康熙前期，石鉴和尚有《经见峰滩寻灵树禅寺旧址》诗。

康熙十七年（1678）之前，邓居士发心捐献灵树寺旧址请澹归和尚建复祖庭。澹归与邓、华等考察灵树旧址并赋诗《停舟总铺，访灵树遗址，赠华、邓诸子》。后澹归因越岭请藏，未克参与此事。

康熙十九年（1680），僧如光重修庙宇，开复灵树寺。

康熙二十六年（1687），新修的《韶州府志》与《曲江县志》都

---

① 《曹溪通志》卷三。

对灵树寺开复一事有较详细的记载。此后史书再没有灵树寺的消息，寺院还榜"建封"之名以存。

至中华民国三十三年（1944），据一位老人回忆，当年的建封寺还是"高墙瓦檐，绿树浓荫，蔚为可观"。由于利用寺庙作学校，"殿堂里的佛像都用布遮围起来，以便学生能够安心上课"①。

1958 年，建封寺"寺庙和周围参天古木，被毁一空"，"幸留者只有寺后一株直径约 1 米的大枫树"②。

四、结论与建议

通过对以上史料的考证分析，以及对建封古寺遗迹的勘察，我们认为，灵树古寺是宋代建封寺的前身，如今建封寺的遗址，就是灵树古寺的遗址。

我们建议：

（1）组织有关学者专家考察论证。

（2）在当地（重点是老周田村、麻坑村及猪头皮村）宣传、征集有关建封寺的文物，包括碑刻、用具、字画等。

（3）组织在原址发掘，估计能找到一些实物证据。

（原载《韶关学院学报》2009 年第 2 期）

---

① 邓嘉乐：《韶关灵树古寺遗址勘查行记》（未刊稿）。

② 《曲江文物志》。

云门寺修建述论

卢忠帅　杜希英

云门寺位于广东省韶关市乳源瑶族自治县城北六公里的云门山下，由云门宗始祖、禅宗六祖慧能九传弟子文偃禅师创建于五代后唐庄宗同光元年，其后几度兴衰，保存至今。学界以往对云门寺修建的研究，多集中在文偃初创、虚云中兴及佛源重修等方面，而对明清时期数次重修、扩建情况的关注较少。本文通过对云门寺数次重修、扩建，特别是明清时期数次修建情况的探讨，试图展现云门寺乃至云门宗兴衰发展演变的全过程，并分析其原因与意义，以期读者对云门寺乃至云门宗能有更加全面而深入的了解。

一、历次修建概况

云门寺之所以能历经千年，保存至今，与多次修建是分不开的。概括起来，主要包括以下几次。

（一）文偃初创

文偃禅师（864—949），俗姓张，姑苏嘉兴（今浙江嘉兴）人。自幼聪慧过人，15 岁礼嘉兴空王寺志澄律师出家，受沙弥戒，21 岁受具足戒，曾先后求学于睦州道踪禅师、雪峰义存禅师、灵树知圣禅师，并继承义存禅师禅学思想，成为禅宗慧能九传弟子。其禅学思想强调自悟自修，反对盲目搜求公案语录，自成一门，是为云门宗。

文偃禅师一生不仅创立了云门宗，促进了佛教在岭南的发展，还创建了云门寺，使其成为佛教的中心。灵树知圣禅师圆寂后，文偃禅

师应后梁广王刘䶮（即后来的南汉高祖）之请，继承灵树知圣禅师法席。由于文偃禅师"倦于迎接，志在幽栖"，遂于后唐庄宗同光元年（923）向广王请求转移寺庵。获许后，率众来到乳源县云门山，"因高就远，审地为基，创建梵宇"，于后唐明宗天成二年（927）竣工。初建寺院，"层轩高阁而涌成，花界金绳而化出。檐栏翼翥，高下鳞差。晓霞低覆，绛帷微衬于雕楹；夕露散垂，珠网轻笼于碧瓦"，"邃壑幽泉，挫暑月而寒生户牖；乔松修竹，冒香风而韵杂宫商"，"闻风向道者，云来四表；拥锡依止者，恒逾半千"。① 可见当时规模之宏大，景色之幽美，香火之旺盛。广王赐名"广泰禅院"，后又改为"证真禅寺"。北宋太祖乾德元年（963），南汉王刘鋹改寺名为"大觉禅寺"，一直沿用至今。因其位于云门山下，故又名云门寺。

（二）明清数修

云门寺建成后，香火渐旺，至北宋时达到鼎盛，南宋以后逐渐衰败。北宋徽宗建中靖国元年（1101），僧绍资曾对寺院加以重修，至于南宋、元朝是否重修过，已无史料可查。据现存碑文记载，明清时期，曾数次重修云门寺。

据《韶州府志》记载，明洪武初年僧了偈、成化五年（1469）僧法浩都曾对云门寺加以重修。至于具体的修建情况，已无从考证。据万历十二年（1584）乳源知事赵佑卿所撰《云门寺山门记》载，因"山门颓圮"，云门寺住持法传禅师"独募缘重葺之"。另据万历四十六年芳（姓待考）所撰《修建云门寺大雄宝殿募化疏代碑序》载，由于年久失修，大雄宝殿"高柱危甍圮隳，而雨蠹风飘"，于是芳等决心重修之，"不辞劝募之劳"。在他们的呼吁下，大家积极响应，慷慨解囊，"鸠材料，乐兴工"，大雄宝殿为之一新。②

据碑文资料记载，清代曾五次对云门寺加以修葺。第一次是在康熙前期。康熙二十一年（1682），邑侯舒公（名待考）因文偃禅师像建成 800 余年来，"遐迩士庶""祷雨祈晴，默佑多焉"，③ 于是捐资为其镀金。在他的影响下，康熙三十年（1691），育才坊等 40 余人共

云
门
寺
修
建
述
论

---

① 岑学吕：《云门山志》，云门寺常住出版 2014 年版，第 8 页。
② 岑学吕：《云门山志》，云门寺常住出版 2014 年版，第 194 页。
③ 岑学吕：《云门山志》，云门寺常住出版 2014 年版，第 196 页。

捐资 44 两，交付云门寺住持元才，为文偃禅师像镀金。第二次是在康熙中后期。康熙三十五年（1696），乳源县正吴奕芳见云门寺"栋宇飘摇"，祖庭外仅存的大雄宝殿"亦复聊蔽风雨"，三宝佛像也都"剥落无光"，地面杂草丛生，于是决心修葺。先是出资重修祖庭，六年后又与刘朝柱联合捐资装饰三宝和其他大士像。其后，吴奕芳又同其他善信共同捐资，对云门寺进行大修，"外则筑以照墙，内则砌以围墙"，并在山门内新建韦驮殿，同时对大雄宝殿加以修葺。经过此次重修，云门寺"焕然改观"①。第三次是在嘉庆初年。吴奕芳主修的云门寺，经历数十年风雨，至嘉庆初年"栋宇凋残，金身剥落，两廊仅存其址"，仅祖师殿保存完整。嘉庆二年（1797），邑侯朱振憾见其颓败之相，决心加以修葺，于是"序簿分募，人情踊跃，聚腋成裘，鸠工庀材"，从山门至大殿，全部革故鼎新，在山门以内建韦驮楼，两旁建游廊，对大殿柱子砌以花砖，进行加固，新塑金刚神像。经过此次修葺，云门寺殿宇"焕然一新"②。第四次是在道光后期。道光二十九年（1849），武举邵汉卿游览云门山时，见云门寺"楹折榱崩""廊檐倾颓""禅堂草茂"，于次年召集 17 人集资买料，对云门寺的"廊檐栋宇、照墙丹墀、甬道拱门、神厨佛座"等加以翻新，并"南修级路，东创客堂"③，云门寺为之一新。第五次是在咸丰元年（1851），候选典史邱景恒捐资修建祖师殿门。

（三）虚云中兴

虚云老和尚（1840—1959），俗姓萧，湖南湘乡人。自幼一心向佛，19 岁依福州鼓山涌泉寺妙莲长老出家，法号古严，后又改号虚云。他一人兼祧沩仰、临济、曹洞、云门、法眼五宗法脉，提倡禅净融合，在南禅中地位极高。另外，虚云大师一生致力于佛教名山祖庭的恢复与振兴，曾先后中兴六大名刹，云门寺便是其中之一。

云门寺虽经明清时期多次修建，但规模较小，殿宇不多。至民国时期，由于年久失修，已破败不堪，"残壁颓垣，沦于榛莽；野狐山兽，居为巢窟。凋残荒废，难以罄述"。民国三十二年（1943），在李

① 岑学吕：《云门山志》，云门寺常住出版 2014 年版，第 197 页。
② 岑学吕：《云门山志》，云门寺常住出版 2014 年版，第 198 页。
③ 岑学吕：《云门山志》，云门寺常住出版 2014 年版，第 199 页。

济深、李汉魂等政府要人的敦请下，虚云大师率众由南华寺移锡云门寺，决心复兴云门寺，重振云门宗风。来到云门寺后，虚云大师"昼夜辛勤，宏规硕划，巨细躬亲""大兴土木，广造梵宇"，历时九年，云门寺基本建成。虚云大师对云门寺的修建，分为三步：第一步，按风水改造寺院建筑。云门寺旧寺坐西北向东南，三个大殿门正对雷公岭，虚云大师详细考察了云门寺前后的山形地势后，"配合山川走势，变理阴阳"①，对寺院建筑加以改造。山向不变，但将三个大殿门改为西向观音岭。这样一来，全寺背靠主山，面对观音岭，后座稳固，前面开阔，左右拥护。第二步，庄严法相。寺院建筑改造完毕后，虚云大师请来工匠，塑装了佛祖、菩萨、诸天、伽蓝等大小八十余尊佛像，"佛像铺金饰彩，焕然一新，供奉于各殿堂内，显得十分庄严"②。第三步，追收寺产。由于荒废时间太长，无人管理，加之时局动乱，云门寺寺产多被当地村民侵占。明空和尚住持云门寺时，县立中学校长利用其不识字的弱点，趁政府丈量田地的机会，利用欺骗手段将原来属于寺院的大部分良田作为校产申报，等到明空发觉受骗，"已诉冤无路矣"③。虚云大师到了云门寺以后，通过"上呈政府"，确立本寺土地界址，追回被村民霸占及县立中学骗去的田地。

（四）劫后重生

经虚云大师重建的云门寺，20 世纪 60 年代遭到损毁，佛像被砸，佛经被烧，僧人被赶，殿堂或被捣毁，或成为摇摇欲坠的危房，整座寺庙杂草丛生，一片荒凉。

80 年代后，党的宗教政策得到落实，1983 年，国务院确定云门寺为汉地佛教全国重点寺院，受到政府的重视和保护。在当地政府部门和四众弟子的一致敦请下，云门寺住持佛源大师（1923—2009）从北京回到云门，开始了艰辛的重建工作。佛源大师，1923 年生于湖南桃江，俗姓莫。18 岁依益阳会龙山栖霞寺智晖法师落发，23 岁在南岳福严寺依镇清法师受具足戒。1951 年，佛源大师赴云门寺拜谒虚云大师，受戒品，赐号佛源，成为云门宗第十三代传人。次年，虚云大师

---

① 岑学吕：《云门山志》，云门寺常住出版 2014 年版，第 12 页。
② 李曙豪：《虚云大师在韶关的弘法活动及其贡献》，《韶关学院学报》2011 年第 1 期。
③ 岑学吕：《云门山志》，云门寺常住出版 2014 年版，第 152 页。

因病离开云门寺，佛源大师被选为寺院新住持。在后来的"反右""文革"中，佛源大师受到严重迫害。改革开放后，佛源大师得以平反。回到云门寺后，面对破败不堪的寺院，佛源大师决心重振云门宗风。在政府支持及海内外信徒资助下，佛源大师日夜筹度，事必躬亲，不辞辛劳。由于资金缺乏，大师率众化缘买砖瓦等建材，然后一担一担挑上山去。经过几年的勤苦经营，云门寺基本上恢复了旧日规模。今天看到的云门寺，就是佛源大师率众辛苦修复的成果。

二、数次修建之原因

云门寺在其千余年的历史长河中，几度衰败，但又几获重生，之所以如此，是多方面原因共同作用的结果。

（一）浓厚的佛教氛围

佛教创自印度，两汉之际分南北两条丝绸之路传入我国。广东地处海上丝绸之路的东方起点，是较早接触西来梵僧的地区之一。至于佛教最早传入广东的具体时间，已无从考证。至隋唐五代时期，广东佛教进入鼎盛，"佛教文化交流由单向的东被变为双向的互动"①，各宗均得到广泛传播，尤以禅宗为盛。禅宗六祖慧能，在广东韶州南华寺创立了禅宗顿教，将广东佛教推向了全国。慧能圆寂后，其后世弟子大多留在广东，当时广东佛教之盛，可谓空前绝后，而南华寺也成为当时世界上著名的佛教圣地。云门寺所在的韶州，正是慧能及其弟子长期传教之地，佛教氛围浓厚。五代时期，慧能九传弟子文偃禅师在好佛的南汉王刘龑的支持下，修建了云门寺，同时创建了禅宗五宗之一的云门宗，使韶州佛教更加兴盛。隋唐之后，佛教发展虽有所衰落，但禅宗的发展仍然兴盛，而作为南禅发源地的韶州，佛教氛围自然仍旧浓厚。这为云门寺的数次修建，提供了良好的环境因素。

（二）官民的慷慨布施

浓厚的佛教氛围，深刻影响了当地的官民，当他们见到云门寺破败不堪时，纷纷慷慨解囊，对云门寺加以重修、扩建。文偃禅师初创云门寺时，就得到了好佛的南汉王刘龑的大力资助。明清时期的历次

---

① 雷雨田等：《广东宗教简史》，百家出版社 2007 年版，第 5 页。

修建，芳公、邑侯舒公、县正吴奕芳、邑侯朱振憾、武举邵汉卿、候选典史邱景恒等，都曾捐资，芳公、朱振憾、邵汉卿等还召集其他民众共同捐资。虚云大师中兴云门寺时，得到了官民的大力资助，李济深等都曾慷慨解囊，"此次云门中兴，故以云（虚云）公愿力为主因，亦赖护法助缘，使得成就也。诸护法功德不一：有发起者，有赞助者，有施法者，有施财者，有随时随事护持而无疲厌者，功德无量，难以殚述"①。官民的慷慨布施，为云门寺的数次修建提供了重要的物质保障。

（三）住持自身的努力

浓厚的佛教氛围和官民的慷慨解囊，为云门寺的数次修建提供了重要的环境因素和物资保障，而寺院住持自身的努力，则使修建工作得以实现。云门初祖文偃禅师率众来到云门山后，经过五年的辛勤劳动，终将寺院建成。北宋绍资禅师，明代了偈和尚、法浩和尚、法传和尚，清代元才和尚等担任住持期间，都曾重修过云门寺。虚云大师中兴云门寺时，已是 100 多岁高龄的老人了，但他昼夜辛勤，巨细躬亲，经过九年的辛勤劳动，终将云门寺中兴。20 世纪 80 年代后，佛源大师回到云门寺主持重建，"当时资金很有限，一砖一瓦都要靠化缘，还要带领大众一担一担的挑上去，可以说吃尽千辛万苦，才成就了云门寺今天这样的规模"②。

三、数次修建之意义

云门寺经多次修建，保存至今，既宣扬了佛法，也为今人留下了宝贵的旅游资源。

（一）宣扬了佛法

云门寺建成后，在文偃禅师的努力下，大振禅风，自成一家，即禅宗五支之一的云门宗。云门宗以"涵盖乾坤""截断众流""随波逐浪"三句为要义，在五代、北宋时期达到极盛，与临济宗并驾齐驱。南宋时云门宗开始衰落，至元代其法系已无从查考。尽管云门宗在历史上只辉煌了 200 余年，但其影响非常深远，"云门祖师之流风遗化，

① 岑学吕：《云门山志》，云门寺常住出版 2014 年版，第 144 页。
② 明向：《恩师功德言无尽，禅者风范映慈光——缅怀佛源老和尚》，《法音》2009 年第 12 期。

潜润民间，仍未尽泯，故信仰恭敬之心，犹尚普遍"①。后来云门寺得以数次修建，也说明了其影响的深远。时至今日，其影响仍旧存在，"（云门寺）如今的庙内佛法活动十分繁盛，香客如云，朝者如林，许多老太太都会在这里住上一两晚，慢慢地虔诚上香。墙上贴有多张法事活动时间表，我仔细看了一张'春节佛事安排'，从腊月二十三晚就开始一直安排到年初三，节目相当丰富：二十三晚开大静送灶，二十四早课斋天，二十八早课香赞，大年初一听钟，斋堂吃饺，早课拜佛，祖堂展礼，天王殿迎喜神，晚课，年初二早课拜延生愿，唱法实赞，祖堂展礼，初三早课，中午上大供等等，种种程序，相当繁复"②。

（二）保留了宝贵的旅游资源

如今的云门寺，"农禅兼修"的严谨寺风仍然保持，而且环境幽雅，风景奇特，"寺的四面层峦叠嶂，山高林密，猿猴、白鹇等珍禽异兽，时有出没。环寺苍松挺劲，竹影婆娑"，令人流连忘返，为国家 5A 级旅游景区、乳源八景之一。深厚的佛教文化底蕴加之幽雅的环境，吸引了国内外大批僧众前来礼佛观光。据统计，近年来，云门寺接待的国内外四众弟子、知名人士和旅游者数以十万计，还接待了大批来自美国、英国、法国、日本、澳大利亚、泰国、缅甸、新加坡、印度尼西亚等国以及我国港澳台地区的佛教徒朝圣团及旅游者。现在的云门寺，"既是宗教活动的场所，又是乳源的旅游胜地和开展海外联系活动的窗口"③。

总之，云门寺得以数次修建，特别是在云门宗已湮失、佛教发展相对衰退的明清时期，印证了明清佛教的一个特点，即由"僧人佛教"变为"庶民佛教"。由于"程朱理学"及朝廷佛教政策的影响，明清佛教不再注重对义理的研究，而民间对佛教的信仰崇拜，成为推动佛教发展的主要动力。

（原载《兰台世界》2016 年第 15 期）

① 岑学吕：《云门山志》，云门寺常住出版 2014 年版，第 6 页。
② 阿黎：《宁静致远云门寺》，《风景名胜》2004 年第 3 期。
③ 王导、李志恒：《寺隐云门山，声扬十方外》，《瞭望新闻周刊》2003 年第 30 期。

澹归禅师丹霞山建寺因缘考

李福标

丹霞山，在广东韶关市仁化县城南八公里，三峰特立，如出天表，而蜿蜒变化之势，未易名状，或拟之曰船，又曰奋龙。这里被列入世界自然遗产名录，不仅是著名的丹霞地貌地质公园，而且是岭南佛教文化的圣地。唐末五代时，这里就有了佛教寺院。明清之际，这里又生活着逃禅隐居的明遗民群，他们惺惺相惜，组织丹霞法社。清顺治末康熙初，澹归今释得山后即卓锡于此，创建别传禅寺，自充监院。其间得各方大护法助力，襄成此事。

关于这一段因缘，《丹霞山志》卷一《山水总志》有所交代。但澹归今释作为一名浙籍人士，一个以前明遗老和南明王朝重臣身份转入佛门的僧人，之前从未与丹霞山发生过联系，在得山建寺过程中，有哪些关键人物关注并支持此重大而艰难之举？本文试从澹归留存的《徧行堂集》《徧行堂续集》，以及相关文献中寻绎其交游的细节，探讨其建寺之因缘。

一、澹归与李充茂之交游

李充茂，字鉴湖。河南南阳人。其兄永茂，字孝源，明天启进士，崇祯时官金都御史，弘光末巡抚南赣。兄弟共以百二十金买仁化丹霞山，以避世乱。孝源卒，鉴湖拟携家返里。

清顺治十八年（1661），作为丹霞山主的鉴湖来五羊城，与时在海幢寺的澹归今释达成丹霞之约，舍山严事三宝，供养宗宝道独和尚。同治《韶州府志》卷二十六载："丹霞别传寺，在县南十七里。明虞

053

抚邓州李永茂隐居于此，其弟祠部充茂以施武林僧。"① 祠部，乃礼部属官；武林僧，即澹归，不径称其名字，以避时讳也。

从澹归《徧行堂集》以及《丹霞山志》等文献来考察，鉴湖舍山的过程更为具体。卷五《李鉴湖祠部六十寿序》云："李子鉴湖，古穰之胜流。避地，偕其伯兄文定公，寻山而得丹霞，几于朝夕与共，坐卧不能离。既奉父兄之灵，携其孤侄还乡，数梦寐至焉。岁辛丑，来五羊，闻予有同爱于丹霞，遂举以归予，为道场结界，期三年成，二老为终焉计。"②《丹霞山志》卷一录李充茂《舍山牒》，牒文略云："恭惟澹归大禅师，道高德厚，性湛心虚，激浊扬清，有功名教，遗荣入道，直印心宗。为一代之全人，存两间之正气。充茂宿仰高踪，素承雅度，睽违多载，寤寐靡忘。比来重晤珠江，不啻亲游竺土。闻汉翀、亦若两公备言禅师丛林逼近城市，甚非栖静之所。充茂昔年同先兄永茂挂冠神武，买山而隐，用价百二十金置仁化县丹霞山一座。……新置草堂，既足上佛；旧存茅舍，尚可栖真。悉举奉施，庄严最胜道场；向后圆成，遍注无边法语。庶不负愚兄弟买山一片苦衷。祈择吉早临，俯慰宿愿，不胜瞻依引领之至。顺治十八年小阳月，古穰法弟子李充茂稽首具。"③

得山之时，澹归欢喜无量。《徧行堂集》卷三十一有澹归今释《喜得丹霞山赋赠李鉴湖山主》诗，云："十三年前与君别，多少披离得相见。……今朝真见吾山主，未曾下口心先与。"④ 又，《满庭芳·喜李鉴湖山主至》词云："三载来期，十年斫额，今春始见珠江。开眉一笑，颜比昔人苍。世路不堪回首，车轮转、薄似羊肠。尘劳侣，随时歇去，心地足清凉。相当，成二老，到家消息，信有西方。算我迟展钵，君早开荒。眼底水云宽阔，休追忆、梦里羲皇。松筠晚，蒲团茗碗，深坐共焚香。"⑤《答李鉴湖居士启》亦云："恭惟鉴湖山主大居士，才钟间气，道出凡情。人伦作楷，名流之砥柱千寻；梵辅乘时，法苑之长城万里。今释曩厕同朝，幸邀末契，十年远想，一旦重逢。念其迂拙，不宜久在鄘中；有此高深，方便送还物外。未蒙紫玉

① 林述训：(同治)《韶州府志》，清光绪二年（1876），第46页。
② 澹归和尚著，段晓华点校：《徧行堂集》，广东旅游出版社2008年版。
③ 陈世英撰，仇江、李福标点校：《丹霞山志》，中华书局2003年版，第2页。
④ 澹归和尚著，段晓华点校：《徧行堂集》，广东旅游出版社2008年版。
⑤ 澹归和尚著，段晓华点校：《徧行堂集》，广东旅游出版社2008年版。

之记荔，先获丹霞之净檀。……盖空老人望而未见，亦憨大师取之不能。"①

从上引诗文中"十三年前与君别""曩厕同朝"等语看，澹归与李充茂乃同僚故交。

殆舍山不久，李充茂礼天然和尚为居士，山名今地，字一超。舍山之当年（1661），充茂即扶榇归里。《徧行堂集》卷三十五《送李鉴湖还邓州》诗云："舍山主与住山宾，来去曾无第二人。十载长怀愁又结，三年重到约须申。烟霞老带多生癖，霜雪深埋一点春。为拂从前高卧石，莫教瓢笠误风尘。"② 康熙十一年（1672）仍返丹霞，居竹坡旧隐，终老焉。这些情节，在澹归于度岭前所撰的《一超道人墓志铭》中有所交代："甲申（1644）弘光改元，道人预选贡，授推官，未赴调，从文定抚虔，旋侍亲就医南雄。冬十月，泊斋翁殁，卜隐丹霞。丙戌（顺治三年，1646）秋，八闽陷，永历以桂藩正位号端州，文定用推戴功大拜，辞不入直，读《礼》于容。是冬趋北流，转徙于郁林、博白穷山深谷间，道人竭手足之力，全肤发，分荼苦。戊子（1648）夏，仅得麻鞋赴行在所。未至，文定卒于苍梧，力疾营丧，归葬仁化。己丑（1649），母夫人、嫂夫人相次长逝，拮据贫旅，不失典礼，孝弟之誉，腾于士林。以堵督师胤锡荐，授祠曹，遣谕祭闾武陟可义。岁除夕及庚寅（1650）春六日，南韶俱失，高卧三岩，盖将终焉。辛卯（1651），扶四丧，挈貌诸孤以还。襄大事，葺庐舍之久敝者，治田圃，偿逋负，教两侄读书有成，毕婚娶。谓可借手告先父兄，长揖人间，乃游桂林，顺流抵穗石。予初因汪水部汉翀，欲得丹霞为道场，道人闻之，欣然见施，有把臂入林，不越三年之约。壬子（康熙十一年，1672）始至，仍居竹坡旧隐，一衲萧然，缁白无不仰其高致。道人有成言：'生则老于是，死则葬于是。'"③

李充茂回南阳乡居十余年，与澹归雁书不断。澹归在创建别传寺过程中，辛苦备尝，而念念不忘老友，亦常去信交代建寺之进展情况。《徧行堂集》尺牍卷四《与李鉴湖祠部》云："三年来，虽名为住山僧，却时时穿州撞府，沿门抄化，忍辱耐劳，庶几不负开山舍山、郑

---

① 澹归和尚著，段晓华点校：《徧行堂集》，广东旅游出版社 2008 年版。
② 澹归和尚著，段晓华点校：《徧行堂集》，广东旅游出版社 2008 年版。
③ 澹归和尚著，段晓华点校：《徧行堂集》，广东旅游出版社 2008 年版。

重付嘱之意。"① 又一通云："弟拮据丹霞五载，心血俱尽，丛林规范，稍亦可观。自念薄福，不能消受，去冬已请本师天然和尚住持，阐扬无上心宗，为贤昆玉一门与诸护法增长福德，皆非小缘也。尚有布置未完者，弟不敢卸担，更穿草鞋奔走，总期圆满此愿，惜无大心檀越为我并力担荷。今年运已往，气血衰损，恐道场未就而溘先朝露，以此忧勤，惟日不足耳。拙刻近有数种，谨附去客寄览。弟于此山，表章之心与流通法道同一真切，总之不负山主，不负山灵也。" 又一通："弟奔走丹霞七载，计在山中仅及一年，心力俱竭，衰老相寻，四大五阴，终非好相识，只是有一日做一日，但在十方三宝，为贤昆玉回向，多一分是一分，故吾愿也。远惠寄及，岂得不拜？惟愧无德消此耳。拙刻如教附去，冗次未尽区区，翘首晤言，以日为岁。"②

充茂回乡后，仍有亲戚留在丹霞，澹归给予悉心照顾。《徧行堂集》尺牍卷四《与李鉴湖祠部》有云："贵族人俱安乐，不烦垂念，晤时当转致雅意。"③ 对于远在家乡的充茂，澹归更是悬念不已。曾有书致邓州太守黄闇如，希望给予关照。《徧行堂集》卷二十七《与黄邓州闇如》云："丹霞山水奇秀，得鉴老舍山，孝老护法，遂成绝构。鉴老幸托宇下，望时赐照拂，此公君子也。曩年避地丹霞，两藩入粤，乞身扶父母兄嫂槥归里，颇着孝友之风，顷欲投老丹霞，盖于弟为世出世间莫逆之交。迟此良会，大士能为劝驾乎？孝源先生即丹霞开山主人，其两郎君并冀垂盼。"④

澹归于出岭请藏之前，应充茂犹子古冶之请，为撰《一超道人墓志铭》，时充茂未卒，然老友双方均有相见时难之隐忧。澹归落笔云："其犹子古冶乞铭圹中之石，予以道人齿发未衰，神明方盛，岂宜早计？然予则衰矣，行复出岭，唐司空图作寿藏时，邀亲朋宴集其中，则道人未死而予为志，无不可者。"⑤ 悲叹之音，见于言外。李充茂入《丹霞山志》卷六《高僧传》《外护传》。

① 澹归和尚著，段晓华点校：《徧行堂集》，广东旅游出版社 2008 年版。
② 澹归和尚著，段晓华点校：《徧行堂集》，广东旅游出版社 2008 年版。
③ 澹归和尚著，段晓华点校：《徧行堂集》，广东旅游出版社 2008 年版。
④ 澹归和尚著，段晓华点校：《徧行堂集》，广东旅游出版社 2008 年版。
⑤ 澹归和尚著，段晓华点校：《徧行堂集》，广东旅游出版社 2008 年版。

二、姚继舜之舍山

姚继舜，字亦若，山东海阳人。官至太仆寺正卿。明清之际携家避乱于丹霞晚秀岩山水绝佳处四十余年，与李永茂、充茂昆弟交好。①

《丹霞山志》卷八录姚继舜《晚秀岩记》云："……于丙戌（清顺治三年，1646）官江右湖西藩参，因与虔抚李君孝源道同志合，谋一丘以自老。遂至仁阳遍觅，锦岩之上，四面石壁峭削，鸟道险峻，环山岩谷，可开凿而居。有共事者侍御黄君基固、职方周君瑚四，分蘖金近百两买此山砦。时修筑浩繁，非一朝夕。忽相率奔走粤西，黄、周二君皆谢世。戊子（清顺治五年，1648）秋，余始从孝源复安堵此山。李居中山。余蹑迹而上，随余上者，则有侍御贺两岐，卜居水帘岩；分守苍梧道朱君丹鸣，卜居草悬岩；太行张君起一暨贡士韩美生，共居海螺岩。迤西过云度山下，则有处士孙、侯、李诸人，各为筑室。至于面南为雪岩，李经宇、周锡甫开基，而处有乳泉，经宇建阁于其上，奉龙王神而祀之。余乃卜晚秀岩而居焉。"②

李充茂舍丹霞山予澹归，其直接的因缘乃是好友亦若居士之舍所居晚秀岩。《丹霞山志》卷一录澹归《乞山偈》，前有引云："丹霞道场缘起出于亦若。"③ 又云："亦若居士所居长老寨海螺岩，山水佳绝，空隐老汉闻之四十余年矣。一日走海幢，无端谈及，忽遇莽澹归冲口便道：'居士须将此山供养老和尚。'亦若唯唯，临别谓澹归：'有甚偈颂，写纸与我珍藏。'澹归道：'我便有乞山之偈。'亦若道：'我即有酬偈之山。'今日漫书此，了昨日公案。成不成，倾一瓶青原白家酒，三盏难道未沾唇。"偈云："空隐长老，亦若居士，一个下来，一个上去。全宾是主，全主是宾。澹归于中，充个牙人。这场买卖，如意自在。地涌金莲，天垂宝盖。乞山有偈，酬偈有山，更有相酬，兜率陀天。此日做中，他年作保。但得钟敲，莫将铜讨。谁其见闻，文武两行：葵轩总戎，园长侍郎。"又有原注云："亦若时客张镇台幕中，园长适在空老人坐次。"④ 所谓酬偈之山，即晚秀岩也。张镇台，即张国勋，号葵轩，锦州人，平南王尚可喜幕下总兵。园长，即王应

---

① 见《丹霞山志》卷六《流寓》。
② 陈世英撰，仇江、李福标点校：《丹霞山志》，中华书局2003年版，第119页。
③ 陈世英撰，仇江、李福标点校：《丹霞山志》，中华书局2003年版，第2页。
④ 陈世英撰，仇江、李福标点校：《丹霞山志》，中华书局2003年版，第2页。

华，东莞人。据姚继舜《晚秀岩记》又可知：此岩乃其子弘所开筑，而弘不意于辛卯年（当为辛丑之误，即1661）溘然辞世。伤心之地不可久留，亦若有归与之思，故欲舍其地为寺，亦超度其子往生佛国。

由此看来，澹归与姚继舜以前并无交往，之后也无甚交游线索可寻。澹归得丹霞建寺之缘，在一定程度上看起来似乎偶然，属"莽撞"之举，"冲口"而出不便收回者，奇特如此，颇耐人寻味。然其"莽撞"中又自有必然的背景在，非三言两语所能表白者，而从《晚秀岩记》看，姚继舜与澹归师翁宗宝道独禅师的关系可能是其关键，亦多亏平南王幕下的张国勋、王应华等人在旁鼓吹。

三、汪起蛟之推波助澜

澹归得李充茂舍丹霞，除亦若居士作引之外，汪起蛟也起了相当大的作用。汪起蛟，字汉翀，号镈石，河南南阳人，贡生。清顺治三年（1646），为番禺县知县。见道光《广东通志·职官表》。又，陈子升《中洲草堂遗集》卷十三《酒酣赠汪汉翀工部》诗有自注亦云："曾为番禺令。"[1] 汉翀与李氏同乡，使澹归知道丹霞山名胜，并促成了李氏舍山之事，前引李充茂《舍山牒》已可见之。又，《徧行堂集》卷三十一《喜得丹霞山赋赠李鉴湖山主》云："弟兄不负二难名，宾主须留三到迹。论功若叙魏无知，大书莫漏汪镈石。"自注云："汉翀别号。吾由汉翀始知此山本末。"[2]《徧行堂续集》卷八《一超道人墓志铭》序云："予初因汪水部汉翀，欲得丹霞为道场，道人闻之，欣然见施，有把臂入林，不越三年之约。"《徧行堂集》卷三十九《汉翀初度》诗云："隔我丹霞梦，深君白社情。首功资介绍，决策走鼯鼪。"[3] 成鹫《丹霞山记》及《陈氏日钞后跋》亦述汉翀促成李氏舍山。

澹归与汉翀之交游殆由来已久。《徧行堂集》卷三十九《汉翀初度》诗云："桐乡犹父老，邺下遇公卿。"[4] 据此，汉翀或在桐乡有过履职的经历，又或南明朝中同事欤？他们二人共同的交游圈中，还有一个很重要的人物，即袁彭年。彭年字特丘。湖广公安人，与金堡同列南明"五虎"中。《徧行堂集》卷三十五《留别汉翀》诗云："才

---

[1] 陈子升：《中洲草堂遗集》，南海伍氏诗学轩，清道光二十年（1840）。
[2] 澹归和尚著，段晓华点校：《徧行堂集》，广东旅游出版社2008年版。
[3] 澹归和尚著，段晓华点校：《徧行堂集》，广东旅游出版社2008年版。
[4] 澹归和尚著，段晓华点校：《徧行堂集》，广东旅游出版社2008年版。

欲题诗意黯然，离情如水接遥天。江山不远一千里，日月须迟三两年。狼狈惯经藤啮鼠，蜉蝣恰值海成田。最怜故友飘零地，错把钟声当杜鹃。"诗末注云："予劝袁特丘出家学道，后归公安，遽殁。意常黯然，念之。"① 汪汉翀与袁特丘有旧。《徧行堂集》诗部卷五《汪汉翀见邀话旧》诗云："珍重相寻夙有期，云烟一抹雨丝丝。随身有病携瓢懒，投足无林荷锸迟。地下客曾留本传，山中人未跋新诗。多君颠倒炎凉用，感慨天涯话所思。"诗中原注："汉翀出《息影传》见示，且云高斋有诗寄匡山，索予为序。予以路左未见也。"② 时澹归侍于匡庐栖贤寺天然和尚。康熙年间，澹归请藏在吴中，得汉翀死讯，即托人致祭。《徧行堂续集》卷五《祭汪汉翀水部文》云："维康熙岁次庚辰（按：为庚申之误。即康熙十九年，1680）越朔廿有五日甲寅，方外弟某，谨以香茗果蔬之仪，因丹霞僧使致祭于故友汪水部镣石先生之灵曰：呜呼！予与公相见于丙申（按：应为丙戌之误。即顺治三年，1646）之冬，别于乙卯（按：应为乙巳之误。即康熙四年，1665）之春。二十年间，珠江锦水，予无定迹，然每聚首，未尝不诙谐倾倒，两无间然也。别后遭丁世变，闻公往来禅山，颇多逆境。予以戊午（康熙十七年，1678）请藏出岭，遂成疏阔。今春丹霞僧使至，犹见公手札，谆谆于故交零落，期予入岭，再得晤言。及询起居，则云已长逝矣。呜呼哀哉！公长予十岁，精力三倍于予，兼修内养，予每谓公期颐可必。若予弱植善病，宜先公死，而公乃先我死乎？……予虽少公十岁，自去夏患跗肿，涉冬脾气大惫，今春殆将不起，仅留视息。老态已日增，病势已日深，死期已日逼。公与予皆以渐死，予即后公而死，世寿已不如公矣。况公之学之识，之品之行，皆卓然有成，重于一时，可传于百世，亦复何憾！"③ 由此可见，澹归、汉翀之间的交谊不但久，而且深，至死不渝。

汉翀推介澹归往丹霞山，原是为澹归个人隐居修道而作计，然澹归首先想到的是将它供养老和尚，即师翁宗宝道独禅师，而后又将它建设成一个普度众生的大道场，恭请其师天然和尚住持。明末清初天然和尚座下的海云系之所以得到岭外乃至江南士人仰戴，正因其拥有

① 澹归和尚著，段晓华点校：《徧行堂集》，广东旅游出版社 2008 年版。
② 澹归和尚著，段晓华点校：《徧行堂集》，广东旅游出版社 2008 年版。
③ 澹归和尚著，段晓华点校：《徧行堂集》，广东旅游出版社 2008 年版。

韶文化研究丛书

澹归禅师丹霞山建寺因缘考

澹归、阿字等一大批法门龙象。《徧行堂集》卷三十五《留别汉翀》诗云："八年青眼剩相思，十里丹霞子所遗。爱我切如分痛痒，与人化欲入离微。尘中只合收诗料，物外何当划路岐。无以酬知凭道业，敢将一钵负三衣。"诗末注云："汉翀欲我只三二人栖迟林壑，此正恐增劳累耳。然我法无独吃自痾之理，顷入丹霞，不用其策，故有末语。"①

四、澹归与陆士楷的惺惺相惜

陆士楷，字英一，号孝山，浙江平湖人，清顺治三年（1646）拔贡生，顺治十三年（1656）擢南雄府知府，有政声。修辑郡志，捐建天峰书院于府治东，又建龙护园为丹霞下院，买田以赡课诸生。官十九年而不调，以忧去。礼天然为居士，名今亘。著有《越晋齐吟》《种玉亭词》《踞胜台词》等。

澹归与孝山太守之相识，正在丹霞山别传寺开山之时。《徧行堂集》文部卷一《从天而下说》："孝山陆使君守雄州九年矣，余以壬寅（康熙元年，1662）识之于穗城，一语知其为盛德人也。时方开山丹霞，以护法嘱累，孝山诺之。丹霞地籍韶阳，及余至韶阳，韶之士民交口而妒雄州曰：'雄之人不知何修而获此福。前太守郑公贤而爱民，今太守陆公复贤而爱民，皆当湖。当湖何其多贤，雄之人何其巧相值、乐相继耶！'"② 丹霞山属韶州仁化县管，而陆士楷则是南雄直隶州太守，殆因同乡关系而成别传寺愿力最深的大护法之一，对澹归的助力最巨。《徧行堂集》卷十《陆孝山太守祝寿疏》云："此广东南雄府知府平湖善男子陆某，于丹霞建立同行同愿，自诸佛菩萨殿堂、山门、僧舍、饭僧田，及一切护持劝导，如其心量，克尽而止。"③《徧行堂集》卷十一《施田碑记之二》云："自有丹霞以来，予充监院七载，使君为檀越亦七载，山中缔构，下及米盐琐屑，无不共区画，视予如手足，视丹霞如其家。予欲远行，辄致语使君，为我权家数月，使君笑而应之。凡予所惕然视止行迟者，使君出一策，割然以解；即所劝导部内，清净软语，各有以发其欢心，未尝稍涉勉强，作以高临下之

---

① 澹归和尚著，段晓华点校：《徧行堂集》，广东旅游出版社 2008 年版。
② 澹归和尚著，段晓华点校：《徧行堂集》，广东旅游出版社 2008 年版。
③ 澹归和尚著，段晓华点校：《徧行堂集》，广东旅游出版社 2008 年版。

色。"①《徧行堂集》尺牍之三《与解虎监寺》书一则云："得手教，知道体违和，甚念。吾辈老矣，老到即病到，古人说死而后已，吾辈为众之心，恐亦非死所能已也。弟今年自觉衰耗，惟拼着向前耳。缘事难易，本非可强，但事到棘手时，哑子吃黄连，有苦说不出，仅博得旁观一笑也。田事仗孝山太守救我，感之入骨。雪庵应不落空，大林即于七月间接济，亦妙。"②《徧行堂集》尺牍之四《与曹秋岳侍郎》云："弟为丹霞山子牵鼻七年，丛席渐成，尚难结局，风尘一钵，自业所招。惟有孝山护念，久而弥笃，自是多生同行同愿之友，未易常情测度也。"③ 又，《与侯筠庵文宗》云："陆孝山太守为敝寺主人久矣，惟与商之，试事竣，能起登临之兴，当扫径以俟，好山好水，故有待于贤人君子之表章耳。"④《与冯苍心文宗》云："今释建立丹霞七年，孝山护念亦七年如一日，同行同愿，作同心之请，故非分外，然不忘付嘱，于诸菩萨行愿作同声之应，要不出大士意中。"⑤《与沈云中文宗》云："孝山于丹霞道场，盖与弟同心缔构，十年如一日，其乐善不倦，出于至诚。昨以五十金见贶云：'此文宗所发净檀也。大士未见其人，未履其地，而布金先及，岂非信孝山而因以信弟，抑吾三人缘契总不出灵山一步耶？'⑥《与黄邓州闇如》云："丹霞山水奇秀，得鉴老舍山，孝老护法，遂成绝构。"⑦

不仅输金建寺，在为新寺购置田产等方面给予布施，且更注重新寺之文化建设。前者解其燃眉之急，后者为其久远作计。士楷不仅是别传寺的大护法，还是澹归的诗友。他转动诗笔，与澹归往还酬唱，抒发对丹霞山自然环境的赞美。澹归《徧行堂集》中多有诗什，关乎其二人的唱和。他们在诗艺上互相砥砺，如切如磋，如琢如磨。《徧行堂集》书前《缘起》一条云："诗不入格，昔人所讥。不知最初以何为格？孝山云：师诗非诗家流，然诗中少不得有此一种。"又一条云："庚寅，梧州诏狱中作词数阕，方密之见而称之，后绝不作。至庚戌复作，孝山谓吾手笔乃与词相称，意殊欣然。时孝山、融谷方共

① 澹归和尚著，段晓华点校：《徧行堂集》，广东旅游出版社 2008 年版。
② 澹归和尚著，段晓华点校：《徧行堂集》，广东旅游出版社 2008 年版。
③ 澹归和尚著，段晓华点校：《徧行堂集》，广东旅游出版社 2008 年版。
④ 澹归和尚著，段晓华点校：《徧行堂集》，广东旅游出版社 2008 年版。
⑤ 澹归和尚著，段晓华点校：《徧行堂集》，广东旅游出版社 2008 年版。
⑥ 澹归和尚著，段晓华点校：《徧行堂集》，广东旅游出版社 2008 年版。
⑦ 澹归和尚著，段晓华点校：《徧行堂集》，广东旅游出版社 2008 年版。

填词，复有不期而合者，此后一切填词作诗遂少矣。"① 并出资为澹归文集刻梓。《徧行堂集》书前《缘起》又一条云："是集（即指《徧行堂集》），孝山一阅稿有《征刻引》，天然老人先为制序。……是书始末，因缘非一，具述于此，不敢忘朋好之雅也。"② 不但自己关注别传寺的文化建设，还发动好友参与。与沈皞日二人经常自南雄来山，与澹归三人诗文唱和，有《甲辰唱和集》付梓流通；又与沈皞日、陈岱清上山与澹归联社，有《丹霞四浙客诗》结集行世。这对于当时文人了解丹霞山、扩大别传寺的影响，起到了一定的作用。

澹归对陆士楷的感激是无法用语言形容的，他们的交谊历久弥笃。清康熙十三年（1674），当士楷以忧去官时，澹归为老友的不幸遭遇仰天长叹，作《送陆孝山太守持服归当湖序》一文③。一旦与陆士楷分别，澹归顿觉了无生趣。《徧行堂集》尺牍之三《与解虎监寺》书又一则云："顷扶病至岭头，一别孝山，殊无精神酬应，饮食若杂，便苦暴下，辄有数日郎当。大抵每日须人参扶持，此岂穷汉所能周旋者？"④

康熙十七年（1678）四月，澹归在丹霞山退院，随后出岭请藏。当他来到嘉兴时，陆士楷闻声而至。老友相会，感慨系之。《徧行堂续集》卷十四《陆孝山太守闻予至郡，即自当湖来会，宅中多冗，一面而归，感其至情，惘然有作》云："重逢初未拟，意在起东山。难得流泉便，休过炀灶关。青云方落落，白水尚潺潺。且解相思渴，扁舟又不闲。"又，"乍见还成别，羁怀倍惘如。问边增一劫，捋罢第三珠。泛水流桃梗，携书走蠹鱼。路难心不变，满眼正崎岖"。又，"星摇悲烈火，弦急忆柔风。襦袴歌弥切，莼鲈梦更浓。老来行蹩躠，事了话从容。怪煞微尘破，深经转不穷"。又，"万轴长操契，双眸命掷梭。迥风移岸草，滴露老庭柯。家食贫如此，诗情近若何。浮生如幻意，只合付狂歌"。⑤

后澹归应邀入平湖，已是重病在身，凭借陆士楷的关系，住进南园。《徧行堂续集》卷十四《南园口号》之一云："自非知己谁堪托，

---

① 澹归和尚著，段晓华点校：《徧行堂集》，广东旅游出版社 2008 年版。

② 澹归和尚著，段晓华点校：《徧行堂集》，广东旅游出版社 2008 年版。

③ 澹归和尚著，段晓华点校：《徧行堂集》，广东旅游出版社 2008 年版。

④ 澹归和尚著，段晓华点校：《徧行堂集》，广东旅游出版社 2008 年版。

⑤ 澹归和尚著，段晓华点校：《徧行堂集》，广东旅游出版社 2008 年版。

况复衰翁不再来。分付东风勤守户，莫教吹我白云开。剧怜人面似苍苔。"诗中原注："初拟客子书屋，以病甚，恃孝山久交，乃假榻杜门。"[1] 康熙十九年（1680）八月九日，澹归卒于平湖寓所。

五、宗人金光的鼎力相助

金光，原名汉彩，字公绚，号天烛，浙江义乌人。清康熙年间从征陕西、山西、湖南、广东、广西共三十余年，官至鸿胪寺卿。因暗中支持遗民，后为尚之信所杀（尚于康熙十九年被赐死）。澹归在未得丹霞之前，与金光可称神交已久。《徧行堂集》诗部卷三十一《除夕书怀赠公绚》诗云："与君称相知，不自今日始。我未出家隐辰阳，已闻姓字入君耳。君时意气早相亲，藏之中心不见齿。及我出家来雷峰，双榕树下溪桥东。有人传君慰藉语，不须相识如相逢。我时一志秉禅律，耳根寂历晨昏钟。知君爱我感则已，寸纸未暇图从容。无端忽发名山梦，一瓢冲破梅花风。匡庐拔地四十里，彭郎雪浪摩青空。汉阳苍出五老上，群峰总角围儿童。玉帘马尾三峡水，一喝万舞开先龙。焚香炷顶绕铁塔，半晴半雨携孤筇。白波涌出青莲花，紫芝幻作金芙蓉。何当一锡穿二井，洞庭扬子皆朝宗。吾师夙负山水癖，抵死爱煞栖贤穷。"[2] 他们相识在顺治十八年（1661），时澹归在东莞篁村养病，因宗宝道独生辰而来海幢寺聚会。诗又云："我时长病复苦饥，脚跟线断随飞蓬。三年奔走还入岭，青山眼倦黄埃封。今春一病卧东莞，药铛伴夏连秋冬。海幢为省西禅老（空隐师翁），与君双手才叉胸。君在王门好行德，手作风雷眼冰雪。西山爽气两条眉，北海芳尊千里客。……虽然一载篁村里，日日肠牵庐岳丝。秋深十八滩头水，片叶乘风听所之。"[3] 相识之后，金光即给予方便。《徧行堂集》诗部卷二《送公绚之北京》诗，题下注云："公绚时以东城别宅为余庵，余方辞之。"[4]

澹归住丹霞，其实亦得力于金光之助。姜伯勤《石濂大汕与澳门禅史》考证云："大汕在大佛寺、长寿寺说法，澹归在丹霞山别传寺

---

① 澹归和尚著，段晓华点校：《徧行堂续集》，广东旅游出版社 2008 年版。
② 澹归和尚著，段晓华点校：《徧行堂集》，广东旅游出版社 2008 年版。
③ 澹归和尚著，段晓华点校：《徧行堂集》，广东旅游出版社 2008 年版。
④ 澹归和尚著，段晓华点校：《徧行堂集》，广东旅游出版社 2008 年版。

主法，均以尚王府中人为大檀越主，两者均以其浙江同乡金光为中介。"①《徧行堂续集》卷五《为公绚礼忏疏》云："彼有浙江金华府义乌县故鸿胪卿金光，于某出家以前，闻声相思，入粤而后，晤言相悦，住山伊始，继廪供僧，造寺未成，捐财劝众，曾讲一家之好，兼行四事之檀。"②《留别公绚》："空际飞鸿唤侣勤，江边风雨迭相闻。劳君一手开青嶂，闲我双眸弄白云。芦叶吹霜犹惨凛，梅花倚雪正氤氲。还山剩有眉毛结，何日重游鸥鸟群。"③ 可见澹归对其助力深表感激。

据《丹霞山志》卷六，别传寺金光曾募建丹霞药师阁。不但如此，在澹归来往奔走为丹霞别传寺化缘路上，金光尽力帮助澹归。《徧行堂集》尺牍卷二五有《与公绚兄》书十通，其一云："客冬仗庇，安隐还山，今月复下山化缘，直是脚跟无定，再走得三五年，或有小歇时，但恐线断耳。呵呵！蕉源诸公，各为道意致谢。海幢施米，弟虽在韶州境内，提起饭碗，未曾忘却炮声也。"又一通云："九月廿六到山，且喜布帆无恙，惟病体犹未复元耳。尊使过护生堤下，寄谕云：令送稻百石供众，闻之感动。沙汰令下，僧多失养，又有刊布讹言欲相中伤者，事虽无根，而摇惑亦自不少，吾兄护念，乃能无异平时，即此见卓识深慈久而弥实矣。"④

也许因为同姓，又在诸多方面特别是在丹霞营造上，得金光大助力，故澹归乐于为金光及其主子歌功颂德，树碑立传，言语间有几近令人肉麻者。《徧行堂集》卷二《志不在名实说为公绚宗兄寿》云："予尝以予宗贤昆公绚氏类有道者。世多求之名实之中，不可得公绚，而公绚曰：'吾志不在名实，雅癖山水。'世或求之山水之中，亦不可得公绚。公绚其真有道者耶？公绚盖好游，尝造泛海之装，问岠嵎，探之罘，飘一叶于重溟，水天无际，观日所从出。既自长山趋辽左，预平南幕府，入燕京并大行，上华岳，浮洞庭，复从岱宗涉淮、泗，度彭蠡，扣大庾，底定南海。当其穷高极深，肆目力于所不可及，搜奇发覆，披发绝叫，自谓天下之至乐无与易也。比着帏幄功，当三品官，不受。顾好为德，所至保全善类，起痼扇暍，于暮笳晓角间，若有两部鼓吹，奏升平燕喜之曲，而让善于上，成美与人，夷然皆有所

① 姜伯勤：《石濂大汕与澳门禅史》，学林出版社 1998 年版，第 149-150 页。
② 澹归和尚著，段晓华点校：《徧行堂续集》，广东旅游出版社 2008 年版。
③ 澹归和尚著，段晓华点校：《徧行堂集》，广东旅游出版社 2008 年版。
④ 澹归和尚著，段晓华点校：《徧行堂集》，广东旅游出版社 2008 年版。

不屑。"① 又《徧行堂集》卷十三有《留须子传》云："乾坤一借路耳，势位不必自有，功名不必自居，得此道以游于帷幄，为留须子。留须子，生义乌金氏，名光，字公绚。廓达，负不羁才，卑其乡国，谓五山四海吾篱落间物，故好游。喜读书，厌章句，故未尝屑意举子业希仕进。偶访故人登州，遣苍头酤酒市上，独为泛海装，纵观丹崖、召石、之罘诸名胜，凌飞涛，乘飘风，揽日月所出没，乐而忘返。时平南尚王，方举兵略，定长山诸岛，挟其士众航海归清，留须子陷焉，王一见异之，置幕府。留须子自念：吾自卑吾乡国，顾此非乡国，愈益卑，奈何！辄乘间走，走辄获几死屡矣。王奇其才，独加覆护，于是弭笔从王入关，破李自成，至北京，定山东，克山西之太原、陕之延安，下荆襄郧阳，从承天顺流趋九江。左宁南全部来降，留须子月旦其镇将，悉轻之，数与金声桓语。声桓数请王，欲得留须子，王固不许。其后声桓败江右，王笑谓留须子：'我从声桓请，汝败矣。'留须子笑曰：'王从声桓请，声桓不败也。'既而王奉诏伐岭南，留须子由章江度大庾岭，破广州。二十余年，诸大战守、大政令，无不预。留须子善谋而能断，众嗫嚅不敢言者，王或持疑未决，出片语立定，王常抚其背，以为吾子房也。留须子虽恢奇跌荡，然一本经术，切于事情以行仁义，故所至爱惜诸士大夫遗族，于民不妄诛求，喜完人室家，凡以事至军前者，必委折求所以生全。诸将建议杀掠，必痛折，虽贾怨不恤。若初招从化，使者报拒命，已发屠城之兵，留须子不可，王再遣谕，卒全其四境。后攻羊城，九月未下，几得从为内府，羊城下，议剿石门、剿佛山，留须子皆不可。他若服文村，保东官，革潮州外委私税，擒积恶俞仁等为民害，皆与王异口同音，若桴鼓应，以故王功大而德亦大，士民咸颂其宽。初，粤西全疆陷，缐国安等三将东下，抚镇欲拒之，留须子率尔曰：'诸公误矣，叛者且当招之使来，来者乃欲拒之使叛乎？'王色变，立以大义折抚镇，发兵饷，召三将慰安，区画报仇刷耻机宜。识者谓，王守粤东、复粤西、破李定国，皆于此为根柢也。留须子聪颖过人，于天文、地理、奇门阵法、律历、医药、外内丹术，一见洞晓，然不竟其学，谓犹之乎借路。吾尝登名山，涉大川，取其高深广远苍凉之概，与吾心相发，故非其住处。自碣石平，岭海少事，留须子谢绝一切不预，顾以王休戚同体，谊不能

---

① 澹归和尚著，段晓华点校：《徧行堂集》，广东旅游出版社 2008 年版。

遽远引高卧。石琴堂宾从满座，诗酒相命，谈谐风涌，各畅所怀来，论功宜起家三品，王屡欲言之朝，竟不受。"①

澹归因为金光主子平南王尚可喜编纂《元功垂范》而饱受诟病，其实，他也是坚持了"华夷之辨"的底线的。《徧行堂集》尺牍卷五澹归有《与公绚兄》书十通，其一云："承答教，明不称伪，此千古不易之大义；李自成、定国称贼，亦千古不易之大义，阅之洒然。盖李自成、张献忠罪大恶极，始终为贼，若孙可望、李定国，皆献忠余党，称贼何疑。然就可望、定国而论，可望初据滇中即称王，与明后主行敌国礼，及陈邦傅矫制，封可望秦王，可望知其伪而受之者，欲借此以吞并滇、黔、川、楚诸镇将，则其为明者伪也。可望初遣郝九仪至南宁，传令杀内阁严起恒等十五人，后主在安龙，开册支廪给，至称'皇帝一员、皇后一口'，令人发愤。当时惟李定国不失臣礼，后主颇恃以安，故特封定国晋王，与可望并尊。可望怒，即杀内阁吴贞毓等十八人，并欲杀定国。定国入滇不可，出楚不能，乃为窥粤之举。其后败归，而可望诸将更翕然为定国用者，亦以逆在孙而顺在李也。于是定国大败可望兵，始得奉后主入滇，可望穷而降于清矣。未几，平西取滇，定国兵败，后主走缅甸，明亡，而定国亦死，是定国至死未尝叛明也。同时若李自成余党，则有李赤心、郝永忠等，皆受明封爵，皆蹂躏内地而外无尺寸之功。郑芝龙本海上渠魁，其受明恩礼特厚，然犹撒仙霞之守，邀功于清。其子成功，乃所谓干父之蛊者，然始奉鲁藩，终奉永历，既隔绝于岛外，未能与明后主同一日之患难也。夫明之君不称伪，以其三百年正朔相承，则用明之正朔者，皆不当书贼。同一用明之正朔，而顺逆有殊，功罪有殊，亲疏有殊，以诸将提衡而与定国较，则定国实为明臣，又不当称贼矣。且如杜永和等，始为明，既降清而复叛，然不失其为明者，明许以自新也；既又叛明而降清，亦不失其为清者，清又许以自新也。夫反复已甚而皆可以自新，则夫定国之一反而不覆者，春秋之法，善善长，恶恶短，其许以自新必矣，其不当书贼又明矣。至粤东山海之寇，本为劫掠，无足重轻，然于王兴，即不忍径指之为贼，其死生去就皆有礼也，此故不与萧国隆等并居顽梗之科，彼定国者，岂与李荣、苏利同加叛逆之律耶？鄙见如此，敢质之高明，不妨批示，以取析义之精，足为千秋立案也。

① 澹归和尚著，段晓华点校：《徧行堂集》，广东旅游出版社 2008 年版。

《垂范》增改已毕，别遣侍者录一本，其旧本即用朱书旁，写纳吾兄处，以便较对。诸不多及。"①

澹归晚年编定《徧行堂集》，在付刻流通的环节上，金光又起了绝大作用，澹归感念不已，多有志谢。《徧行堂集缘起》云："是集，孝山一阅稿有《征刻引》，天然老人先为制序。云芝瑞侍者欲任此役，未几而殁，置不复道者久之。公绚闻而寄语，当为劝导。于是石吼监寺走穗城，合诸檀越所助，始克竣工。公绚于予有谱谊，其人好奇，故乐于从事。是书始末，因缘非一，具述于此，不敢忘朋好之雅也。"②《徧行堂续集》卷十一《与公绚兄》书云："石吼还山，赍到刻资，费吾兄盛心不少，且感且愧。弟一生为文字所累，今复以文字累人，岂非造孽？然结习所驱，要不可避。徐文长身后乃得袁中郎发扬，而弟于生前便有吾兄授梓，较之古人，所遇为过幸矣。顷已完二十六卷，尚有十六卷，毕工后，先刷以呈。开卷时，定有一片化主梆铃声震耳，乃古今文集中所无，不妨另辟一世界。呵呵！"③《徧行堂续集》卷十二《与刘焕之总戎》书云："拙集已刻完二十六卷，尚有二十卷未完，前欲相助剞劂之费，不敢自外，或有可措置，随便发下。此集不下六十余万言，此时笔头子高兴已减，前途有限，续集料亦无多。……曾语公绚：吾集中有一片化主梆铃声震耳，公绚于此亦复自充化主，觉里里外外纯是梆铃。写至此，又是一阵梆铃，皆古人所无想，当为抚掌也。"④ 又《徧行堂续集》卷十四也有《公绚募刻〈徧行堂集〉寄谢》诗二首，均可见对这位宗亲的感恩戴德。《徧行堂集》的付刻，对于丹霞山的文化建设是一件有关键意义的大事。虽然这是题外话，但足可见澹归、金光之间的情谊。

六、结论

以上数人，可分为两组：李充茂、姚继舜、汪起蛟为一组，陆士楷与金光为一组。李充茂一组，乃丹霞山隐居习佛之士。他们与澹归师翁宗宝道独有密切的联系，他们舍山，与宗宝和尚有关。这一点在前引《丹霞山志》卷一录澹归《乞山偈》中明确可知。汪宗衍《天然和尚年谱》亦有反映。据《天然和尚年谱》"顺治十七年"条，本年

---

① 澹归和尚著，段晓华点校：《徧行堂集》，广东旅游出版社2008年版。
② 澹归和尚著，段晓华点校：《徧行堂集》，广东旅游出版社2008年版。
③ 澹归和尚著，段晓华点校：《徧行堂续集》，广东旅游出版社2008年版。
④ 澹归和尚著，段晓华点校：《徧行堂续集》，广东旅游出版社2008年版。

春，宗宝道独六十初度，天然和尚有《祝本师空老人六十初度二首》诗祝寿，见《瞎堂诗集》卷八。是日，闻云南消息，天然和尚又有《闻云南报因酬汪居士，是日海幢老人六十初度，澹归侍坐》诗酬赠汪居士，诗云："十载汪居士，相看各皓然。见闻成异代，悲喜但随缘。幸有吾师在，还生子弟怜。入河归寿海，吾道至今传。"亦见《瞎堂诗集》卷八。时澹归今释在座。所谓"云南消息"，指云南战事，去年清军会攻云南省城，南明永历帝奔永昌，复奔缅甸。清廷命吴三桂镇守云南并谕吏、兵二部，凡云南文武官举黜及兵民一切事命吴三桂暂行总管。汪居士，即汪起蛟。在道独和尚的这次生日宴上，澹归遇到汪起蛟，从汪起蛟处得知丹霞山详细。这似乎是澹归在丹霞建寺的最初因缘。故之后某日，澹归见到姚继舜，"一日走海幢，无端谈及，忽遇莽澹归冲口便道：'居士须将此山供养老和尚'"。①

乍看之下，偶然得之，玄之又玄。然为何道独和尚钟情于丹霞"四十余年"？澹归又为何"冲口"便要人舍山？其中恐非"无端"，仍有必然的因素在。不必说丹霞山的独特地理形势为明末士大夫隐居逃禅习佛的首选之地，就其佛教的悠久传统，也足以让人神往。锦石岩乃唐末五代时就有的古寺，至今尚存。除锦石岩外，朝阳岩亦有梵刹，且明万历间憨山德清大师尝过访之。据《丹霞山志》卷八录澹归撰《绕丹霞记》云："朝阳有梵刹，憨山大师过之，题两诗岩上，柱有两联犹存。僧去寺荒，诸天之腹背皆空。树之类如柏，器用之类如钟，悉为盗所卖。"又录澹归《游山语》云："朝阳岩亦可居，但须移佛殿出平冈，以岩为用星也。憨山大师有两门联……予谓诸子宜致书静室，令弆藏之。他日有人兴复，便挂还也。先德手迹，恭敬爱护，正是道人用心处。"② 当时岭南佛教的形势向好，在以宗宝道独、天然函昰为首的华首系和以栖壑道丘、在犙弘赞为首的鼎湖系在广东传扬曹洞博山系之法，一时法门龙象云集响应，各地新兴或恢复寺院颇多，罗浮山之华首台（寺）、广州番禺之海云寺、鼎湖山之庆云寺即为其中引人瞩目者。丹霞山作为广东境内与罗浮山、鼎湖山齐名的风景名胜，必为高僧大德建寺之首选。恰有舍山之一方信念虔诚之至，建寺之澹归禅师悲深愿大，故此事一拍即合。如此说来，这段奇缘，也并非石破天惊者。

（原载《韶关学院学报》2016 年第 3 期）

---

① 陈子升：《中洲草堂遗集》，南海伍氏诗学轩，清道光二十年（1840）。
② 澹归和尚著，段晓华点校：《偏行堂集》，广东旅游出版社 2008 年版。

韶关禅宗高
僧大德研究

岭南文化书系

韶关禅宗文化研究集萃

论六祖惠能革新佛教的意义
及对佛教中国化的推进

洪修平

在人类文化发展中，每一次突破，都是人类革新意识涌动之结果，当这种意识符合客观的历史发展进程，迎合了人们的精神需要，它就表现出强大的生命力。惠能作为中国禅史上开一代新风的禅师，其出现绝不是历史发展的偶然，如果从中国文化发展的规律着眼，就可见其有深刻的原因。这其中既有惠能对人的生命存在的现实状态的批判性思考，又有对烦琐名相、经师之学和程式化的修行方法的革新，还有老庄的自然主义、玄学的得意忘言和儒家的重视人生等学说的深刻影响。惠能正是在顺应了时代需要，在坚持佛陀创教本怀、继承发展佛教中国化的基础上，通过对传统禅法的变革与创新才使中国禅宗的发展出现了新的气象。

一、惠能对传统佛教的革新

怎样更好地实现人的解脱是惠能革新意识的立足点，这也是他对人的现实的生存状态深入思考的结果。惠能既继承了佛教的传统，又不囿于传统，他对传统佛教的革新与发展，从历史上看，突出地表现在他以空融有，空有相摄，将般若实相与涅槃佛性的结合作为全部理论与实践的基础，[①] 从"不立文字，顿悟成佛"出发，以自性自悟来统摄一切传统的修持形式与修持内容，并以"中道不二"为指导而对

---

① 洪修平：《禅宗思想的形成与发展》，江苏古籍出版社 2000 年版。

读经、坐禅、出家、戒行等传统佛教烦琐而艰苦的修行方法提出了一系列改革性的意见，从而开创了简便易行的新禅风，更好地适应了人们追求超越的精神需要。

关于读经。佛经，在佛教中既特指释迦牟尼演说的教理，也泛指佛教的一切经典。在传统佛教中，佛教经典被奉为修行者的指路明灯、必读之书。中国佛教学派和宗派也大都围绕着某一专门的经典来建构自己的理论学说，例如南北朝时的"地论学派""摄论学派"和隋唐时奉《法华经》为主要经典的天台宗（亦称法华宗）、奉《华严经》为主要经典的华严宗，等等。然而，禅宗以禅命宗，惠能又将禅视为修行者内心的一种体验，因此他从"自性般若"出发，对于读经提出了不同于传统的新看法。惠能认为，"三世诸佛，十二部经，亦在人性中，本自具有"①，而自性起般若观照是"不假文字"②的，只要识心见性，去除执心，就能觉悟成佛。故而在惠能看来，读不读经并不是最重要的，经典至多只是启发人们开悟的一种外缘，关键还在于每个人的自悟。据此，惠能并不要求信徒执著于一部或几部经典，而是强调要"心悟"。即使是读经，也应该是心转经文而不能被经文所转。据禅史记载，有僧名法达，初听惠能教诲，曾问道："若然者，但得解义，不劳诵经邪？"惠能答曰："经有何过，岂障汝念？只为迷悟在人，损益由汝。"然后，就为法达说了"心迷《法华》转，心悟转《法华》"的著名偈颂。法达从此领旨，"亦不辍诵持"③。这说明，惠能并不是绝对地排斥经教，他只是强调应领宗得意，自性觉悟，不能执著文字，更不能被文字牵着鼻子走。④ 这实际上也就是老庄玄学的"得意忘言"和佛教的"依义不依语"在禅修中的具体贯彻与发挥。事实上，执著于诵经固然是"有念"，拘泥于"不可诵经"，也是一种执著。按照惠能"出没即离两边"破一切执著的观点，应该是读与不读，皆任心自然，念念无著便为解脱。

惠能对于读经的态度，与菩提达摩以来的"藉教悟宗"既有联系，也有差异。达摩的"藉教悟宗"可说是看到了语言文字的重要作

① 郭朋：《坛经校释》，中华书局 1983 年版。
② 郭朋：《坛经校释》，中华书局 1983 年版。
③ 《五灯会元》，中华书局 1984 年版。
④ 惠能本人就曾有一闻《金刚经》心即开悟，并为无尽藏尼解说《涅槃经》的经历，说明他不排斥经教的启迪作用。

韶文化研究丛书

论六祖惠能革新佛教的意义及对佛教中国化的推进

用和局限性，它重视个体自我对佛理的理解与把握，力图借助佛陀的言教来达到对佛法大义的根本觉悟。达摩以《楞伽经》相传授，他比较重视佛陀在《楞伽经》中"不执文字"的教示，提倡"藉教悟宗"以引导众生不受语言文字的拘束，努力去把握语言文字后面所隐含的真理。"悟宗"并非与经教完全绝缘，而是"藉教"而不执著于教。其特点之一是不再注重严谨的逻辑、理智的思考、准确的语言，而是希望能超越这些束缚，依靠内心的体验从总体上直接地去领悟佛法的真谛——"与道冥符"。达摩既主张借助语言教法来悟道，又强调不要迷信、执著于语言教法。这对惠能有深刻的影响。惠能正是在达摩"藉教悟宗"的基础上进一步反对墨守成规、死守经典，强调不立文字，直契心性。在他看来，自性不悟，执著文句，读经何益？自性若悟，经典文句又岂有碍哉！自心本具一切法，当然包括了"一切经书及诸文字"。在惠能以后，南宗中曾出现了一股完全排斥经教的思潮。例如，德山宣鉴禅师说："这里无祖无佛，达摩是老臊胡，释迦老子是干屎橛，文殊普贤是担屎汉，等觉妙觉是破执凡夫，菩提涅槃是系驴橛，十二分教是鬼神簿、拭疮疣纸。"① 这种极端的态度，与惠能对经教的看法显然是有一定差异的。即使如此，在南宗中读经的现象事实上仍然是存在的。永明延寿"念《法华经》，计万三千部"②，仰山慧寂住观音寺时，曾出榜云："看经次不得问事。"③ 此类记载甚多。曹山智炬禅师的一段话可以代表南宗对读经的普遍看法："文字性异，法法体空。迷则句句疮疣，悟则文文般若。苟无取舍，何害圆伊？"④

在不排斥经教启迪作用的同时，惠能更重视大善知识的指点，从而把菩提达摩的"藉教悟宗"发展为"藉师自悟"。他在开法时曾这样说：

> 教是先圣所传，不是惠能自知。愿闻先圣教旨，各须净心。闻了愿自除迷。……菩提般若之知，世人本自有之，即缘心迷，不能自悟，须求大善知识示道见性。⑤

① 《五灯会元》，中华书局 1984 年版。
② 《五灯会元》，中华书局 1984 年版。
③ 《五灯会元》，中华书局 1984 年版。
④ 《五灯会元》，中华书局 1984 年版。
⑤ 郭朋：《坛经校释》，中华书局 1983 年版。

就是说，尽管人人本有菩提般若之知，但并不是人人天生都能自悟的，否则就没有众生而只有佛了。众生自迷，可以求大善知识示道见性，以帮助自己开悟。但惠能同时也强调，"藉师"还得靠"自悟"，外在的帮助只是一种辅助作用，并不能代替各人内心的自悟自度，如果自己不努力，想通过别人的帮助而达到解脱，那是不可能的。他说："不能自悟，须得善知识示道见性，若自悟者，不假外善知识。若取外求善知识，望得解脱，无有是处。识自心内善知识，即得解脱。若自心邪迷，妄念颠倒，外善知识即有教授，救不可得。"① 惠能强调自性自度而不废言教师传，把外在的教育启发落实到自心的觉悟，这即使仅从教学方法上看，也是有其合理之处的。

对于是否要出家修行，惠能的基本看法也是不能执著于形式，更重要的在于自净其心，自性觉悟。他说："善知识！若欲修行，在家亦得，不由在寺。在寺不修，如西方心恶之人；在家若修行，如东方人修善，但愿自家修清净，即是西方。"② 出家修行是印度佛教的传统，这种做法传到中土后，虽曾遭到深受儒家思想影响的中国人的反对，却仍在佛教中坚持了下来，成为中国佛教僧人基本的修行和生活方式。但惠能在这里对此提出了不同的看法，认为在家还是出家，形式是次要的。若出家而不能正确地修行，又有什么意义呢？值得注意的是，这里的"在家亦得"，并不是"非得在家"，"不由在寺"，也不是"不能在寺"。在惠能看来，在寺与在家，并无二致，关键是心不能有所执著。与前面提到的对读经的看法一样，若一定说不能出家，不又成了另一种执著了吗？这并不合乎"离两边"的要求。因此，我们认为惠能反对的是对出家形式的执著，而不是对出家的绝对排斥。事实上，无论是在惠能之时还是之后，南宗弟子的修行都还是以"在寺"为主的，只是形式上有所不同而已，例如"修禅不离俗务，禅院不设佛殿，但立法堂"③，参禅者"远离乡曲，脚行天下……学无常师，遍历为尚"④，等等。至于有大批的在家弟子，那并不是惠能南宗所特有，早在佛陀时代就有不少在家修行者。佛教传入中国以后，历

① 郭朋：《坛经校释》，中华书局 1983 年版。
② 敦煌本《坛经》第 36 节。《坛经校释》漏"在家若修行"之"行"，现据敦煌卷子底本添补。
③ 《百丈清规》。
④ 《祖庭事苑》卷八。

论六祖惠能革新佛教的意义及对佛教中国化的推进

代著名居士也是不乏其人的。① 当然，惠能破除对出家形式的执著，这对南宗的修行不拘于任何形式，以及南宗传播范围的扩大等所起的作用也是不可低估的。惠能对出家与在家的见解，一方面激励着出家的僧众不能放松修行，另一方面也更多地吸引了在家的信徒。

在惠能对传统佛教的革新中，最引人注目的是他对坐禅的看法。禅宗以禅命宗，却并不以坐禅入定为功夫。自菩提达摩来华传禅，此系的禅法一直比较注重"随缘而行"，但也并没有完全排斥坐禅调息等传统的习禅形式，东土五祖对"坐禅"都还是身体力行的，道信和弘忍在组织禅修方便法门时，都还给"坐禅"留了一席之地。但到惠能时，明确提出了禅非坐卧，反对执著坐禅。惠能根据离相无念即为识心见性、顿悟成佛的思想，把修禅融于日常的行住坐卧之中，并对"禅定"作了新的解释。他说：

何名坐禅？此法门中，一切无碍，外于一切境界上念不起为坐；见本性不乱为禅。何名为禅定？外离相曰禅，内不乱曰定。外若著相，内心即乱；外若离相，内性不乱。本性自净自定，只缘境触，触即乱。离相不乱即定，外离相即禅，内不乱即定，外禅内定，故为禅定。②

这就是说，只要于境界上不起念，自性自定，就是禅定了。如果执著于"坐禅"，追求入定，那是障自本性，与道违背，是障道因缘。根据这种思想，惠能多次驳斥了神秀北宗"教人坐，看心看净，不动不起"③，强调"此法门中，坐禅元不著心，亦不著净，亦不言不动"④，要"念念自净其心"⑤，"于念念中，自见本性清净"⑥，如此修行，才得见性成佛。当志诚说到神秀常教人"住心观净，长坐不卧"时，惠能说："住心观净，是病非禅，常坐拘身，于理何益？"并作偈一首："生来坐不卧，死去卧不坐，一具臭骨头，何为立功课？"⑦惠能对坐禅的基本看法可以说就体现在他回答薛简的那句话上。据宗

① 彭绍升：《居士传》。
② 敦煌本《坛经》第 19 节。"只缘境触"，《坛经校释》误作"只缘触境"，现据敦煌卷子底本校改。
③ 郭朋：《坛经校释》，中华书局 1983 年版。
④ 郭朋：《坛经校释》，中华书局 1983 年版。
⑤ 石峻：《中国佛教思想资料选编》第 2 卷第 4 册，龙田出版社 1982 年版，第 460 页。
⑥ 石峻：《中国佛教思想资料选编》第 2 卷第 4 册，龙田出版社 1982 年版，第 450 页。
⑦ 石峻：《中国佛教思想资料选编》第 2 卷第 4 册，龙田出版社 1982 年版，第 58 页。

宝本《坛经·宣诏品》载：薛简问惠能："京城禅德皆云，欲得会道，必须坐禅习定，若不因禅定而得解脱者，未之有也。未审师所说法如何？"惠能回答说："道由心悟，岂在坐也。"① 悟在于自心不起妄念执著，而不在于坐卧的形式，这正是惠能的一贯思想。如果于行住坐卧之中能念念无著，那就等于时时入定。这样就把禅定与日常生活完全结合到了一起，禅与生活融而为一了。

关于"禅定"，宗宝本《坛经·机缘品》中还有如下一段记载非常值得玩味：

> 禅者智隍……庵居长坐，积二十年。师弟子玄策……造庵问云：汝在此作什么？隍曰：入定。策云：汝云入定，为有心入耶？无心入耶？若无心入者，一切无情草木瓦石，应合得定；若有心入者，一切有情含识之流，亦应得定。隍曰：我正入定时，不见有有无之心。策云：不见有有无之心，即是常定，何有出入？若有出入，即非大定。隍无对，良久问曰：师嗣谁耶？策云：我师曹溪六祖。隍云：六祖以何为禅定？策云：我师所说，妙湛圆寂，体用如如；五阴本空，六尘非有；不出不入，不定不乱；禅性无住，离住禅寂；禅性无生，离生禅想；心如虚空，亦无虚空之量。隍闻是说，径来谒师。师问云：仁者何来？隍具述前缘。师云：诚如所言，汝但心如虚空，不著空见，应用无碍，动静无心，凡圣情忘，能所俱泯，性相如如，无不定时也。隍于是大悟。

这段记载可能经过了后人的加工整理，但确实反映了惠能对"禅定"的看法。真正的禅定是定而不定，不定而定，定于不定之中的，因此，它无出无入，无定无不定。也就是说，只要任心自运，能所皆泯于当下无念无住之心，便时时为定，无时不定。这种对禅定的看法显然是"般若无所得"的思想在禅修观上的体现。根据这种观点，坐禅与不坐禅实际上是无二无别的，对两者都不应起执著之心。禅不拘于坐，而坐并非不是禅，所谓行住坐卧皆是禅，并不排斥"坐"，此中之关键在于任心自运，无执无著。

将修禅融于行住坐卧之中，成为惠能禅的基本修行态度。道由心

悟而不在坐卧，成为惠能禅不以坐禅为要的基本立足点。但我们认为，不能把惠能不以坐禅为要简单地说成是惠能反对坐禅，事实上，惠能反对的是"执著"于坐禅，他不认为修禅非得要坐。从《坛经》中神会问惠能"和尚坐禅，见亦不见"的记载来看，惠能本人似也并未绝对地排斥坐禅。而在惠能以后，南宗中修行者坐禅的仍是代不乏人的。例如慧寂就曾自言，平时"只管困来合眼，健即坐禅"①；黄檗法嗣楚南禅师"常寂然处定，或逾月，或浃旬"②；据说延寿也曾"九旬入定"。当然，惠能南宗不以坐禅为要成为其基本特色之一，这也是事实。典型的例子有："（临济）师与王常侍到僧堂，王问：这一堂僧还看经么？师曰：不看经。曰：还习禅么？师曰：不习禅。曰：既不看经，又不习禅，毕竟作个什么？师曰：总教伊成佛作祖去！"③ 禅门中广为流传的南岳怀让与马祖道一之间关于"禅非坐卧"的对话更是将执著坐禅视为"杀佛"。据《古尊宿语录》卷一和《五灯会元》卷三等载，马祖曾居南岳传法院，独处一庵，唯习坐禅，凡有来访者都不顾。有一天，惠能的大弟子怀让来了，他亦不顾。怀让见其神色有异，想起六祖对自己说过的"汝向后出一马驹，踏杀天下人"的谶语，便多方诱导之。一日，怀让问马祖："大德坐禅图什么？"答曰："图作佛。"怀让乃取一砖于庵前石上磨。马祖亦不顾。时既久，乃问道："磨作什么？"怀让回答说："磨作镜。"马祖不解地问道："磨砖岂得成镜？"怀让乘机启发说："磨砖既不成镜，坐禅岂能成佛？"马祖当下离座问曰："如何即是？"怀让便对马祖说了如下的"名言"：

汝学坐禅，为学坐佛？若学坐禅，禅非坐卧。若学坐佛，佛非定相。于无住法，不应取舍。汝若坐佛，即是杀佛，若执坐相，非达其理。

据说马祖闻言，豁然开悟。这里，惠能南宗门下将执著坐禅喻为"杀佛"，生动地表现了惠能禅修观不取不舍、无执无著的特点。这也是惠能以后南宗对坐禅的基本态度。从中我们可以看到传统的坐禅修心经惠能的破除执著已出现了不同于以往的新要求。

惠能融禅定于行住坐卧之中，与他以慧摄定、将定慧统一于无念

---

① 《五灯会元》，中华书局1984年版。
② 《五灯会元》，中华书局1984年版。
③ 《五灯会元》，中华书局1984年版。

之心有密切的关系。用惠能的话来说，这叫作定慧无别，定慧不二，也叫作定慧。他说：

善知识！我此法门，以定惠为本。第一勿迷言定惠别。定惠体一不二。即定是惠体，即惠是定用。即惠之时定在惠，即定之时惠在定。善知识！此义即是定惠等。学道之人作意，莫言先定发惠，先惠发定，定惠各别。作此见者，法有二相，口说善，心不善，定惠不等；心口俱善，内外一种，定惠即等。①

心口无别，心口俱善，即是定慧等。定慧等于什么？等于众生之自心自性。定慧的不二之体即是无念之心，只要本觉之心当下无念，即是定慧等。所以惠能说："心地无乱自性定，心地无痴自性惠。"②

"定慧等"的提法早在印度佛典中就已出现，例如《大般涅槃经》卷二十八中就说："诸佛世尊，定慧等故，明见佛性，事事无碍。"但这里的"定慧等"具有定慧一样多的意思，且可以通过修习而获得。因此，经中又说："菩萨亦尔，若三昧多者，则修习慧，若慧多者，则修习三昧。……十住菩萨智慧力多，三昧少，是故不得明见佛性。声闻、缘觉三昧力多，智慧力少，以是因缘，不见佛性。"③ 惠能的定慧等却是无二无别，不可相分之义。它是自性本有，不假修习的，只要无念，本觉的自性便起般若观照，这同时也就是"定"，也就是"见性"成佛道。

联系神秀北宗来看，神秀在"五方便门"中也曾提到"定慧等"。他的"第二开智慧门"中提出，身心不动，豁然无念，就能"从定发慧"。"意根不动智门开，五根不动慧门开"。④ 由于心体本觉，离念即觉，因此身心离念，并不是证入绝对的空寂之定，而是包括了由定发慧、开佛知见。"身心不动"是恢复本觉，也就是开智慧门，得佛之知见。《大乘无生方便门》中明确以"不动"来统摄定与慧，并把"定中有慧""定慧双等"的"定"称为菩萨的"正定"，以区别于二乘人"有定无慧"、贪著禅味的"邪定"。神秀的定慧双等、定中有慧之说，是由身心不动、离念即觉而得出的必然结论。就神秀北宗依心

---

① 郭朋：《坛经校释》，中华书局 1983 年版，第 26 页。
② 郭朋：《坛经校释》，中华书局 1983 年版。
③ 《大正藏》第 12 册，第 792 页下。
④ 宗密：《圆觉经大疏钞》卷三之下。

性本觉而说"定慧双等"言之，这与惠能的主张实际并没有什么根本的不同。但自胡适以来，人们习惯于把"定慧等"视为惠能南宗特有的观点，其实这是不确切的。不过，惠能的"定慧等"与神秀北宗相比也是有很大不同的。神秀虽然主张"正定"之时即是智慧门开，但"二乘有定无慧，有慧无定"①的说法表明"定慧"在他那里是可以相离的，而要达到"离念""不动"的正定又必须凭借一定形式的禅修方便，必须经过观心看净的渐次修习，且观心离念、定慧双等，仍然是有心可观、有定可入、有慧可发，亦即是有所执著的。而惠能则是以般若无所得为指导，以任运为修，以无证为证。在他这里，有定就有慧，有慧就有定，离定无慧，离慧无定，两者犹如灯与光的关系："定惠犹如何等？如灯光，有灯即有光，无灯即无光，灯是光之体，光是灯之用，名即有二，体无两般。此定惠法，亦复如是。"②同时，定慧是不可修、无可求的，只需识心见性，念念无著，自性般若便自然显现，此即是"定慧等"。可见，惠能与神秀的差异并不在主张"定慧等"还是"定慧别"，而是在于他们"定慧等"的内容以及对修习定慧所持的态度有所不同。前者立足于"修"，后者则认为"欲起心有修，即是妄心"③，而这种不同的态度与他们把本觉的心性理解为"自性清净心"或"当下之心"的不同又是密切联系在一起的。惠能的"定慧等"以人们当下念念无住的本觉之心为依持，因而他将禅定融于行住坐卧之中，也就是必然的了。

惠能对佛教的革新还表现在他对持戒的态度上。《坛经》开篇就讲惠能在大梵寺说摩诃般若波罗蜜法，为僧俗授"无相戒"。所谓"无相戒"，顾名思义，就是建立在"无相"之理念基础上的戒。惠能所说的"无相"继承了大乘佛教一切法本性皆空的精神，从"凡所有相，皆是虚妄"出发，要人于相而离相，因而他的"无相戒"也就表现出了与传统戒法的很大区别。在传统佛教中，"戒"主要是指为出家或在家的信徒所制定的规则，其根本精神是防非止恶，以助人修习善行，完善道德，觉悟人生。戒作为佛教的"三学"之首，大乘的"六度"之一，在佛教中一向占有重要的地位。但由于各家各派所遵

---

① 参见敦煌本《大乘五方便（北宗）》。

② 郭明：《坛经校释》，中华书局 1983 年版。

③ 杨曾文：《神会和尚禅语录》，中华书局 1996 年版。

循的教理不一，故所持戒律也有不同。杨曾文先生曾指出："在惠能之前，佛教界通常用的小乘戒律有《摩诃僧祇律》《十诵律》《四分律》，进入唐代以后，特别盛行《四分律》；大乘戒律最流行的是传为后秦鸠摩罗什译的《梵网经》(《菩萨戒经》)。惠能所说的'无相戒'虽属大乘戒法，但不见经律记载，是他独创出来的。如果说惠能没有利用任何已有的佛教资料，也是不符合事实的。"杨曾文认为惠能的无相戒是与《梵网经》相关的一种"佛性戒"或"持心戒"，这种戒法在道信、弘忍和神秀那里就已存在，但惠能并"不是简单地把'佛性戒'接受下来，而是有很大发展，主要是把它与传统的'四弘誓愿''忏悔''三归依'融为一体，并且借助向僧俗信徒授无相戒，宣传众生皆有佛性，皆可自修成佛"①。他的说法还是很有道理的，可以参考。

郭朋先生在谈到惠能的无相戒时也发表了如下的看法："'无相戒'，意即'无相'之戒。下文（指敦煌本《坛经》第17节）所谓'无相者，于相而离相'。所以，所谓'无相戒'，亦即教人要'离相'，而不要'著相'。……既称无相，又何'戒'之有！所以'无相戒'云者，按照佛教的传统教义是说不通的。而慧能却要人们授'无相戒'，表明他确实是在宣扬由他所开创的那种'教外别传'的禅法。"② 我们认为，郭先生的看法也抓住了惠能"无相戒"的根本精神。

"戒"在佛教中有"戒体"和"戒相"的不同说法。所谓戒体，是指弟子从师受戒时所发生而领受在自心的法体，亦即由授受的做法在心理上构成的一种防非止恶的功能，实际上也就是受持戒律的意志和信念。唐代南山律宗的创始人道宣就曾提出心法戒体论，即以心法为戒体。所谓戒相，即指五戒、八戒等具体的戒条。惠能的无相戒显然在戒体和戒相两方面都有其独创性。

在戒体方面，惠能从自性清净出发，强调依持本心，识心见性，觉悟成佛，把持戒与自心开悟结合起来。在戒相方面，惠能以实相无相的般若思想来破除对各种形式化的戒条的执著，主张当下之心的念念无著、自心起般若观照即是持戒。所以惠能引用了《梵网经》"本

---

① 杨曾文校写：《敦煌新本六祖坛经》，上海古籍出版社1993年版，第298、300页。
② 郭朋：《坛经校释》，中华书局1983年版。

源自性清净"①，以后就说："善知识！见自性净，自修自作自性法身，自行佛行，自作自成佛道。"② 强调众生应将解脱建立在自心的修行上。

惠能的"无相戒"强调"戒"以心为本，这与他"即心即佛"的禅学思想特点是联系在一起的，是对传统佛教戒法的继承与发展。杨曾文曾推测，"'无相戒'的全称也许是'无相心地戒'。'心地'即'心'，也就是'佛性'"③，这是有一定根据的。不过，这里的"心"或"佛性"，都是惠能所言的众生念念不断的当下自心，这也就是惠能在授"无相戒"以后所强调的"一切时中，念念不愚，常行智慧"④。

从《坛经》中看，在提出"无相戒"以后依次出现的"归依自三身佛""四弘誓愿""无相忏悔"和"三归依戒"，应该就是惠能"无相戒"的主要内容，它们都是围绕着自心的觉悟而展开的，从中表现出惠能对传统佛教的革新精神。

在"授无相戒"之始，惠能首先要求大家"见自身三身佛"。"于自色身归依清净法身佛，于自色身归依千百亿化身佛，于自色身归依当来圆满报身佛。"在惠能看来，佛教所说的三身佛并非存在于人身之外，而是人的清净心性的自然显现，"此三身佛，从性上生"，人心中本有成佛的内在根据——法身，"从法身思量，即是化身；念念善，即是报身"。思量善恶所引发的行为即是化身，而念念向善的果报则是报身。世人迷惘不知，向外求佛，真是越求越迷。因此，惠能教人回归自心寻求解脱之路："世人性本自净，万法在自性。""思量一切

---

① 关于这句话，各本《坛经》的引文不尽一致。敦煌本《坛经》原作"本源自性清净"，铃木大拙据宗宝本"我本元自性清净"而校为"我本元自清净"，契嵩本作"我本性元自性清净"，兴圣寺本的惠昕本缺这一段（《〈坛经〉对勘》第43页），而大乘寺本的惠昕本则也作"我本元自性清净"（《敦煌新本六祖坛经》第88页）。《梵网经》的原文是："光明金刚宝戒，是一切佛本源，一切菩萨本源，佛性种子。一切众生，皆有佛性。……是一切众生戒本源自性清净。"郭朋先生认为："这里讲的，是作为'佛性种子'的'戒'体本源，'自性清净'，《坛经》引此，系指'本心''本性'，本自'清净'，取意与《梵网》还可相通。铃木校本……前面加一'我'字，多少反有失《梵网》原意。"（《坛经校释》第38–39页）杨曾文则据《梵网经》，认为此句校为"戒本源自性清净"为宜，如校为"我本源自性清净"，"不仅违背经文，也不通"，并认为各本《坛经》的"我本元自性清净"中的"我"，都是"戒"的误写和误传（见《敦煌新本六祖坛经》第20–21页，第298–299页）。
② 郭朋：《坛经校释》，中华书局1983年版。
③ 《敦煌新本六祖坛经》。
④ 郭朋：《坛经校释》，中华书局1983年版。

恶事，即行于恶，思量一切善事，便修于善行。如是一切法，尽在自性。"相信自己本具佛性，人与佛在根本上并无差别，从而确立起信心，"自悟自修，即名归依也"①。这就是皈依了三身佛。

接下来，惠能与大众一起发"四弘誓愿"："众生无边誓愿度，烦恼无边誓愿断，法门无边誓愿学，无上佛道誓愿成。""四弘誓愿"原是大乘菩萨为了"上求菩提，下化众生"所发的自利利他的大愿。惠能对此作了新的发挥，"众生无边誓愿度"强调的是"不是惠能度，……各于自身自性自度"；"烦恼无边誓愿断"强调的是"自心除虚妄"；"法门无边誓愿学"强调的是"学无上正法"；"无上佛道誓愿成"强调的是"常下心行，恭敬一切，远离迷执觉知，生般若，除却迷妄，即自悟佛道成，行誓愿力"②。可见，惠能是以此四弘誓愿来激发众人依持本觉自心"自性自度"的信心与决心。

在发"四弘誓愿"以后，惠能又带众人行"无相忏悔"，以灭三世罪障。"何名忏悔？忏者终身不为，悔者知于前非恶业，恒不离心。……我此法门中，永断不作，名为忏悔。"惠能认为，只有于相离相才能识心见性，因此忏悔也应以"无相为体"，以自心为本。无相忏悔不重外在的形式，而是重内心的觉悟，因而惠能摒弃了传统佛教诵经咒、念忏悔文等忏悔仪式中的种种定式，强调作"自性忏"。什么是"自性忏"？惠能说："前念、后念及今念，念念不被愚痴染，除却从前诳诳，杂心永断，名为自性忏。"③ 可见，"无相忏悔"或"自性忏"是于内心对自己平时的言行进行深刻的反省，认识到一切恶行均受妄念杂心的支配，从而依本然净心而除去妄心，永断恶行。

"无相忏悔"结束后，惠能还与众人授"无相三归依戒"。在传统佛教中，"三归依"是指信徒归依佛、法、僧三宝。惠能则对三宝作了新的解释："佛者，觉也；法者，正也；僧者，净也。"因而他认为自心自性本来具足"三宝"，称"自三宝"。然而，许多人不明白这个道理，偏偏要向外寻求。对此，惠能问道："若言归佛，佛在何处？若不见佛，即无所归；既无所归，言却是妄。"据此，惠能强调要自心归依觉、正、净，并认为这才是真正的归依佛、法、僧三宝。他说：

① 郭朋：《坛经校释》，中华书局 1983 年版。
② 郭朋：《坛经校释》，中华书局 1983 年版。
③ 以上引文均见敦煌本《坛经》第 22 节。末句中的"杂"字乃依敦博本《坛经》而补。

"经中只即言自归依佛，不言归依他佛，自性不归，无所依处。"① 惠能将"无相三归依戒"完全落实在人的自心自性上，把向外求解脱转化为向内自心的证悟，从而走上了内在超越之路。

由此可见，惠能所倡导的"无相戒"，并不是一种如仪如律的宗教仪式，而是每个人时刻在当下生活中的"念念自净其心"。惠能曾强调说："此事须从自性中起，于一切时，念念自净其心，自修其行，见自己法身，见自心佛，自度自戒。"② 从历史上看，将修禅与持戒融而为一并非惠能的独创，道信、弘忍时就有"禅戒合一"的倾向，他们在教禅的同时又传菩萨戒，据《楞伽师资记》说，道信还曾"有《菩萨戒法》一本"③。惠能与神秀都是东山法门的传人，因而也都有以修心为持戒的主张。例如神秀在《大乘无生方便门》中说："菩萨戒，是持心戒，以佛性为戒性。心瞥起，即违佛性，是破菩萨戒。护持心不起，即顺佛性，是持菩萨戒。"但若细加比较就可发现，由于惠能和神秀对心性有着不同的理解，两人对持戒的看法也有很大的差别。神秀主张"观心看净""心体离念"，并要人"坚持戒行，不忘精勤"④；惠能则从根本上摒弃了种种"著相"的修心与持戒，认为"心平何劳持戒，行直何用修禅"⑤，要人在日常的生活中，随缘任运，完成主观精神的根本转变。惠能的无相戒实际上是"出没即离两边"破执著的精神在持戒要求上的具体体现。

惠能从"即心即佛"出发，反对传统佛教一切外在化、程式化的修行方式，破除对读经、出家、坐禅和持戒的执著，这些标新立异的主张被其后学进一步发展。在南宗众多的灯录中，记载了许多禅师莫名的问答和奇特的行为。在这些灯录中，神圣的佛经被斥为"总是魔说"，佛祖的权威被打倒，甚至喊出了"逢佛杀佛，逢祖杀祖"的口号。这些极端的行为并非真的要人打倒佛祖、毁掉佛经，而是要人破除一切外在的执著，贯彻"即心即佛"的修行原则，其所要否定的是拜倒在佛经、戒律、偶像下的崇拜行为，因为这些行为使人本末倒置，

---

① 郭朋：《坛经校释》，中华书局1983年版。
② 石峻：《中国佛教思想资料选编》第2卷第4册。
③ 道信使禅与戒结合，这既是组织团体生活的需要，可能也受到了天台慧思、智颙等人的影响。
④ 参见敦煌本《观心论》。
⑤ 石峻：《中国佛教思想资料选编》第2卷第4册。

丧失了自我，迷失了方向。在惠能看来，种种破除执著的做法与主张恰恰是恢复了原始佛教寻求人的解脱的内在精神。

惠能对传统佛教的革新，在一定程度上也缓和了出世的佛教与中国封建王朝之间多方面的矛盾。佛教传入中土后，其建寺、造像、树塔、写经等活动花费了大量的钱财，其出家修行的方式也与中国传统的社会伦理准则不合。而惠能提出"世间若修道，一切尽不妨，常见自己过，与道即相当"①，并改变了只有布施、造像等才能积累功德、获得福报的传统观点，这对佛教的中国化以及佛教在中国的传播与发展都产生了极大的影响。这种影响突出地表现在两个方面：一是改变了信徒的修行生活，"若欲修行，在家亦得，不由在寺"，这就解决了一些人既想信奉佛教，又想忠孝两全、不愿抛弃世俗生活的心理障碍；二是协调了佛教与封建国家的关系，惠能主张即心即佛，不再注重外在的形式和偶像崇拜，而是将修行融于日常的亦农亦禅的生活之中，这不仅解决了寺院的经济来源问题，而且使信徒的增加并不一定非要与国家争夺劳力。这样就缓解了佛教的发展与封建王朝的冲突和矛盾，从而使佛教逐渐成为真正能够为中国人所接受、为中国社会所容纳的宗教。

二、惠能革新对佛教中国化的推进

惠能对传统佛教的革新，使他所创的禅宗南宗成为非常典型的中国化的佛教宗派，惠能的禅学思想也成为最具中国化特色的佛教思想。但惠能不提倡坐禅、读经，强调出世不离人世、众生与佛不二，其后学中甚至发展出了"呵佛骂祖"的倾向，这并不意味着以惠能为代表的禅宗南宗完全是中国文化的产物、惠能的思想与印度佛教完全没有关系。事实上，惠能所持的万法虚幻的观点、中道不二的方法以及解脱成佛的理想等，都是佛教所特有的。惠能虽然主张随缘任运，把解脱理想的实现落实于当下的现实之中，但他始终坚持了无心执著的心之解脱，视入世为方便法门，而这种思想在印度佛教中其实也是早已有之的。《维摩经》所表现的就是典型之一例。也许正因如此，佛教在中国历史上尽管也可以起到协助王化的作用，甚至成为封建统治思想的一部分，但始终未能成为中国封建社会的"正统思想"——

---

① 郭朋：《坛经校释》，中华书局1983年版。

以众生的解脱为最终目的的佛教与讲究经世致用、以"治国平天下"为最高目标的儒学，在个人的修身养性方面可以有许多相似之处，在哲学理论上也可以互为发明，但对于治理现实世界的统治者来说，孰优孰劣，还是泾渭分明的。在历史上，儒家之所以吸收了佛教很多东西又反过来排斥佛教，很重要的一个原因也就在于两者的人生价值目标从根本上是相异的。

从惠能的整个思想及其特点来看，惠能对传统佛教的革新并非毫无根据，它其实是对汉魏两晋南北朝佛教中国化的继承与发展。这也就决定了惠能的禅学思想不仅与汉魏以来的中国佛学密切相关，而且与印度佛教也始终有着千丝万缕的联系。事实上，印度佛教本身也并不是一个单一的一成不变的思想体系，而是有着多重结构、复杂层次，并处于不断发展演变之中。惠能的许多思想特点，只是对印度佛教某一时期、某一派别的革新，并非完全背弃了佛教。例如惠能对释迦牟尼神圣地位的否定，把佛拉向了人，这只是对大乘佛教神化了的佛陀的否定，与释迦时代"吾在僧数"的精神则是相通的。再如，惠能禅重视宗教实践而不重义理的探讨，把人的解脱归结为心的解脱，认为人人都有觉性，自性觉悟即与佛无二，这从某种意义上说，也是对释迦时代把本体论等问题悬置起来、强调"心净故众生净"① 的原始佛教精神的复归，只是更突出了佛教以"心的解脱"为本的"心的宗教"的特色。但惠能的禅学思想同时又是植根于中国社会与传统文化的土壤之中的，是在佛教中国化的过程中逐渐形成发展起来的，因此，它在许多方面与佛陀精神相通却并不是向印度佛教的简单复归。例如惠能重视宗教实践，却并不主张遁迹山林、摄心入定，也反对各种烦琐的形式化的禅法与修持方式；它强调心的解脱，但并不对人心的净染作烦琐的理论分析，也反对对心性有任何执著。他既"空"掉了一切，又留下了当下之心的"有"，融会了般若与佛性。惠能在禅学理论和禅行实践的许多方面都表现出了与传统佛教相异的特色，其重要原因就在于他对佛教的中国化有了进一步的发展。因此，我们对惠能思想的基本看法是：它源于印度佛教而形成于中国传统思想文化之中，是佛教中国化发展的必然产物，它在许多方面都与佛陀精神相通而又深深地打上了中国文化的烙印。

---

① 《杂阿含经》，见《大正藏》第2册，第69页下。

我们认为，惠能的思想充分体现了传统文化融摄性与包容性的特点。从历史上看，对佛教各种思想学说的包容与融会，这本是中国化佛教的共同特点，南北朝以来中国佛教中流行的"判教"就是一个重要的标志。判教，即判别或判定佛所说的各类经典教法的意义和地位，从而对之加以系统的整理与安排。这种方法并非中土所创，它在印度佛典中就已有运用，例如《楞伽经》分顿渐二教；《解深密经》分有、空、中三时；《涅槃经》分五味（五时）等。但判教在中国佛教中占有更重要的地位，特别是在中国佛教宗派的形成过程中以及在各宗理论体系的建立中都具有十分重要的意义，它是佛教对外防止攻击，对内融会各家学说，调和佛教内部不同说法的重要举措。隋唐时期出现的中国化佛教各宗派都通过判教而在抬高本宗的同时融合吸收了包括儒道在内的各种思想。第一个中国化的佛教宗派天台宗之所以奉《法华经》为宗经，一个重要的原因就在于该经"会三归一"的理论为其将本宗教义说成是至上的"一乘"，并为其调和融合其他各种学说打开了方便之门。惠能禅宗这方面的特点表现得格外明显。从历史上看，达摩系的禅学从一开始就循着竺道生以来中国佛学融会空有两大系的路数，将《楞伽》"心性论"与《般若》"实相说"融摄于禅学理论之中，历代禅师或偏向于《楞伽》，或倾心于《般若》，虽然对空有思想的侧重时有不同，但以《般若》破万法，以《楞伽》说心性，是此系禅学始终保持的特色。到惠能时，他更是将大乘佛教空有两大系思想熔于一炉，铸就了南宗最显著的理论特色。惠能将自己整个禅学理论和禅行要求都建构于空有两大系思想"圆融无碍"地结合在一起的产物——当下之心的基础上。其所言之心，既有般若实相的品格，又有涅槃佛性的特点。正是空有两种思想的融合，才奠定了在中国流传发展上千年之久的中国禅宗之主流的理论基础。

惠能禅的特色，不仅在于融会不同的佛教学说，更重要的还表现在以佛教为基点，将儒家的人文精神和心性学说、老庄玄学的自然主义哲学和人生态度圆融在一起，在丰富中国传统思想文化的同时，也大大地推进了佛教的中国化。

儒家以内圣外王为人生理想目标，然而如何实现这一目标，儒家表现出了对人的重视和对人伦关系的强调这两重性格。儒家的"仁者，人也""仁者爱人"以及人本具"四端"等，既从人的本质上揭

示了人与动物的根本差别，也揭示了人的本质的社会性意义，并从道德论上肯定了每一个主体为善去恶的理性自觉和自由选择，赋予了每一个人在社会关系中实现自我的能动自主权及其内在根据。儒家既强调"天地之性人为贵"，又将人放到群体的伦理中来观照人的个体生命的本质、价值及其实现，在肯定人的基础上，以仁爱、义礼来规范人的行为，并把它提高到实现人的本质的高度来强调，这对于提升每个人的品格、保障社会的良性运转，都是有意义的，也为入世有为、经世致用的价值观提供了人本主义的哲学理论基础。这样，儒家人生理想的实现就有两个路径：其一是"克己慎独、存心养性"的"反求诸己"，这是通过完善个体道德的成圣之路；其二是"复礼""爱人"，由己及物，乃至推及世界的"王道""大同"，这是通过"治国平天下"的成王之道。内圣外王的统一，是儒家重视人，又强调从社会关系中实现人的本质的必然要求。人只有在现实的社会活动中才能表现出并最终实现其自身的本质与价值。儒家的这种入世情怀为每一个自我在此岸世界建构了一个安身立命的精神家园，并对惠能禅形成关注人的当下生活之特色产生了很大的影响。

惠能禅对主体意识的重视，对人的肯定，乃至它所使用的语言，师徒教授的方法等，都渗透着儒家学说的精神，表现出儒学化的倾向。特别是惠能将儒家的心性论圆融地结合到了禅学理论中，使之成为自己整个思想理论中不可分割的有机组成部分。儒家的性善论，思孟学派的"尽心知性知天"以及《易传》的"生生之谓易"等，都渗透到了禅的精神中去，形成了惠能特有的念念无住、自性觉悟的禅学思想。惠能主张的自心顿现本觉之性与思孟学派的发其四端、尽其心性显然是相通的，在实现的途径与方法上两者也都体现了相同的天人合一的思维特点。惠能禅所强调的念念相续、心无所住的思想基础是万法流速不住，性空不实，无法可住，这与《易传》的"生生之谓易"尽管在思想内容上不同，但在哲学精神与方法上还是相通的，都是视宇宙万法生灭不息、万物无住而要求心不滞于法。后来惠能南宗中经常以"始嗟黄叶落，又见柳条青"① 来说佛法大意，以"冬即言寒，夏即道热"② 来提示顺自然之化，认为"行住坐卧无非是道，悟法者，

---

① 《五灯会元》，中华书局 1984 年版。
② 《五灯会元》，中华书局 1984 年版。

纵横自在，无非是法"①，就是因为心与万法都是生灭不息的，而生灭不息，万物无住，同时也就是无生无灭无万法了。这也就是僧肇所说的"诸法乃无一念顷住，况欲久停。无住则如幻，如幻则不实，不实则为空"②。所以南宗门下又常说无心无事："汝但无事于心，无心于事，则虚而灵，空而妙。"③ 当然，惠能所说的解脱之境为自性起智慧观照，顿现万法，万法在自性，其思想之路数虽不离心法一如，但他从般若无相的角度，更强调了心、法皆不可执著，这与儒家心性论是有根本区别的。

在儒家重视主体、重视个人修养、重视现实的社会和人生的影响下，惠能不仅以心性论为根本依持来展开全部禅学理论，而且还在强调出世不离入世、理想人生的实现不能脱离现实人生的同时，调和佛法与世间法的矛盾。他曾明确地说："佛法在世间，不离世间觉；离世觅菩提，恰如求兔角。"④ 他认为佛法与菩提只存在于世间，如果离开了人的现实生活求佛法解脱，是不可能实现的。因此，他要人"勿离世间上，外求出世间"⑤。在把佛法和出世间拉向世间的基础上，再来调和佛法与儒家名教的关系就比较容易了。所以惠能说："心平何劳持戒，行直何用修禅。恩则孝养父母，义则上下相怜。让则尊卑和睦，忍则众恶无喧。……菩提只向心觅，何劳向外求玄。听说依此修行，西方只在目前。"⑥ 既然只有"即世间"才能求得"出世间"，那么，在现实生活中遵奉社会伦理和纲常名教当然就是不碍佛法，甚至是修佛法的重要前提了，因为"君臣父母，仁义礼信，此即是世间法"。不坏世法才能得解脱，"若坏世法，即是凡夫"⑦。当然，如前所说，惠能要人不离世间仍然是为了求得解脱，其价值取向和人生目标与儒家的积极入世毕竟是不一样的。因此，惠能并不像儒家那样强调从人伦关系来把握自我和实现自我，而是从"万法唯心""一切皆空"的佛教基本立场出发来强调每个人在现实社会中的自心开悟、任心解

---

① 《五灯会元》，中华书局 1984 年版。
② 《五灯会元》，中华书局 1984 年版。
③ 参见《维摩经·弟子品》注。
④ 石峻：《中国佛教思想资料选编》第 2 卷第 4 册。
⑤ 郭朋：《坛经校释》，中华书局 1983 年版。
⑥ 石峻：《中国佛教思想资料选编》第 2 卷第 4 册。
⑦ 大照禅师：《大乘开心显性顿悟真宗论》，见《大正藏》第 85 册，第 1279 页上。

脱。惠能说:"一切草木,恶人善人,恶法善法,天堂地狱,尽在空中。"① "世人性本自净,万法在自性,思量一切恶事,即行于恶,思量一切善事,便修于善。"② 据此,惠能才教人在"不思善,不思恶"中,于当下证悟自己的本来面目。虽然惠能主张在随缘的生活中当下觉悟,这本身就是以承认世间法的合理性为前提的,但其与儒家根本精神的不同还是不应忽视的。

与儒家主张尽人道,强调从社会活动、社会关系中实现人的本质形成鲜明对照的是,道家主张效法天道的自然无为,以返璞归真。虽然道家的着眼点也从来没有离开过人,但道家偏重的不是人的社会性而是人的自然性,它强调的是人的独立自主和精神自由。因此,道家比较偏重从人的自然性的角度去塑造理想人格。"归真"的人生理想境界,充分反映了道家从人与道的统一中强调顺应自然以实现人的本质的基本特点。《老子》二十五章所说的"人法地,地法天,天法道,道法自然"和《庄子·大宗师》中所说的"不以心损道,不以人助天,是之谓真人"等,都是顺着"归真"的思路而提出来的。这些都对惠能有一定的影响。特别是庄子的道无所不在、物我两忘的意境和"应万物而无累于物"的精神追求,给惠能南宗任心自然的禅法提供了重要的精神养料。所不同的只在于,庄子的"安时而处顺"是从"以天地为大炉,以造化为大冶"③ 的角度来强调人应顺同自然之化的,有叫人复归大自然的倾向;而惠能的"于六尘中,不离不染,来去自由"④,则是从万法性空而无可执著与顿悟自性而任心自然的关系上来说的,体现了他入世而超然的禅者风格。胡适先生曾十分强调禅宗的自然主义无为哲学与人生观,甚至认为"古来的自然主义的哲学(所谓'道家'哲学)与佛教的思想的精彩部分相结合,成为禅宗的运动"。"禅宗的运动与道教中的知识分子都是朝着""东汉魏晋以来的自然主义的趋势,承认自然的宇宙论与适性的人生观"这个方向走的。⑤ 铃木大拙也曾认为"禅是中国佛家把道家思想接枝在印度思想

① 郭朋:《坛经校释》,中华书局 1983 年版。
② 郭朋:《坛经校释》,中华书局 1983 年版。
③ 参见《庄子·大宗师》。
④ 郭朋:《坛经校释》,中华书局 1983 年版。
⑤ 胡适:《白话文学史》,岳麓书社 2010 年版,第 264、305 页。

上所产生的一个流派"①。这些说法都在一定意义上抓住了惠能禅学中国化的一个重要特色。

需要指出的是，惠能的革新并没有完全脱离佛教发展的轨道，但他在坚持佛教基本立场、观点与方法的同时，又将佛教与传统思想，特别是与儒、道的思想融合起来。就此而言，惠能的思想可以说是一个以佛教为本位而又融摄了儒、道思想的三教合一的产物。正是由于惠能在佛教的立场上大量融合吸收了儒、道等传统思想文化的精神，因而惠能禅呈现出了不同于传统禅学的新面貌，并最终完成了佛教中国化的创举。

从禅的理想目标上看，惠能在继承佛陀创教的基本精神的同时，又在传统思想文化重视现实社会人生的氛围中，将佛教中蕴含的却又被压抑或窒息的对人及人生的关注与肯定作了充分的发挥，并沿此理路对佛教的理想人格作了新阐释。惠能看到了人生的理想与现实之背离给现实人生所带来的种种痛苦与迷惑，于是，他既融合了儒家主张入世有为，通过"修齐治平"来成就圣人人格的思想，也吸收了道家希望挣脱伦理的束缚，主张"绝仁弃义"，返璞归真，通过效法自然无为来实现游心于四海之外而与天地同游的逍遥人生的精神。他教人随顺自然世俗生活，又通过建构人的主体世界，使人在心理层面上逃避现实世界而趋向本真的存在——即心即佛，强调凡圣平等、人佛无异和自然任运、自在解脱。同时，惠能在达摩禅的基础上将人心与佛性等同起来，强调"迷即众生悟即佛"，要人在日常的念念之中，开启自心的智慧之门，实现自我本性的觉悟。惠能所说的自心自性，是对人的"自家生命"或人生实践主体的肯定，他所说的"修行"实际上是对人的生活本身的肯定，而他所说的"佛"实际上也就是实现了精神超脱的现实之"人"。惠能通过突出自我主体而充分肯定了每个人平常而真实的生活及其意义，将印度佛教的出世求解脱的宗教教义革新为出世不离入世的人生学说。成佛这个由宗教信念中构想出来的美好理想，本来是虚幻不实的雾中之花，惠能却将它改造为现实的人如何摆脱束缚、超脱制约以实现精神解脱与自由的问题，这就深深地吸引了关注现世的中国人。既然无力改变外部世界，那么就在自己的

---

① 转引自罗锦堂：《庄子与禅》，见台湾中国文哲研究所编：《中国文史研究集刊》第三期，1993年，第113页。

论六祖惠能革新佛教的意义及对佛教中国化的推进

心灵中寻找人生安慰吧。以否定现实人生意义与价值为重要特点的印度佛教也就变成了面向人生具有人文特色的中国佛教了。①

从禅的思维方法上看，惠能的"出没即离二边""究竟二法尽除"虽说是对佛教"不二之法"的运用，但其中体现的道家相对主义精神也是值得重视的。惠能所说的"悟"，强调的是超越一切言相与二分对立，是一种不可言说、无可执著、自然具足、只可体悟、求之即失的东西。惠能门下常喜欢以"如人饮水，冷暖自知""说似一物即不中"来形容这种"悟"之境。其中所包含的超越二元对立的辩证思维方式把禅的中国化推向了新的高度。

从禅的修行方式上看，惠能将"即心即佛"的理论落实在禅行生活上，使禅与生活紧密地联系在一起。禅在印度主要是一种思维修习方式，但在惠能这里，经过儒道等思想的洗礼成为一种实实在在的生活方式。惠能最终摒弃了一切外在的程式化的修行，把禅修融于日常的生活与生产，使讲出世的佛教实实在在地立足于中国这块以小农经济为主的现实的土地上，变成了人间佛教、人生佛教。在佛教中国化的进程中形成发展起来的、适合中国封建社会而产生的惠能禅宗终于在惠能以后传遍了大江南北，这绝不是偶然。

（原载《曹溪——禅研究（二）》，中国社会科学出版社 2003 年版）

---

① 洪修平：《论中国佛教人文特色形成的哲学基础——兼论儒佛道人生哲学的互补》，《中国哲学史》1996 年第 1－2 期。

南华寺六祖慧能真身考

徐恒彬

南华寺是中国佛教禅宗南派的创始地，有"祖庭"之称，是闻名中外的佛教圣地。南华寺还是广东省的重点文物保护单位，保存着许多唐代以来的珍贵文物。南华寺与中国的历史文化有很深的关系，创立了重要的哲学思想，又保存了不少文化艺术珍品，有很多值得研究和探索的地方。从这一意义上说，南华寺可以成为专门的南华寺学。南华寺学的研究，至少应包括以下内容：

（1）禅宗南派的创立、发展和影响；

（2）禅宗南派的哲学思想；

（3）六祖慧能及其弟子生平传记；

（4）《六祖坛经》；

（5）南华寺的历史；

（6）南华寺的佛教艺术；

（7）南华寺与中国文化的关系；

（8）南华寺与外国佛教的关系。

本文所讨论的，仅仅是南华寺佛教艺术中的一件极其宝贵的珍品——唐代六祖慧能真身造像。

一、六祖慧能真身是南华寺的镇山之宝

六祖慧能（638—713），俗姓卢，广东新州（今新兴县）人，生于唐贞观十二年（638）二月八日。其父卢行瑫，唐初在原籍范阳被贬官，于唐高祖武德年间（618—626）流落新州为百姓。慧能 3 岁丧父，母亲李氏寡居，艰辛度日。稍长，靠卖柴养母。穷苦绝望的生活，使他产生了厌弃世间别寻出路的想法。一天，他偶然经过墟市，听见

店铺里有人诵《金刚般若经》，"心即开悟"，遂问人从哪里学得？人家告诉他，得于黄梅忍大师。忍大师即禅宗五祖弘忍（601—675）。慧能为求法寻师，告别母亲，赴湖北黄梅县东山寺，投拜弘忍为师。

禅宗是中国佛教的重要宗派之一，唐以后成为汉族地区的主要教派，影响甚大，传播范围日益广泛。禅，梵语禅那（Dhyana），意为坐禅或静虑。因参究的方法以彻见心性本源为主旨，故亦有人称之为"佛心宗"。禅宗的创立源于摩诃迦叶。迦叶得佛心印，教外别传，不立文字，以心传心。[①]

中国佛教禅宗，托始于菩提达摩。菩提达摩为禅宗第二十八祖，到中国传播佛教禅宗，称为"东土初祖"。菩提达摩为南天竺（印度南部）人。按《景德传灯录》记载，他于南朝梁普通八年丁未岁（527）九月二十一日，经南海乘船来到广州，从西来初地（今广州西关华林寺一带）登陆，后至金陵见梁武帝，不久即渡江北上，到达河南嵩山少林寺，是为中华初祖。按学者们的考证，菩提达摩到达中国的时间，应在南朝宋时，而不在梁时。

初祖达摩传二祖慧可，二祖慧可传三祖僧璨（？—606），三祖僧璨传四祖道信（580—651），四祖道信传五祖弘忍。弘忍在黄梅东山寺聚徒讲习《楞伽经》和《金刚经》，会下700余人，时称"东山法门"。其弟子中的佼佼者有神秀（606—706）、慧安、道明、智铣等。其中神秀为700余众的上座，是教授师，"学通内外，众所宗仰"，众人都以为他是理所当然的传法继承人。

唐高宗咸亨三年（672），慧能经韶州曹溪宝林寺（宋以后称南华寺），越大庾岭，从九江过长江到达黄梅东山寺。慧能是岭南人，被看作"獦獠"，其貌不扬，又不识文字，只能"随众作务"，去当一名砍柴舂米的下等和尚。碓重身轻，舂米时不得不在腰间缚上大石（坠腰石），踏碓苦作，历经八个多月。一天，弘忍召集弟子，要他们各作一偈，偈语深透者传以衣钵。上座神秀在壁上书偈云："身似菩提树，心如明镜台。时时勤拂拭，莫使惹尘埃。"慧能本不识文字，闻神秀偈后，也作了一偈，请人书写在墙壁上。其偈曰："菩提本无树，明镜亦非台。本来无一物，何处惹尘埃。"（《景德传灯录》卷三"无树"作"非树"）慧能这首偈得到弘忍的赏识，认为他的见地比神秀

---

① 道原：《景德传灯录》卷一。

直截彻悟，精辟地体现了万法皆空、心自有佛、顿悟成佛的禅宗空无教旨，便在深夜秘密地把衣钵传给他，并为其传授《金刚经》。

袈裟为法嗣的信体，按照传说是佛传给迦叶的。《景德传灯录》卷一云：佛（世尊）复告迦叶："吾将金缕僧伽梨衣钵传付于汝，转受补处，至慈氏佛出世，勿令朽坏。"后传至菩提达摩带到中国。为争夺这一嗣法袈裟，当时的斗争极为激烈，因此，五祖弘忍正告慧能："衣乃争端，止汝勿传。若传此衣，命如悬丝。汝须速去，恐人害汝。"慧能即连夜渡江南下，过大庾岭，到曹溪宝林寺，又不时被人追踪迫害，不得不逃到怀集、四会一带，在猎人中隐藏，传说隐藏了15年之久，[①] 实际上只有4年（咸亨三年至仪凤元年）。

高宗仪凤元年（676）正月八日，慧能来到广州法性寺（今光孝寺），正值印宗法师讲《涅槃经》。时有风吹幡动，引起僧人的辩论，一僧说"是风动"，一僧说"是幡动"，争来争去争不出个结果。正当此时，慧能进来说："不是风动，不是幡动，乃是心动。"众人突然听到这样玄奥高深的论答，不禁感到惊奇和敬佩。印宗当即把他请到上座，问知是黄梅衣法传人，遂向之瞻礼，并于正月十五日，普集四众，为慧能于菩提树下剃发（埋葬六祖慧能头发的瘗发塔和后来补种的菩提树，现存于广州光孝寺）。六祖慧能在广州法性寺祝发受戒后，即与众僧开示单传之法旨。一年后，慧能于仪凤二年（677）二月八日，离开广州法性寺，前往韶州曹溪宝林寺，在宝林寺大开东山法门，创立禅宗南派。

禅宗的北派是慧能的师兄神秀创立的。高宗上元二年（675）弘忍逝世后，神秀在荆州（今湖北省江陵）当阳山度门寺，创立禅宗北派，大著于天下。唐武则天闻知他的声望，诏请他来到长安，在内道场供养。唐中宗李显尤加礼重。神秀成为两京法主、三帝国师。

禅宗南北二派，亦称"南顿""北渐"。在唐德宗以前，北派的影响和声望很大，在北方占统治地位。慧能的嗣法弟子有行思、怀让、神会、玄觉、法海等10多人，都为南派禅宗的兴旺和发展作出了重要贡献。法海集六祖慧能言行为《六祖坛经》，神会（684—758）到北方去宣扬南派禅法。当时两京之间皆宗神秀，经过神会百折不挠的艰苦努力，终于树立起南宗顿悟法门，论定禅宗法统，确立达摩一宗的

---

① 《曹溪大师别传》。

正统法嗣是慧能不是神秀，从而使禅宗南派独尊于天下，北派从此衰落不振。贞元十二年（796），唐德宗命皇太子于内殿集诸禅师，楷定禅门宗旨，立神会为第七祖。①

《六祖坛经》是南宗传法的经典，它的中心思想是净心、自悟。净心即心绝妄念，不染尘劳。自悟即一切皆空，无有烦恼。能净能悟，顿时成佛，即一超直入如来地。慧能认为佛在心内，不在心外，"我心自有佛，自佛是真佛，自若无佛心，向何处求佛！"他说："善知识！菩提般若之智，世人本自有之，即缘心迷，不能自悟，须求大善知识，示导见性。善知识！遇悟即成智。""世人性净，犹如青天，慧如日，智如月，智慧常明。于外着境，妄念浮云盖覆，自性不能明。故于善知识开真法，吹却迷妄，内外明彻，于自性中，万法皆见。一切法自在性，名为清净法身。""汝若不得自悟，当起般若观照，刹那间妄念俱灭即是自真正善知识，一悟即至佛地。"

禅宗改变了佛教照搬天竺（印度）教义的外来面目，自立宗旨，不依赖外人，使佛教玄学化和儒学化，变为适合中国人口味的宗教，实现了中国化，取得了战胜其他宗派的决定性胜利。② 禅宗的变革还反映在葬法上。过去佛教徒死后，都按天竺（印度）葬法进行火葬，从中取出舍利。南宗自六祖慧能创始全身葬法，用夹纻法加工，保留真身，安放龛中供奉。

随着禅宗的兴盛，唐代汉族地区的其他佛教宗派基本上都逐渐消失了，独尊于天下的禅宗实际上就是南宗顿教。

南宗顿教是六祖慧能在曹溪宝林寺创立的，《六祖坛经》就是在这里讲授和记录的。慧能与曹溪宝林寺的关系极为深厚密切。他去黄梅寻法途中到过这里，得法后回归岭南，又首先来到这里避难，逃到怀集、四会躲避四年，在广州法性寺祝发受戒一年后，又回到宝林寺大开东山法门。从唐高宗李治仪凤二年二月回到宝林寺，到唐玄宗李隆基先天二年（713）七月八日离开宝林寺回归故乡新州，慧能在曹溪宝林寺传法授徒，创立南宗顿教，时间长达36年。

曹溪宝林寺（南华寺）是禅宗的祖庭，是六祖慧能创立南宗顿教的道场，所以慧能在新州国恩寺迁化后，真身被迎回到曹溪宝林寺供

---

① 《圆觉经大疏钞》卷三。

② 范文澜：《唐代佛教》，重庆出版社 2008 年版。

奉，不能留在家乡新州，也不能放在祝发的广州法性寺。六祖慧能真身是曹溪宝林寺的镇山之宝，从唐先天二年（十二月改元开元）十一月十三日迁回南华寺，至今已经珍藏了一千多年。

二、六祖真身确是慧能的肉身

六祖真身从唐代以来一直受到佛教徒的尊崇和文人的赞颂。出于宗教信仰和对祖师的崇拜，佛教徒往往把真身神化，认为六祖慧能是传说中的"肉身菩萨"，是修行出的"金刚不烂"之身。古代的一些文人学者，受到时代和个人遭遇的制约，往往也摆脱不掉宗教意识的束缚，同样对六祖真身感到神秘莫测、不知所然。到了现代，随着科学文化知识的普及和提高，越来越多的人对六祖真身产生怀疑。许多人不相信神仙和佛的存在，因此不相信六祖真身是真的。还有一些人认为，广东炎热多雨，温度和湿度变化大，人的尸体无法长期保存，也认为六祖真身不可能是真的。

要理清六祖真身的真伪，首先应从调查和观测入手。为此，笔者首先调查了知情人韶关市博物馆馆长梁永鉴先生及南华寺住持僧德众、智真和福果老和尚。

梁永鉴先生说："过去我也怀疑六祖真身不是真的。1966年下半年，韶关市的一部分青少年学生，在六祖真身背后打开了一个洞，发现里边的确有人的骨架，我亲自去看过。后来又于1970年陪同中国科学院古脊椎动物与古人类研究所的副研究员王择义老先生去观察和研究。我们从破洞里看到排列的肋骨、锁骨和脊椎骨都是齐整的。除了骨架外，还有扁铁条支架，肩上横一条，脊椎竖一条，支撑真身塑像。"

梁永鉴先生还说："因为头有脑子，最不易保存。我和王择义先生曾怀疑是假头。经过王择义先生仔细观察和亲手研摩，他认为头骨架肯定是真的，不是假的。其他两座真身经他观测发现有问题，他认为明代憨山真身比例不对，不是真的；明代丹田真身制作技术不错，身体是真的，头不敢说是真头。"

梁永鉴先生曾在中国科学院古脊椎动物与古人类研究所学习过。王择义先生（1905—1976），字宜庵，是知名的旧石器考古学家，长期从事古脊椎动物和古人类化石的调查、研究和辨别工作。他们二人的观察研究和看法是建立在科学知识的基础上的，应该是真实可信的。

德众和智真二位住持谈的关于六祖真身的情况与梁永鉴先生讲的大体相同，都是亲眼看见里边有骨架，由于曾被打开过，又遭受过震动，肋骨排列有的脱节，已经零乱。寺僧在修理时，又把骨头放置进去，补好背后的破洞，用油漆涂好。丹田的真身，他们证实里边的骨架也有铁片支撑。

福果老和尚，1978 年笔者访问他时已年高 77 岁。据他说："我青年的时候，曾经听附近老农民说过，清咸丰年间（1851—1861）流窜到庙里的乱兵，曾经打开过六祖真身，后来经过寺僧修整，补好了打开的部分。另外一次修整是在 1934 年，听住持虚云大和尚讲，当时六祖真身的座上长满了白蚂蚁，把座和存放真身的木龛的一部分都吃空了，不得不重新换了座和龛上的一部分木头。"

从他谈的情况看，六祖真身曾不止一次遭受过人为的和自然的损坏，每次损坏后都经过修补和油饰。损坏和修补时，都有不少人见到真身内部的实况，知道里面有骨架和铁条。

除了调查访问取得人证以外，我们还能从 1981 年《羊城晚报》发表的两篇文章得到证明。第一篇是 7 月 27 日发表的中山大学人类学系杨鹤书先生撰写的《"金刚不烂身"与防腐葬》，文章认为六祖真身"是用佛教特有的防腐葬法制成的，的的确确是其本人的真身"。佛教徒真身得以保存，是有它一定的科学道理的，而不是他们练就了什么"金刚不烂身"。第二篇是 9 月 15 日发表的莫复溥先生的《"六祖真身"是塑像》，文章以一个目击者角度来提供证明，否定杨鹤书先生关于六祖真身是用防腐葬法制成真身的论证。莫复溥先生虽然在文中认为六祖真身"并不真"，是"用泥草塑成的泥塑像"，但也不能不承认目击的事实："所不同者，是六祖真身内有几根骨头而已"，这实际上是从相反的方面承认了六祖真身的真实性。

笔者过去也不相信六祖真身是真人的干尸（木乃伊）制成的。20世纪 70 年代初期，笔者先访问了梁永鉴馆长，进而又跑到南华寺去亲自查检六祖真身的内部情况，从破洞里看到里面的真身骨架和铁条，用手摸过外面的漆布，始信六祖真身确实是以肉身为基础制造的独特的夹纻造像，从而意识到造像的重要历史、科学和艺术价值，引起了研究和考证的浓厚兴趣。为了拿到现代科学技术检测的证据，笔者曾

多方奔走联系拍摄 X 光透视照片，终因得不到寺僧的支持而作罢。调查、观测和验证的事实表明，六祖真身确实是具有骨骼的干尸肉身造像。这具真身并不神化，至少被打开过两次，经修整骨骼、支架，除白蚁、补破洞等多次修理和油饰。

六祖真身坐式干尸（木乃伊）是怎样制成的？在证实六祖造像是真身干尸之后，我们需要进一步探讨这个问题。

世界各国发现的古尸，究其能够保存下来的原因，不外乎三种：一是由特殊的自然条件形成的；二是由人工的防腐葬法制成的；三是人工防腐和特殊的自然条件兼而有之。著名的埃及木乃伊，是用古埃及的防腐葬法制成的。用这种葬法处理尸体，要经过洁身、开口、洗洁、上香料和裹布条等制作过程，[①] 六祖真身坐式干尸的制法，不同于其他的防腐葬法，是中国佛教徒特有的葬法。

中国科学院古脊椎动物与古人类研究所副研究员王择义老先生看过六祖真身后，一方面强调它的重要性，赞叹它的高超技艺水平，另一方面对它的制法也提出自己的见解。他认为真身可能是用"烟熏"法制成的。

为此，笔者又访问了住持僧德众和老和尚福果。他们认为鉴于佛教徒的宗教信仰和对祖师的崇拜，绝不会使用烟熏法制造祖师的真身。六祖真身的制作，是用中国佛教徒特有的入定、密封、干燥法制成的。

首先是入定阶段。老和尚在圆寂之前，一般都要经过很长一段的入定时间。身披袈裟，双腿屈盘，打坐入定，不吃不喝，使身体内的营养和水分逐渐消耗殆尽，最终坐化圆寂。其次为密封和干燥阶段。方法是用两个相同的大缸，一个仰放在下，中间放木座，座下放生石灰和木炭，座上有排漏孔，把坐化的尸体放在木座上，再把另一个大缸覆盖在上面密封好。经过相当长的时间，内脏和尸体上的有机物质腐烂流滴到生石灰上，不断产生热气，水分被吸干，变成坐式肉身干尸（木乃伊）。

据《六祖坛经》记载，六祖慧能死前一年的七月（唐睿宗太极元年、延和元年，亦为唐玄宗先天元年，均为公元 712 年）"命门人往新州国恩寺建塔，仍令促工，次年夏末落成"，先天二年（713）七月

---

① ［埃及］穆斯塔法·埃尔－埃米尔著，林幼琪译：《埃及考古学》，科学出版社 1959 年版。

韶文化研究丛书

南华寺六祖慧能真身考

八日，从曹溪宝林寺归故乡新州国恩寺，入定坐在"神龛"（亦称禅龛、龙龛）内，八月三日说完遗嘱偈语，端坐至三更，坐化圆寂。弟子们把"神龛"连同里面的尸体一起，抬入塔内密封，制成干尸造像。塔一般较高、干燥，且密封性强，加上农历八月正是广东雨季已过、空气较为干燥的季节，为六祖慧能的尸体成为干尸（木乃伊）提供了良好条件。同年十一月十三日，迁神龛回曹溪宝林寺。又在宝林寺建新塔，半年后建成。这就是后来存放六祖真身的著名的"灵照塔"。唐玄宗开元二年（714）七月二十五日，真身出龛置入木塔内保存。

关于六祖慧能在新州迁化和运回韶关南华寺的记载，从中唐时代的敦煌本《坛经》，到元代宗宝本以来的《坛经》，虽文字有所不同，但对于六祖慧能先使门人在家乡新州国恩寺"造塔"，"夜至三更，奄然迁化"，八月三日灭度，至十一月把"龙龛"神座运回曹溪宝林寺，① 这些基本情况记载相同，为我们确认六祖真身是肉身干尸（木乃伊），进而了解它的制作过程，提供了一致和可靠的证明。

三、六祖慧能真身是独特的夹纻造像

单纯的干尸（木乃伊）样子都很难看，六祖慧能真身则不同，神态生动，形象栩栩如生。慧能真身是结跏趺禅定坐像，高80厘米，上红褐色油漆。抬头，闭目向前，鼻作蒜头形，嘴唇稍厚，颧骨较大。身着斜领衫，外披袈裟，衣纹流转自然，腿足盘结于袈裟内，双手相托，置于腹前，深刻表现了六祖慧能多思善辩的才智和自悟得道创立禅宗南派的高僧气质。

这种独特的真身造像是怎样制作成的？

我们可以从两个方面进行研究。一方面通过对现存真身造像的考察，能够明显地见到造像外表上有油漆，漆下有麻布和细小的粉末，里面才是人体骨骼和铁条支架，证实真身确是经夹纻造像法加工制作过。另一方面还可以从古代有关文献资料中寻找根据，求得证明。

关于六祖真身造像的塑造情况，虽然在唐代的敦煌本和惠昕本《坛经》中，均见不到记载（见郭朋《〈坛经〉对勘》）中的敦煌本、惠昕本《坛经》部分，但唐代曹溪宝林寺（南华寺）确有六祖慧能真

---

① 郭朋：《〈坛经〉对勘》，齐鲁出版社1981年版。

身造像，这从唐代的碑文、诗和日本的《唐大和上东征传》等文献中能够得到证明。

唐代著名诗人王维（701—761）经六祖慧能弟子神会介绍，并应其所请，为六祖慧能撰写了第一碑。他在《六祖慧能禅师碑铭》中云："某月日，迁神于曹溪，安坐于某所。"反映了慧能真身像得到保存和供养的简要情况。

唐人张说（667—730）曾寄香10斤并诗至曹溪，其诗云：大师捐世去，空留法身在。愿寄无碍香，随心到南海。[①]

张乔（唐咸通中进士）在《赠瞻仰山禅师归曹溪》诗中曰：曹溪山下路，猿鸟重相亲。四海求玄理，千峰绕定身。异花天上堕，灵草雪中春。自惜经行处，焚香礼旧真。

日本真人元开（722—785）撰《唐大和上东征传》，成书于公元779年，即唐代宗大历十四年。书中记载：鉴真大和尚天宝七年（748）从扬州第五次东渡日本，遭遇飓风，漂流到海南岛崖县一带（唐为振州，今三亚市）。天宝九年（750）从海南岛北上回扬州，经雷州半岛，绕广西，下广州，再北行，途经韶州时，得韶州官人迎引入法泉寺（即宝林寺，唐中宗神龙元年敕名"中兴寺"，神龙三年又赐名为"法泉寺"），亲眼看见六祖慧能"禅师影像今现在"[②]。

从北宋契嵩改编《坛经》开始，已有关于塑造六祖真身像的记载，其后的《坛经》均沿袭这一记载，明确指出："方辩塑师真相"[③]，承认六祖慧能真身是经过塑造的，塑像的艺术家是慧能的弟子方辩和尚。

关于方辩的来历和其善塑的艺术才华，在宋代及其后的《坛经》版本中都有记载。依据这些记载，能够得知方辩是西蜀（今四川省）人。一天，六祖慧能在寺后的卓锡泉濯洗袈裟，方辩突然从远方来见，请求看一看传法衣钵。六祖当即出示并问他："攻何事业?"他说："善塑。"六祖即要他"试塑看"。他感到太突然，一下子手足无措，数日后才塑好了慧能"真相"，"可高七寸，曲尽其妙，呈似师"。六祖慧能仔细看了塑像，笑着说："汝只解塑性，不解佛性。"指出他的

① 释赞宁：《宋高僧传》三集卷八。
② 真人元开：《唐大和上东征传》，中华书局1979年版。
③ 郭朋：《坛经对勘》，齐鲁出版社1981年版。

问题所在：只善于追求技巧，表现人物的外表形象，还不善于掌握和表现佛教高僧的内在气质。于是六祖为他摩顶解结，祝愿他"永为人天福田"，并赠衣以酬之。

六祖慧能死后的真身塑像，就是由弟子方辩和尚加工塑造的。据宋契嵩本《坛经》所载：唐先天二年（713）十一月十三日，迁神龛并所传衣钵回韶州法泉寺后，到次年（开元二年）七月二十五日才从龛中将慧能的真身干尸（木乃伊）取出。出龛后，慧能"端形不散，如入禅定"①，即由方辩和尚进行塑造加工。方辩塑造的方法是先"以香泥上之"，后加漆布，再"以铁叶、漆布固护师颈"。宋契嵩本《坛经》中的这一记载，与现存六祖慧能真身造像的实际情况一致，使我们更加有理由认为六祖真身是经过初唐至盛唐时期著名的僧侣雕塑家释方辩精心塑造加工的具独特纪念性的干尸（木乃伊）塑像。

我国是发明漆器的国家，商代（约公元前17—前11世纪）以前已能制造漆器。漆不但用来制造器用，有时也用来漆髑髅和身体。据《战国策·赵策》及《史记》《吕氏春秋》《淮南子》等书的记载，春秋战国之交，三家分晋时，赵襄子与韩、魏合谋灭智伯，三分其地。赵襄子最恨智伯，"漆其头以为饮器"。豫让为了给智伯报仇，欲刺杀襄子，"乃漆身为厉，以变其容。吞炭为哑，以变其音"。由此可见，在古代已有人用漆加工装扮人体。

塑造六祖真身像使用的是夹纻法，不是简单地油漆一下。夹纻亦称干漆、脱胎、脱沙，是中国创造的特有造型艺术方法。用夹纻法制造漆器，在战国以前已经流行。战国两汉墓葬里出土了不少用漆灰和麻布制成的夹纻器物。用夹纻法制作佛像，盛行于魏晋时期。这种夹纻佛像既比铜铸佛像轻便得多，又比泥塑佛像坚固得多，便于装在车上游行各地，供人礼拜祷告，一时间极为流行，称之为"行像"。晋代雕塑家戴逵（326—396），即以制作夹纻像称著于世。他曾为南京瓦棺寺制作夹纻佛像五躯，②与顾恺之的维摩诘像、狮子国（今斯里兰卡）的玉像并称为"瓦棺寺三绝"③。对夹纻的解释，据唐慧琳《一切经音义》卷上："上音甲，下除卢反。案方志（释迦方志）本：

---

① 释赞宁：《宋高僧传》三集卷八。
② 释法琳：《辩证论》卷三。
③ 田自秉：《中国工艺美术史》，知识出版社1985年版。

美夹纻者，脱空像，漆布为之。"其工艺过程为：先以黏土塑制泥模像芯，在像芯上裹缝纻布，用漆将布贴上制成外芯，再用香木的粉末和漆调和的糊料润饰细部，糊料胶着固定之后，将黏土像芯弄碎取出，其空间内编进木框以避免塑像变形或崩陷，最后施以色彩即告像成。① 这种造像方法，唐时已传到日本。② 日本的国宝鉴真和尚塑像就是用夹纻造像法制作的。

六祖慧能真身像使用的也是夹纻造像技术。所不同的是像芯不用泥胎，而是六祖慧能真身干尸，因此塑造方法与一般的脱胎夹纻像有所不同，难度更大，技巧要求更高。真身塑像，既要保护和处理好六祖慧能的干尸，又要恢复和表现六祖慧能的高僧气质。这就要求雕塑家要具有高超的技艺，能因真身干尸而施展和发挥技巧，融会变通地加以润饰和塑造。由于方辩是六祖慧能的弟子，在师父身旁生活过相当长的一段时间，而且在祖师生前已经塑造过"曲尽其妙，呈似师"的真像，对六祖慧能的声音、笑貌、神态和性格体验都了解得相当深刻，再加上充分发挥了他"善塑"的艺术才能，把对祖师的崇敬倾注在雕塑上，塑造了六祖慧能真身像这一独特的纪念性艺术塑像，为我们留下了不可多得的珍贵文物和极其宝贵的绝妙艺术品。

关于方辩其人和他塑造六祖真身像的情况，尽管目前所见的两个唐代《坛经》版本中都没有记载，但这并不等于说没有其事，也不能断言宋代以来《坛经》中有关这方面的记载是伪造的文字。毕竟宋代距离六祖生活年代仅仅数百年，并不算遥远，记载方辩和尚塑造六祖真身像的契嵩本《坛经》的依据，我们还不了解，因此没有理由去否定它的真实性。即使按胡适先生所说：契嵩本《坛经》关于这一记载取自《曹溪大师别传》，《曹溪大师别传》是"可以相信"的，是"于贞元二十一年（805）在越州钞写带回日本的本子"，也不应仅据其中的错误即武断为"实在是一个无识陋僧妄作的一部伪书，其书本身毫无历史价值"③。这样的结论实在难以令人信服。

《曹溪大师别传》中关于宣扬宗教的神化传说，与《坛经》中的神化传说一样值得研究，其中保存的历史和史料还是很有研究价值

① 谷响：《谈夹纻像》，《现代佛学》1957 年第 1 期。
② ［法］伯希和：《中国干漆造像考》，见冯承钧编译：《西域南海史地考证译丛七编》，中华书局 1957 年版。
③ 胡适：《跋曹溪大师别传》，见《胡适论学近著》，山东人民出版社 1998 年版。

的。对于六祖慧能真身造像，《曹溪大师别传》称为"大师头颈，先以铁镍封裹，全身胶漆"。较之《坛经》中"遂先以铁镍、漆布固护师颈"更符合实际、更为准确。现存六祖慧能真身确实是"全身胶漆"的夹纻塑像，就这一点显见的事实来说，《曹溪大师别传》的作者，比北宋契嵩本以后的《坛经》编辑者，更了解真身塑像的实际情况，更敢于排除宗教神话记录事实。鉴于这一事实，笔者以为《曹溪大师别传》的历史资料价值和著者的依据，还需要作进一步的研究和探讨。

再者，从宣扬宗教考虑，把六祖真身塑像神化，完全说成是修炼而成的"金刚不烂之身"，岂不比把它如实记载为经方辩加工塑造更为有利？故此可见，其中除去神化的宣传宗教的传说之外，关于方辩塑造六祖慧能真身像的事实，应该是可信的，因为它与现存六祖慧能真身像的实际情况是一致的。

当然，我们也不能不看到，出于宣扬宗教的考虑和需要，无论是《曹溪大师别传》，还是宋以后的各种版本《坛经》，对加工六祖真身塑像必须先清理腐烂的内脏，在胸腹内部安装铁支架，然后才能缝裹纻布，上糊料和油漆的详细过程，都避而不提。颈部的固定，需要在颈部安装铁镍。颈部是外露的，易于被人发现，为了表明和宣扬六祖真身是肉身菩萨修行得道的"金刚不烂之身"，《曹溪大师别传》和宋以后的《坛经》，在记录铁镍固颈这一事实的同时，都加编了六祖慧能关于后人取自己首级的预言及十年后［唐玄宗开元十年（722）］孝子张净满于洪州（今江西省南昌市）开元寺受新罗僧金大悲钱二十千，令取六祖大师首级归海东供奉，砍伤六祖真身颈部，取首不成，逃走被捕获赦的神化传说。尽管取首级的预言和神化传说并不可信，但是穿过其中的迷雾，确认了铁镍固护师颈的事实，从而有助于我们了解制作真身塑像的真实过程。

四、六祖慧能真身造像得以长期保存的原因

从唐开元二年七月二十五日六祖慧能真身出龛，经方辩塑造成独特的纪念性真身夹纻像，到现在已经一千多年。在这漫长的历史岁月中，六祖慧能真身造像既经受人为的各种破坏，又经受长期的自然侵蚀，能够保存到今天，确实是一件很不容易的事。

正因为如此，有人对六祖慧能真身造像是否为唐代保存下来的提出质疑。南华寺六祖慧能真身造像能够一代一代保存下来，究其原因，主要有三个方面：

（1）南华禅寺是南宗顿教的创始地，实际上也是禅宗的创始地，因此被佛教徒称为"祖庭"。我国佛教自唐以后，禅宗越来越占绝对优势，禅宗南派独尊天下之后，南华寺在佛教寺庙中占有特别重要的地位，历来受到重视。六祖慧能在世时，武则天和唐中宗李显就已下诏书，派使者迎请慧能入京并赏赐磨衲袈裟、宝钵、绢等物品。① 六祖慧能去世后，经弟子神会的努力奋斗，南宗终于战胜北宗，独尊于天下，确立了牢固的正统地位。唐代宗李豫于永泰元年（765）明令诏敕六祖慧能真身造像和衣钵，"谓之国宝，可于本寺如法安置，专令僧众亲承宗旨者，严加守护，勿令遗坠"②。唐宪宗李纯元和十年（815），又诏谥六祖慧能为"大鉴禅师"，安置供养真身造像的塔为"灵照之塔"③。其时，柳宗元在《赐谥大鉴禅师碑》中已指出，六祖慧能创立的南宗顿教"其说具在，今布天下，凡言禅皆本曹溪"。作为祖师慧能的真身塑像，从宗教意义上说是神圣无比的，理所当然地要受到特殊的礼遇和精心的保护，在《坛经》中已确定为镇山之宝，"永镇宝林道场"。

五代南汉刘氏"每遇上元烧灯，迎真身入城（广州），为民祈福"④。真身像由于历来受到特别重视，所以在变乱和灾祸中能够保存下来。据宋代释惠明《五灯会元》记载，最危险的一次是北宋初年，南汉刘氏残兵作乱，"师之塔庙，鞠为煨烬"，而在塔中的六祖慧能真身像"为守塔僧保护，一无所损"。宋太宗时，建七层新塔，并加谥"大鉴真空禅师太平兴国之塔"。宋仁宗天圣十年（1032）"具安舆，迎师真身及衣钵入大内供养"⑤。元世祖至元二十四年（1287）至二十八年（1291），为躲避剧盗的杀戮焚荡，古衲和尚及其徒弟"奉祖师并衣钵出避入郛"⑥。元代皇帝还下了免差役保护南华寺的圣旨。⑦ 到

---

① 马元:《曹溪通志》。
② 释惠明:《五灯会元》，玉海堂景宋丛书之三，光绪二十八年。
③ 马元:《曹溪通志》。
④ 释赞宁:《宋高僧传》卷八。
⑤ 《六祖坛经》，正统刻本。
⑥ 马元:《曹溪通志》。
⑦ 马元:《曹溪通志》。

明、清时期，继续赐经书和绣罗汉，迎师衣钵入内供养，保护和修缮南华寺。1949年后，宗教界和文物保护部门对南华寺和六祖慧能真身像这件珍贵文物极为重视，1962年公布列入省级第一批文物保护单位。1976年把背后受到破坏的六祖慧能真身像修复好，先安置在大雄宝殿神台上，六祖殿翻修工程竣工后，又移至祖殿正中供奉。

（2）慧能是禅宗六祖，有"肉身菩萨"之誉，南宗顿教独尊天下之后，受到佛教界、士大夫和庶民百姓的广泛崇敬，他的真身像成为人们参观和瞻仰南华寺必不可少的崇拜对象，因而得以长期保存。

现存历代文人、学者、僧侣和官吏吟咏南华寺的诗文，有很大一部分是参谒六祖慧能真身塑像写的，其中比较重要的有宋苏轼《见六祖真相》：

> 云何见祖师，要识真来面。亭亭塔中人，问我何所见？
> 可怜明上座，万法了一电。饮水既自知，指月无复眩。
> 我本修行人，三世积精炼。中间一念失，受此百年谴。
> 抠衣礼真相，感动泪如霰。借师锡端泉，洗我绮语砚。

苏轼（1037—1101）与南华寺的关系极为密切。宋哲宗绍圣元年（1094），苏轼从定州（今河北省定县）知州贬任英州（今广东省英德市），未到职，又被贬为"宁远军节度副使惠州安置"。苏轼在赴惠州途中，八月经韶州南华寺，"洗心归依，得见祖师，幸甚，幸甚"，对六祖慧能真身像表示虔诚的尊敬和崇拜。他与南华寺重辩长老结下了深厚的情缘，应重辩长老之请，书写柳宗元《赐谥大鉴禅师碑》并跋，还撰写了《卓锡泉铭》《论六祖坛经》《书南华长老辩师逸事》《苏程庵铭》《六祖塔功德疏》《南华长老题名记》《与南华辩长老书六则》等文及《寄苏伯固》《见六祖真相》等诗。除他与小儿子苏过参谒六祖慧能真身像外，还介绍仆人张惠学专程从惠州前往参谒。绍圣二年（1095）九月，苏轼又推荐将要南来的儿子苏般、苏掣"一礼祖师"[①]。元符三年（1100）苏轼获赦北归，又到南华寺参谒六祖慧能真身像。他在为此撰写的《六祖塔功德疏》中云："伏以窜流岭海，前后七年，契阔死生，丧亡九口。以前世罪业，应堕恶道，故一生忧患常倍他人。今兹北还，粗有生望。伏愿示大慈，愍出普光，明怜幼

---

① 马元：《曹溪通志》。

稚之何辜，除其疾恙，念余年之几，赐以安闲。轼敢不自求本心，永离诸障，期成道果，以报佛恩。"①

明代中叶曹溪南华寺的憨山大师多次拜访六祖真身像。他在《示曹溪沙弥》中论述六祖真身，认为是修行的结果。他说："再思，六祖三更入黄梅方丈，得受衣钵，知见向五百众中独自得之？且人人一个臭皮袋，死了三五日便熄烂不堪。为何六祖一具肉身千年以来如生一般？此是何等修行得如此坚固不烂！"

清初平南王尚可喜欲移换六祖旧殿基址，曹溪僧德融统领阖山僧众提出反对意见，他们在《启平南王迁移换出六祖旧殿基址》中说："祖师肉身居此，神所凭依，至灵至异，自唐至今而不毁也。"要求一定要保存真身像完好无损。

民国以后，著名学者容庚、罗香林、商承祚、章士钊等和政界人士李根源、李汉魂等都曾到南华寺考察和瞻仰六祖慧能真身塑像。

罗香林先生在《禅宗与曹溪南华寺》一文中指出："苏程庵为六祖殿，中为宝座，有门而常开，领曰'敕封南宗六祖真空大鉴圆明普觉禅师'，小沙弥开门引观，则六祖肉身，宛然在目，肉身各部，大小相称，当是真身无疑，面涂金漆，甚光亮，衣为红绸，似是新制。观肉身时，诸僧令脱皮鞋，及皮制相盒，谓六祖最惧皮，不愿见。语出何典，余不之知，然急欲观看，听之而已！"②

日人森清太郎、常盘大定等亦到南华寺踏查，拍摄六祖慧能真身照片和纪录文物。

张清水在致顾颉刚先生信中说："六祖之肉尸，尚在寺中，脱衣启视，筋骨毕露，活活犹生。"③

以上的文字记录说明历代文人、学者、僧侣和官吏对真身像的重视程度。六祖慧能真身塑像确为"海内衲子所必往而礼观者"④。各界人士的重视为保护这件珍贵艺术品起了重要作用。

（3）六祖慧能真身塑像经过加工处理，外表裹麻布涂油漆，有防潮的保护作用。因为历代都非常重视六祖真身造像，所以经常进行油饰修整。油漆越来越厚，虽然对保护真身有利，但也使塑像失真，没

①　马元：《曹溪通志》。
②　见《台湾中山大学文学研究所月刊》第1卷第4期。
③　见《台湾中山大学语言历史学研究所周刊》第4集第48期，"学术通讯"。
④　释德清：《示旦过寮融堂主》。

有方辩和尚初塑时那么"曲尽其妙"。另外,据说真身内部见有米黄色粉屑,有可能是在加工处理时,放过防腐、防虫药物等。还有的僧人认为,方辩塑像时,曾"以香泥上之","香泥"具有一定的防腐、防虫作用。

放置真身造像的环境,也是影响真身保存的一个重要条件。唐代原置木构灵照塔内,宋初焚毁,又安置在新建木构太平兴国塔内。明代成化十三年(1477)改木塔为砖塔,砖塔内"阴湿",有损真身像,遂改信具楼为祖殿,安放真身塑像。① 1966年前真身像都是供放在六祖殿的,后来改放在大雄宝殿,现在又放回六祖殿内。放置的环境干燥,加上长年累月都有人焚香参拜,为六祖真身像提供了良好的保存条件,使我们今天得以鉴赏和瞻仰这一尊独特的唐代绝妙真身塑像。

五、六祖慧能真身造像对后世六祖像的影响

目前在广东所见到的六祖慧能像,有宋、元、明、清时期和现代的。这些像都与曹溪南华寺的慧能真身像有一定的关系,现分别介绍如下:

(一)宋代六祖慧能像

一为铜铸像,一为石刻像。铜像现在广州六榕寺六祖殿内,石刻像现在韶关南华寺六祖殿后的石碑上。

1. 广州六榕寺六祖慧能铜像

广州六榕寺六祖慧能铜像,据民国六年(1917)金保泰撰《六榕寺六祖铜像记》所云:"迨宋端拱中始供有铜像,此时寺僧以崇奉慧能为净业之目的,故改名曰净慧寺,可征名核实也。"后来寺、塔遭火摧毁,禅栖失所,"因祖僧手创之西禅寺打包往居,并铜像迁就供奉焉。此在元祐初年,慧能铜像甫离净慧侨龛西禅之根因也"。"计铜像高八尺,重量千余斤。法貌庄严,衣褶精致。"② 经元、明、清三代,到民国六年始由西禅寺迁回六榕寺六祖殿供奉。西禅寺在广州城西四里,因殿后有石,形如龟,故又称西禅龟峰寺。③

---

① 马元:《曹溪通志》。
② 参见《六榕史料》,1956年六榕寺油印本。
③ 《羊城古钞》卷三。

六榕寺原名宝庄严寺，创自南朝梁大同三年（537），唐王勃有碑记。五代南汉改名长寿寺。宋初寺、塔（舍利塔，俗称花塔）均毁。宋太宗端拱二年（989），郡人修葺梵宇，"复振丛林，改名净慧寺，是时寺僧以崇奉六祖慧能为净业，故以此名之。并范铜为像，祀于堂中"①。

现在六祖慧能铜像安放在六榕寺六祖殿正中的黑色油漆硬木座椅内。铸像铜质精密，表面光滑发亮，泛青黄色，铸工技艺佳妙。从两侧铸棱观察，应为前后合范铸造，中空，内缝中还残留泥芯痕迹。六祖慧能铜像，从大的方面观察，与南华寺的六祖慧能真身塑像基本一致，均为闭目结跏趺坐，呈入定状。由此可见佛弟子刘景初在六祖牌坊题刻后跋中云"六榕旧奉铜像，毕肖肉身"，是有一定道理的。② 铜像的细部则有明显不同，鼻子直高且尖，双唇较薄，下颏短平，双耳向前，颈上有喉结，手指尖长，掌心向上，平放腹前。袈裟华丽，领、袖口、下沿和前面均饰珠边带状缠枝莲花纹，左胸前佩环带。领口衬衣外露，呈波浪纹状。衣纹流畅劲挺，富有青铜质感。

2. 南华寺六祖慧能石刻像

南华寺六祖慧能石刻像，刻在石碑上。20 世纪 70 年代笔者所见尚弃置于厨房地上，现在已嵌砌于祖殿后边的墙壁上。碑高 1.36 米，宽 0.82 米。碑石青灰色，表面剥蚀颇多，六祖像仍清晰可见，上部的序文和赞诗字迹明显，右角还刻有民国八年（1919）赵藩的记文，下部跋文原有 17 行，每行 10 字，多已不可辨认。

碑首序文和赞诗为：

南华僧了晖持大鉴祖师遗像命赞，且欲镌石流传不朽云。淳熙戊申仲秋朔，住阿育王山第十八世法孙比丘德光稽首。

非风幡动露全机，千古丛林起是非。咄道新州卖薪汉，得便置是落便遭。……

碑下部的跋文，从可辨识部分察知，其内容为记述镌刻六祖慧能像碑的缘起和经过情况。缘起为"大鉴祖师掩迹四百余祀，其道风德韵，凛凛如生。云行祖庭，遍满天下。而曹溪邈焉，五岭之外竟不识

① 参见《六榕史料》，1956 年六榕寺油印本。
② 参见《六榕史料》，1956 年六榕寺油印本。

其慈容……"，即为传播祖师慈容，镌此像碑。从残存文字中还可见了晖的本名和淳熙戊申年号，书写跋文的是"曹溪第十九世法孙比丘祖莹"。

民国八年赵藩题记："六祖像石刻碑，仆草棘中，腾越李希白始搜得之。像为释了晖请龚生所绘，德光作赞，释祖莹跋而镌石，时宋淳熙戊申秋也。曹溪志失载，亟重树之。民国八年二月赵藩记，李根源书。"

按罗香林先生的看法："此碑疑早没土中，康熙初，平藩尚可喜大修殿宇，凡前代碑刻，完存者，皆聚而重竖，而像碑独阙，马元修《曹溪通志》亦未载，知当日实未尝见此碑也。"

碑上的六祖慧能为半身像，头戴帽巾，飘带垂胸。身穿袈裟，领口、袖口、大襟和左袖上饰龟背花纹。左胸前佩戴环带。双手藏袖中，双目半合，深思悟禅，弯眉，颧骨较高，鼻头下垂，嘴唇稍厚，下颚宽大，形象特点与真身塑像基本一致。

碑像的作者龚生，把握了慧能的特点，用流畅简练的线条，描绘出慧能的生动面貌和精神气质，为我们留下了一幅珍贵的南宋孝宗淳熙十五年（1188）的六祖肖像画。

（二）元代六祖慧能像

仅见一石刻像。像碑现在广州光孝寺博物馆碑廊正中，碑高1.39米，宽0.94米。碑首有字，其像名为"祖师在法性寺像"，其赞为：

卢溪月冷云类月，明风幡非动许露。心晴人间天上觅，不得还照曹溪清。

为诸山翁与谁赞？叹也只道得一半，且如何是那一半？光含万象彻今古，慧日高悬天外升。

至元甲午，住山法孙比丘宗宝拜赞。

泰定甲子七月二十八日，住风幡嗣祖比丘慈信拜立。①

铸像线条较粗，面貌模仿南华寺石刻六祖像，但技法不高，明显变样，下颏宽大，额头较矮，与真身塑像相比，距离颇远。双目半睁，颧骨较高，鼻梁直垂等特征，仍然保留了宋代石刻像的形貌。袈裟线

---

① 《广东通志》卷二百四十。

条圆润，无纹饰。左肩佩环为八角形。袖手，一指外露，颈上露出喉结，又似模仿六榕寺六祖铜像。

至元年号，元世祖忽必烈和惠宗妥懽帖睦尔都曾使用，但甲午为至元三十一年（1294），应为忽必烈年号。泰定为元泰定帝也孙铁木儿年号，甲子为泰定元年（1324），慈信立碑在宗宝作赞后三十年。

民国二十四年（1935）九月广东省立编志局重刊的《光孝寺志》中，有像碑照片，目录中称为"六祖像碑"，与碑上题名有别。

（三）明代六祖慧能像

一为本刻版印像。见于万历二十四年（1596）刻本的郭棐撰《岭海名胜记》卷八《六祖真像》。此像深刻逼真地表现了六祖慧能睿智和善的老僧气质。头光颧高，面瘦纹深，双眼明亮，炯炯有神，鼻梁直垂，下颏突圆，双唇合动，似欲说禅。身着袈裟，两臂有力，领和右袖口饰带状龟背花纹，左肩、右袖及胸前部分饰缠枝莲花纹，左肩披佩环带，带上结花。头部后面有圆光，寓意六祖慧能为"肉身菩萨"，修成正果，非同凡僧。

从这一木刻版印像中，既可以看出源于慧能真身塑像的面型特点，又可以看出宋代六祖铜像和石刻碑像的影响。头型、眼、鼻、嘴、颧、颏都与真身塑像相似；耳下缠枝莲花纹，同于六榕寺铜像；面部的线条、龟背花纹，则明显受南华寺石刻像的影响。

木刻版印"六祖真像"，吸取了慧能真身塑像、铜像和石刻像的艺术特点，加上画家和刻版匠人的精心创作，给我们留下了生动的老年慧能形象。

明代另一六祖慧能像为铜铸像，高42厘米，重3.65公斤。形貌特点颇似唐代真身塑像，头稍尖、颧骨高、下颏尖，气度不凡。现藏于南华寺藏经阁楼上。现代塑造六祖慧能像，多模仿这一铜像的形象。

（四）清代的六祖慧能像

亦为木刻版印像，见于乾隆五十五年（1790）刻本，明郭棐撰、清陈兰芝增辑的《岭海名胜记·曹溪志略》卷十一《六祖像》和道光十六年（1836）重镌马元《曹溪通志·祖师真像》。清代木刻像与明刻本《六祖真像》完全不同。形象比较年轻，看上去只有五十多岁。

前者线条刻画细致，人物栩栩如生。头戴毗卢帽，头发、额上皱纹、眉毛、眼皮、鼻梁和嘴的描绘都比较细致，立体感较强，给人以智慧慈祥的感觉。袈裟线条流畅，左肩、左袖口和环带上饰云龙纹。手心向上，左手置右手上，指甲尖长。后者刻画简单，头戴毗卢帽，后有圆光，为立像。前有神案，两旁各立一弟子。

清代的六祖像，虽然上挂帷幕，下铺方阶砖，画工细致，技法精美，但与六祖真身塑像的形貌距离甚远，已经看不到"獦獠"和"卖薪汉"的味道，高僧的气质反映得也很不够。华而不实，美而不真，逊色于明以前的六祖慧能像。

宋、元、明、清时代的六祖慧能像，虽有不同程度的区别，但在形貌特点上都有明显的共同之处，这些共同的特点来源于唐代六祖真身塑像。由此我们看到六祖真身塑像对后世绘制六祖肖像的影响，同时也从史料方面为论证六祖真身造像的保存和流传提供了重要依据。

唐代是我国历史上繁荣兴盛的朝代之一，涌现出了许多杰出的历史人物。在著名的僧侣中，名望最高、影响最大的要数玄奘和六祖慧能。慧能创立了禅宗南派，独尊天下，在宗教史和哲学思想史上占有重要的地位。唐代创造的艺术珍品，丰富多彩，琳琅满目，令人赞叹不止。其中的六祖真身造像由真人干尸（木乃伊）用夹纻法加工制成，形象逼真，面貌如生，在雕塑史上无疑是奇迹。这件罕见的、珍贵独特的唐代六祖慧能真身造像，现在仍然保存在广东韶关曲江曹溪南华寺中，令人感到无比欣慰和高兴。

（原载香港中文大学《中国文化研究所学报》1987 年第 18 卷）

禅宗六祖慧能衣钵去向考释

林有能

佛教出家僧人的用品——衣钵，实为两件东西，衣乃僧人日常穿着的袈裟，也称法衣；钵系僧人化缘用的钵盂，装食物的器皿。在佛教漫长的发展进程中，两者融为一体，合称为"衣钵"，其义衍为宗旨。丁福保《佛学大辞典》"衣钵"条曰："三衣与钵也。二者为僧之资物最重大者。观出家受戒之时，最初即以衣钵具足为条件可知也。后为袈裟与铁钵之意。禅家以道授受，谓为授受衣钵。"①

佛祖释迦牟尼的衣钵，经过种种的附会传说而变得神秘莫测，成为佛教代代相传的最高表征和佛教徒膜拜的圣物，达摩携之来华，递代相传，至六祖慧能置而不传，其最后之归处却无定论，终成悬案。

中国禅宗六祖慧能的衣钵，稽之相关文献，其来源主要有二：一为祖传；二为唐皇所赐。兹分述如下。

一、关于祖传衣钵

此乃菩提达摩从印度带来，代代相传，至五祖弘忍而传六祖慧能。对此，禅宗文献及志乘多有记载，只是详略有异而已。但文献所载，往往是后承前说。具体到五祖传衣钵给慧能之事，最初应出自慧能弟子之口，即法海等人所编《坛经》、神会与北宗弟子的论战，而后是王维等人的碑铭，最后是宋代灯史传记等。所以，弟子述师父事迹，免不了有粉饰、褒扬的成分，甚至有宗派争斗的功利目的。杜继文、魏道儒就直白地说：

这类袈裟故事，纯粹是宗派斗争的产物，先是神会用以攻击神秀

---

① 丁福保：《佛学大辞典》，中国书店 2011 年版。

的非嫡传，后来则成为南宗内部各自标榜的依据，持中间立场的则让此衣"至大鉴（慧能）置而不传"，或让神会提议秘于慧能塔庙。①

然而，撇开其真伪，依文献所载来梳理六祖慧能衣钵的来去脉络也是有必要的。先看神会的说法。他于慧能入灭后约二十年北上与北宗弟子展开论战，在回答崇远"请为说六代大德是谁？并叙传授所由"的问题时说：

后魏嵩山少林寺有婆罗门僧，字菩提达摩，是祖师。达摩［在］嵩山将袈裟付嘱与可禅师，北齐可禅师在岘山将袈裟付嘱［与］璨禅师，隋朝璨禅师在司空山将袈裟付嘱与信禅师，唐朝信禅师在双峰山将袈裟付嘱与忍禅师，唐朝忍禅师在东山将袈裟付嘱与能禅师。经今六代。内传法契，以印证心；外传袈裟，以定宗旨。从上相传，一一皆与达摩袈裟为信。其袈裟今在韶州，更不与人。②

神会把六祖慧能的事迹转告王维，并请王维为六祖撰碑，于是王维就以碑文的权威形式把五祖传衣于慧能的事予以确认："临终，遂密授以祖师袈裟，而谓之曰：'物忌独贤，人恶出己。吾且死矣，汝其行乎！'"③ 中唐时的两位文豪柳宗元、刘禹锡也先后为六祖撰碑，因袭了王维之说。柳碑云：大鉴"遂受信具，遁隐南海上，人无闻知"④。刘碑谓："初达摩与佛衣俱来，得道传付，以为真印，至大鉴，置而不传。"⑤

六祖慧能的贴身法嗣法海笔录六祖一生的行迹及言说，最后辑成《坛经》流行于世。法海在《六祖大师法宝坛经略序》就说："五祖器之，付衣法，令嗣祖位。"⑥ 所以，各版本《坛经》均有五祖传衣与慧能的记录。敦煌本云："五祖夜至三更，唤惠能（慧能）堂内，说

---

① 杜继文、魏道儒：《中国禅宗通史》，江苏人民出版社 2007 年版，第 148 页。

② 独孤沛：《菩提达摩南宗定是非论》，见杨曾文编校：《神会和尚禅话录》，中华书局 1996 年版，第 27 页。

③ 王维：《六祖能禅师碑铭》，见杨曾文校写：《敦煌新本六祖坛经》，宗教文化出版社 2011 年版。以下凡引王碑，均见此书，不再详注。

④ 柳宗元：《赐谥大鉴禅师碑》，见杨曾文校写：《敦煌新本六祖坛经·附录》，宗教文化出版社 2011 年版。以下凡引柳碑，均见此书，不再详注。

⑤ 刘禹锡：《大鉴禅师碑》，见杨曾文校写：《敦煌新本六祖坛经·附录》，宗教文化出版社 2011 年版。以下凡引刘碑，均见此书，不再详注。

⑥ 法海：《六祖大师法宝坛经略序》，见丁福保：《六祖坛经笺注》，广东人民出版社 1962 年版。

《金刚经》。惠能一闻，言下便悟。其夜受法，人尽不知，便传顿法及衣：'汝为六代祖，衣将为信禀，代代相传，法以心传心，当令自悟。'……能得衣法，三更发去。"① 惠昕本（大乘寺本）曰："三更受法，人尽不知。便传顿教及衣钵云：'汝为第六代祖，善自护念，广度迷人，衣为信禀，代代相承。法即心传心，皆令自悟自解。'……其时领得衣钵，三更便发南归。"② 曹溪原本（契嵩本）说："三更受法，人尽不知。便传顿教及衣钵云：'汝为第六代祖，善自护念，广度有情，流布将来，无令断绝……昔达摩大师初来此土，人未之信，故传此衣以为信体，代代相承。……衣为争端，止汝勿传。若传此衣，命如悬丝。'"③ 元代宗宝本与契嵩本所述基本相同。

灯史传记类文献所记较为简单，多为一言带过。《祖堂集》："既承衣法，遂辞慈容。"④《景德传灯录》和《五灯会元》均谓："忍大师一见，默而识之。后传衣法。"⑤ 赞宁之《慧能传》云："忍密以法衣寄托曰：'古我先师转相付授，岂徒尔哉。呜呼！后世受吾衣者命若悬丝。'"⑥ 而契嵩的《传法正宗记》则说："我（五祖）今以是大法并其所受。前祖僧伽梨衣宝钵皆付于汝。汝善保之无使法绝。……慧能居士既受法与其衣钵。作礼问曰：'法则闻命，衣钵复传授乎？'尊者曰：'昔达磨以来自异域，虽传法于二祖，恐世未信其所师承，故以衣钵为验。今我宗天下闻之，莫不信者，则此衣钵可止于汝。然正法自汝益广，若必传其衣，恐起诤端。'故曰：'受衣之人命若悬丝。'"⑦

记此事最详者当推《曹溪大师传》：

忍大师告能曰："如来临般涅槃，以甚深般若波罗蜜法付嘱摩诃迦叶……在后展转相传，西国经二十八祖，至于达磨多罗大师，汉地为初祖，付嘱惠可，可付璨，璨付双峰信，信付于吾矣。吾今欲逝，

① 敦煌本《坛经》，见大藏经六祖坛经四种合刊，普慧大藏经刊行会 1944 年校印。以下所引各版本《坛经》，均为此合刊本，不再详注。

② 惠昕本《坛经》。

③ 曹溪原本（契嵩本）《坛经》。

④ 静、筠禅师编，张华点校：《祖堂集》，中州古籍出版社 2006 年版，第 87 页。以下凡引此书，均是此版本，不再详注。

⑤ 释道元：《景德传灯录》，成都古籍书店 2000 年版，第 69 页。以下凡引此书，均是此版本，不再详注。

⑥ 赞宁：《宋高僧传·唐韶州今南华寺慧能传》，中华书局 1997 年版，第 173 页。以下凡引此书，均是此版本，不再详注。

⑦ 契嵩：《传法正宗记》之震旦第三十二祖弘忍尊者传。

法嘱于汝。汝可守护，无令断绝。"能曰："能是南人，不堪传授佛性。此间大有龙象。"忍大师曰："此虽多龙象，吾深浅皆知，犹兔与马。唯付嘱象王耳。"

忍大师即将所传袈裟付能，大师遂顶戴受之。大师问和上曰："法无文字，以心传心，以法传法，用此袈裟何为？"忍大师曰："衣为法信，法是衣宗。从上相传，更无别付。非衣不传于法，非法不传于衣。衣是西国师子尊者相传，令佛法不断。法是如来甚深般若，知般若空寂无住，即而了法身。见佛性空寂无住，是真解脱。汝可持衣去。"遂则受持，不敢违命。然此传法袈裟，是中天布，梵云婆罗那，唐言第一好布。是木棉花作，时人不识，谬云丝布。①

这段文字合情合理：一是既把法和衣两者分别相授，又将两者作为表里合为一体，不能分开，即"衣为法信，法是衣宗""非衣不传于法，非法不传于衣"。二是客观地反映了师徒两人当时的心理，从中可见慧能是经五祖解释后才愿接此衣法的，尤其是慧能"法无文字，以心传心，以法传法，用此袈裟何为"的疑问，乃历代不少高僧大德难以释怀的心结，也许是慧能后来不再下传此袈裟的原因之一。三是记述了此袈裟的制作原料。

综合上述文献所载，湖北黄梅五祖寺是六祖慧能接衣钵之地。乾隆《黄梅县志》云："岭南卢慧能领会'应无所住而生其心'偈言，顿豁，遂授以衣钵为六祖。"② 光绪《黄梅县志》曰："（东禅寺）在邑西南城外，为六祖受衣钵处，寺有六祖殿，汪可受建。"③ 然而，细察文献便发现，并非一致认定六祖慧能接受了所谓祖传的袈裟和钵盂这两件信物，多数文献只记五祖传法衣（袈裟），而没有传钵盂。笔者以为，达摩从印度跨海而来，应只携衣而无带钵，故代代相传者唯袈裟，而不是衣和钵，只是后来把两者合二为一，文献就直写为衣钵了。

五祖弘忍传衣慧能之事，可能实有，王维所言"禅师遂怀宝迷邦，销声异域"之"宝"也许就是指祖传袈裟。而在慧能接衣钵后至

① 《曹溪大师传》，见杨曾文校写：《敦煌新本六祖坛经·附录》，宗教文化出版社 2011 年版。以下凡引该传均是此版本，不再详注。
② 乾隆五十四年《黄梅县志》卷八，寺观七之"五祖寺"。
③ 光绪三年《黄梅县志》卷十四，寺观二之"东禅寺"。

其入灭几十年间，文献也多次提到此袈裟。

第一次是慧能南遁至大庾岭，陈慧明追至，慧能便将衣钵置于石头上，陈慧明提拿不动，于是便说"我为法来，不为衣来"，今大庾岭上有后人所设之衣钵石及衣钵亭纪念景点。关于此事，多见于各版《坛经》及南宗嫡系之说，敦煌本云：惠顺追至，"惠能即还法衣，又不肯取，言：'我故远来求法，不要其衣。'能于岭上，便传法惠顺"①。慧昕本谓：惠能"便还衣钵，又不肯取，言：'我欲求法，不要其衣'，惠能即于岭头，便传正法"②。契嵩本和宗宝本均说："能掷下衣钵于石上云：'此衣表信，可力争耶？'能隐于草莽中。惠明至，提掇不动，乃唤云：'行者行者，我为法来，不为衣来。'能遂出坐盘石上。"③《曹溪大师传》曰：陈惠明"闻能大师将衣钵去，遂奔迩南方。寻至大庾岭，见能大师。大师即将衣钵，遂还明。明曰：'来不为衣钵……'"④而禅宗灯史和传记类文献却鲜有记述。

第二次是在广州法性寺（今光孝寺）应印宗法师的要求，慧能把衣钵展示给众人看。慧能在广州法性寺与印宗法师邂逅一事，敦煌本和惠昕本《坛经》没有记载，其他文献所记主要是"风幡之辩"及印宗法师为慧能剃度受戒诸事，其中也有具体述慧能展衣钵于众人者，如《曹溪大师传》曰：印宗"法师又问：'忍大师临终之时，云佛法向南，莫不是贤者否？'能答：'是。''既云是，应有传法袈裟，请一暂看。'印宗见袈裟已，珍重礼敬，心大欢喜。叹曰：'何期南方有如是无上之法宝！'"⑤契嵩本和宗宝本《坛经》谓："宗云：'行者定非常人，久闻黄梅衣法南来，莫是行者否？'慧能曰：'不敢。'宗于是作礼，告请传来衣钵出示大众。"⑥《景德传灯录》和《五灯会元》均言："因请出所传信衣，悉令瞻礼。"⑦作为慧能展示衣钵之地的光孝寺，其寺志也云："六祖先于龙朔年间至寺，混迹众中，至是会论风幡，为印宗法师契悟，遂请示衣钵。"⑧可见此事似应实有。

---

① 敦煌本《坛经》。
② 惠昕本《坛经》。
③ 契嵩本和宗宝本《坛经》。
④ 《曹溪大师传》。
⑤ 《曹溪大师传》。
⑥ 契嵩本和宗宝本《坛经》。
⑦ 《景德传灯录》，第69页；《五灯会元》，第54页。
⑧ 顾光：《光孝寺志》卷二。

第三次是六祖慧能在宝林寺弘法期间，寻水濯洗祖传袈裟。关于此事，禅宗文献鲜有提及，唯契嵩本和宗宝本《坛经》有载："师一日欲濯所授之衣，而无美泉。因至寺后五里许，见山林郁茂，瑞气盘旋。师振锡卓地，泉应手而出，积以为池。乃跪膝浣衣石上。"① 而据两个版本的《坛经》所记，当六祖慧能洗衣之时，有僧方辩来谒。契嵩本曰：

忽有一僧来礼拜云："方辩是西蜀人，昨于南天竺国见达摩大师，嘱方辩速往唐土，吾传大迦叶正法眼藏及僧伽犁，见传六代于韶州曹溪，汝去瞻礼。方辩远来，愿见我师传来衣钵。"师乃出示，次问："上人攻何事业？"方辩曰："善塑。"师正色曰："汝试塑看。"方辩罔措，数日塑就真相，可高七寸，曲尽其妙。呈似师，师笑曰："汝只解塑性，不解佛性。"师舒手摩方辩顶曰："永与人天福田。"②

而宗宝本《坛经》在述方辩遵达摩所嘱前来瞻礼祖传衣钵后，末了还附录六祖酬衣于方辩的文字：

师仍以衣酬之。辩取衣分为三，一披塑像，一自留，一用棕裹瘗地中。誓曰："后得此衣，乃吾出世住持，于此重建殿宇。"宋嘉祐八年，有僧惟先，修殿掘地，得衣如新。像在高泉寺，祈祷辄应。③

如果所记不虚，则有个问题要厘清：如六祖慧能所洗之衣真是祖传法衣，则其酬方辩之衣当为另者；如酬方辩之衣是祖传法衣，则此法衣之履历就此终结，因为方辩已将其一分为三。以此观之，六祖慧能是不可能把祖传法衣赠予方辩的，否则，其后中国禅宗历史中与此法衣相关的人和事就不会出现了，本文也将到此画上句号。

六祖慧能卓锡引泉洗衣，今南华寺有"卓锡泉"景点以兹纪念。《曹溪通志》之"卓锡泉"条云："在寺后一里许。师欲浣所授衣，苦无美泉，因见寺后山林郁茂，瑞气盘旋，师振锡卓地，泉应手而出，乃跪膝浣衣石上。至今流溢香美，甚宜瀹茶，东坡有铭。"④

第四次是六祖慧能寂前弟子询问祖传衣钵传给谁。达摩祖师从印

---

① 契嵩本和宗宝本《坛经》。
② 曹溪原本（契嵩本）《坛经》。
③ 曹溪原本（契嵩本）《坛经》。
④ 《曹溪通志》卷一，"古迹"之"卓锡泉"，释真修重修，杨权、张红、仇江点校，梦梅馆出版。以下凡引此志，均为此版本，不再详注。

度带来的袈裟代代相传至六祖，似成了不成文的规制，故当六祖慧能行将入灭之时，弟子们就自然会想到衣钵的传授了。关于此事，《坛经》及禅宗文献、志乘等均有记述。各版《坛经》中，均谓上座法海问："大师去后，衣法当付何人？"六祖慧能以达摩"吾本来兹地，传法救迷情，一花开五叶，结果自然成"的偈颂来解释"衣不合传"，强调只传《坛经》而"不付其衣"。而在《曹溪大师传》中还记录了慧能与弟子关于为何不传袈裟的问答：

神会问："大师，传法袈裟云何不传？"

答云："若传此衣，传法之人短命。不传此衣，我法弘盛。留镇曹溪。"

门徒问："云何传此衣短命？"

答曰："吾持此衣，三遍有刺客来取吾命，吾命若悬丝。恐后传法之人损，故不付也。"①

宗密在《禅门师资承袭图》则云慧能圆寂前授密语于弟子神会：

"从上已来，相承准的只付一人，内传法印，以印自心，外传袈裟，标定宗旨。然我为此衣几失身命。达摩大师悬记云：至六代之后，命如悬丝，即汝是也。是以，此衣宜留镇山。"②

关于祖传袈裟置而不传，刘禹锡曾作《佛衣铭》辨析，甚有见地，兹录如下：

吾既为僧琳撰《曹溪第二碑》，且思所以辩六祖置衣不传之旨，作《佛衣铭》。曰：

佛言不行，佛衣乃争。忽近贵远，古今常情。尼父之生，土无一里。梦奠之后，履存千祀。惟昔有梁，如象之狂。达摩救世，来为医王。以言不瘥，因物乃迁。如执符节，行乎复关。民不知官，望车而畏。俗不知佛，得衣为贵。坏色之衣，道不在兹。由之信道，所以为宝。六祖未彰，其出也微。既远狼荒，憬俗蚩蚩。不有信器，众生曷归。是开便门，非止传衣。初心有终，传岂无已？物必归尽，衣胡久

① 《曹溪大师传》。
② 宗密：《禅门师资承袭图》，见弘学选编：《中国佛教高僧名著精选》（中），巴蜀书社2006年版，第1004页。

恃？先终知终，用乃不穷。我道无阿，衣于何有？其用已陈，孰非刍狗？①

除了上列四次外，神秀应武后之邀入宫后，也提到祖传袈裟在曹溪慧能处，建议武则天诏迎慧能进宫。各版《坛经》中，敦煌本和慧昕本没有此情节，而契嵩本和宗宝本则有相关文字："朕请安、秀二师宫中供养，万机之暇，每究一乘。二师推让云：南方有能禅师，密受忍大师衣法，传佛心印，可请问彼。"② 而其他禅宗文献中，《景德传灯录》和《五灯会元》所记与上引《坛经》基本相同。《祖堂集》咨引则天、孝和皇帝诏六祖慧能云："朕虔诚慕道，渴仰禅门。诏诸山禅师，集内道场。安、秀二德，最为僧首。朕每咨求法，再三辞推云：'南方有能和尚，受忍大师记，传达摩衣为信，顿悟上乘，明见佛性。今居韶州曹溪山，示悟众生，即心是佛。'朕闻：'如来以心之法付嘱摩诃迦叶，如是相传至于达摩。教被东土，代代相承，至今不绝。'师既禀受，并有信衣，可赴京师设化，缁俗归依，天人瞻仰。"而六祖慧能在回表中也承认传受衣钵："沙门惠能，生自边方，长而慕道。叩承忍大师付如来心印，传西国衣钵，受东山佛心。"③《曹溪大师传》与《祖堂集》所记基本无异。

二、关于唐皇赐衣钵

迄今所见，唐皇赐六祖慧能衣钵有武则天和唐中宗两次。武则天所赐鲜见于文献，而据《曹溪通志》列库存所藏法宝中，有"唐武则天敕书一道"，并附言曰"梵书，有宝五颗半，天顺间锁南岭，占巴藏卜国师译"④。今南华寺住持释传正方丈主编的《南华史略》在介绍寺藏文物中，也列有"武则天圣旨"，并附释文曰：唐代女皇帝武则天，于万岁通天元年（696），御赐南华寺六祖惠能大师圣旨一道，长140厘米，宽42厘米。纸质，楷书，首尾及边用绫装裱。圣旨原文如下：

天册金轮圣神皇帝赐赉六祖大师宣诏。

---

① 刘禹锡：《佛衣铭》，见《曹溪通志》卷五。
② 曹溪原本（契嵩本）《坛经》。
③ 《祖堂集》，第88页。
④ 《曹溪通志》卷一，建制规模第二之祖师殿。

师以道契无为，德光先圣。入大乘之顿教，表无相之真宗。既而名振十方，声誉四海。万机无恼，八识俱安。功超解脱之门，心证菩提之序。

朕以身居极位，事继繁煎。空披顶戴之诚，伫想醍醐之味，恨不趋陪下位，侧奉聆音，倾求出离之源，高步妙峰之顶。

师以宏扬之内，大济群生。横舟楫于苦海之中，究沉溺于爱河之岸。今遣中书舍人吴存颖专持水晶钵盂一副、磨衲一条、白毡两端、香茶五角、钱三百贯，前件物微，少伸供养，以表朕之精诚。仍委韶州节加宣慰安恤僧徒，勿使喧繁寺宇。

万岁通天元年敕

圣旨右端有清光绪十五年（1889）张之洞题记。圣旨上面没盖印玺，从纸质和书体观察都似明代的修复品。①《曹溪通志》所列"唐武则天敕书一道"，即"则天万岁通天元年赐水晶钵盂、磨衲袈裟敕"，其文辞与《南华史略》所述之南华寺所藏武则天圣旨基本相同，只是个别字差异而已。观其行文，武则天似赐慧能衣钵。

唐中宗赐慧能衣钵，是在听了薛简的汇报后，深感慧能禅理于国于民之功德而再下诏褒扬慧能，并赐各种物品供养，其中就有衣和钵。对此，禅宗文献多有述及。王维《六祖能禅师碑铭》说，则天太后、孝和皇帝在慧能婉辞进宫后，"遂送百衲袈裟及钱帛等供养"②。《景德传灯录》云："有诏谢师，并赐磨衲袈裟、绢五百匹、宝钵一口。"③而《曹溪大师传》《祖堂集》《曹溪通志》等均有中宗皇帝之敕书，兹录如下：

师老疾为朕修道，国之福田。师若净名，托疾金粟，阐弘大法，传诸佛心，谈不二之说，杜口毗耶，声闻被呵，菩萨辞退。师若此也。薛简传师指授如来知见，善恶都莫思量，自然得入心体，湛然常寂，妙用恒沙。朕积善余庆，宿种善因，得值师之出世，蒙师惠顿上乘佛心第一。朕感荷师恩，顶戴修行，永永不朽。奉磨衲袈裟一领，金钵一口，绢五百匹，供养大师。④

---

① 释传正主编：《华南史略》，中国社会科学出版社 2002 年版，第 35 页。
② 王维：《六祖能禅师碑铭》。
③ 《景德传灯录》，第 70、71 页。
④ 此敕书中，《曹溪大师传》无"金钵一口"；《祖堂集》无"绢五百匹"。

文献所载此敕书内文虽有些微出入，然梗概大体一致，可见中宗皇帝赐慧能衣钵似实有。

对于武则天和唐中宗的两次诏赐衣钵，文献对前者记载很少，且多认为后者实为则天、中宗两人联名同赐。然从时间上看，前者是万岁通天元年，即公元696年，后者是神龙三年，即公元707年，两者差十一年，且今南华寺存有武则天圣旨，如其属实，则武则天所赐还有物证。后者是在中宗刚复位不久，幕后主政还是则天，故两人联名同赐也有可能。

三、关于六祖慧能祖传衣钵的去向

（一）六祖袈裟的去向

这里所说的六祖袈裟，主要是指达摩从印度带来的祖传法衣，这是代代相传的佛教最高信物，是历代祖师的象征，因六传慧能而止，再没有下传。于是人们就提出了一个大疑问：传祖袈裟最后供养在何处？要准确、完整回答这个问题是件很难的事。依据相关文献的记载和民间传说，充其量只能勾勒出其大致去向。

1. 六祖慧能圆寂后，传祖袈裟留镇曹溪

六祖慧能圆寂前，在回答神会问袈裟为何不传时明确表示："若传此衣，传法之人短命。不传此衣，我法弘盛。留镇曹溪。"① 《传法正宗记》云："我受衣来常恐不免于难。今复传之虑起其净。衣钵宜留镇山门。"② 唐先天二年（713）八月三日，六祖慧能于国恩寺圆寂，同年十一月十三日，其真身神龛迁回曹溪宝林，次年（714）七月出龛入塔，塔内有慧能常用之物品。契嵩本《坛经》载："达摩所传信衣，中宗赐磨衲宝钵，及方辩塑师真相，并道具等，主塔侍者尸之，永镇宝林道场。"③ 《景德传灯录》云："塔中有达摩所传信衣，中宗赐磨衲宝钵，方辩塑真道具等，主塔侍者尸之。"④ 不少文献还记述了祖传袈裟制作原料及颜色。《祖堂集》谓："达摩大师传袈裟一领，是

---

① 《曹溪大师传》。
② 契嵩：《传法正宗记》卷七。
③ 曹溪原本（契嵩本）《坛经》。
④ 《景德传灯录》，第70、71页。

七条屈眴布，青黑色，碧绢为里。"① 赞宁的《慧能传》也说："其塔下葆藏屈眴布郁多罗僧，其色青黑，碧缣复袑，非人间所有物也。"② 《景德传灯录》说祖传信衣是"西域屈眴布也，缉木绵华心织成，后人以碧绢为里"③。而《曹溪通志》在述祖师殿所存法宝中有"传法信衣一袭"，对"屈眴布"提出了疑问："九条金镂，其缔乃白，岂所谓屈眴布耶?"④

但康熙《新兴县志》却记录了另一情形："开元元年七月，六祖辞曹溪归新州，八月涅槃，后祖师肉身为韶州官民僧众争迎还曹溪，新惟塑神像供养，而祖茔磨衲在龙山。"⑤ 即是说，慧能于故里国恩寺圆寂后，其真身迁归曹溪宝林寺，其磨衲却在新兴龙山国恩寺供养。然此说仅见该志，余未涉及，不足为信，即使有磨衲遗龙山，当不会是祖传者。

六祖真身及祖传袈裟入塔供养期间，于开元年间发生了张净满盗取六祖真身首级事，为保护真身及祖传袈裟，弟子们建信具楼（后改为祖师殿），迁真身及信衣等入楼内，"众请上足弟子行滔（《坛经》记为令韬）守所传衣"⑥。《曹溪通志》"旧祖殿"条云："即信具楼，衣钵所藏也。师入塔后，因孝子取首事觉，乃迁于楼，以便居守，今改为殿。"⑦

据上可知，六祖慧能圆寂后，祖传袈裟留置曹溪宝林四十余年。

2. 武则天诏请袈裟入内供养，后赐给四川智诜

武则天诏请祖传袈裟入内供养一事，稽之禅宗文献，似唯《历代法宝记》有载：

后时大周立则天即位，敬重佛法。至长寿元年，敕天下诸州，各置大云寺。二月二十日，敕使天冠郎中张昌期，往韶州漕溪，请能禅师，能禅师托病不去。则天后至万岁通天元年，使往再请能禅师："能禅师既不来，请上代达摩祖师传信袈裟，朕于内道场供养。"能禅

① 《祖堂集》，第92页。
② 赞宁：《宋高僧传·唐韶州今南华寺慧能传》。
③ 《景德传灯录》，第71页。
④ 《曹溪通志》卷一。
⑤ 康熙十一年《新兴县志》卷一八。
⑥ 《曹溪大师传》。
⑦ 《曹溪通志》卷一。

师依请即擎达摩祖师传信袈裟与敕使。回得信袈裟，则天见得传信袈裟来甚喜悦，于内道场供养。

从记载可知，在六祖慧能两拒赴京后，武后退而求其次，迎请传法袈裟，六祖慧能遂顺圣意，将祖传袈裟交使者带回，则天甚喜而置其于内道场供养。

也许则天皇帝真的"敬重佛法"，喜诏各地高僧大德入内供养和问法，所以于"万岁通天二年七月，则天敕天冠郎中张昌期，往资州得纯寺。请诜禅师，诜禅师授请赴京内道场供养"。但智诜入宫后以年老多疾而"奏请归乡"，得则天允准，并"敕赐新翻《花严经》一部、弥勒绣像及幡花等，及将达摩祖师信袈裟。则天云：能禅师不来，此代袈裟亦奉上和上，将归故乡永为供养"①。达摩从印度带来、代代相传的袈裟就这样经武则天之手转给了智诜而进入了蜀地。

传法袈裟乃祖师之信物，非祖师而不可持有，既然则天将袈裟转赐给没有祖师名分的智诜，那六祖慧能那里也要有所交代，于是"则天至景龙元年十一月，又使内侍将军薛简至曹溪能禅师所，宣口敕云：将上代信袈裟奉上诜禅师，将受持供养。今别将摩纳袈裟一领，及绢五百匹充乳药供养"②。

据说南华寺所藏文物中，有武则天万岁通天元年的圣旨，并附释文曰：唐代女皇帝武则天，于万岁通天元年（696），御赐南华寺六祖惠能大师圣旨一道，长140厘米，宽42厘米。纸质，楷书，首尾及边用绫装裱。圣旨右端有清光绪十五年（1889）张之洞题记。圣旨上面没盖印玺，从纸质和书体观察都似明代的修复品。③ 敕文中并没有袈裟入内供养的文字，前往宣诏使者是中书舍人吴存颖而非内侍将军薛简。

智诜禅师携袈裟返蜀后，也递代相传，其路线为：长安二年（702）六日，命处寂扶侍吾，遂付袈裟云：此衣是达摩祖师所传袈裟，则天赐吾。吾今付汝，……后至开元二十年四月，密遣家人王锽唤海东无相禅师，付嘱法及信袈裟云：此衣是达摩祖师衣，则天赐诜和上，诜和上与吾，吾转付汝，善自保爱。……唐和上遣家人王锽，

---

① 《历代法宝记》。
② 《历代法宝记》。
③ 释传正主编：《华南史略》，中国社会科学出版社 2002 年版，第 35 页。

密付袈裟信衣：此衣是达摩祖师传衣，则天赐与诜和上，诜和上与吾，吾今付嘱汝。金和上得付法及信衣：……吾将年迈，使工人薰璇将吾信衣及余衣一十七事。密送于无住禅师。① 即智诜—处寂—无相—无住，但到了无住那里后则没有了去向。

以上就是《历代法宝记》关于祖传袈裟入蜀的缘由和相传概况。对此，学界多持否定和质疑态度。杜继文、魏道儒言："在有关派别所写的禅宗史传上，大都要有一场关于袈裟的闹剧。如《历代法宝记》说，慧能所得'传信袈裟'，后被武则天要去，赐给了资州智诜，而且'师师相传'，直传到无住禅师；至于曹溪慧能处，武则天另给'摩纳袈裟一领'，但只是'供品'，而非祖师的'信物'了。"② 杜斗城先生认为智诜禅师从武则天处获得信衣袈裟一说其实是智诜系门人为取信于众而伪造的。③ 徐文明说："《法宝记》以惠能为正统，又编造了一个传法袈裟流落蜀中的故事，真是煞费苦心。无住法承自在，不能不以惠能为正统，但他又自认为是无相的传人，不能不照顾蜀地禅宗及他本人的利益，只好将法与衣分离，编造了一个则天将传法袈裟转赐智诜，从而使蜀地禅宗同样成为正统的故事。其说之伪，杜斗城先生已力辨之。其实智诜所传，只是则天赐给他的摩纳袈裟，绝非惠能得自五祖的传法衣。无住这么做，可谓两全其美，他可以借此公开引入南宗禅法，也提高了蜀地禅宗的地位。"④ 而王书庆、杨富学则认为："达摩袈裟自入内道场供养后，历史上并无文字显示该袈裟后来在什么地方，只有《历代法宝记》中明示该袈裟随智诜入蜀。看来智诜禅师自武则天处得袈裟之说是可信的，并非虚构。达摩袈裟之流落四川，对广大僧众信徒来说，佛教禅法自然亦随之流到彼处，从而使保唐派、净众派在佛教界之地位大为提高，荣耀一时。从程序上讲，四川禅派所传的达摩袈裟是有严格的传法授衣手续的。"⑤

笔者以为：第一，传法袈裟有否应武则天之诏入内供养还是个需要考实的问题，如没有这个前提，《历代法宝记》纯为虚构，袈裟入

---

① 以上所引均见《历代法宝记》。
② 杜继文、魏道儒：《中国禅宗通史》，江苏人民出版社 2007 年版，第 148 页。
③ 杜斗城：《敦煌本〈历代法宝记〉与蜀地禅宗》，《敦煌学辑刊》1993 年第 1 期。
④ 徐文明：《智诜与净众禅系》，《敦煌学辑刊》2000 年第 1 期。
⑤ 王书庆、杨富学：《〈历代法宝记〉所见达摩祖衣传承考辨》，《敦煌学辑刊》2006 年第 3 期。

蜀即子虚乌有。第二，如果祖传袈裟送入内道场后，武则天转赐给智诜属实，在当时应该是轰动的大事，但为何那么多的禅宗文献没有记载，而让《历代法宝记》成了孤证？第三，慧能圆寂后，其真身及传法袈裟等物入塔供养，镇留曹溪，文献稗籍多有述及，那如何解释呢？所以，《历代法宝记》所载难以令人确信。

3. 唐肃宗诏请袈裟入内供养

上元元年（760），广州节度使韦利见表奏，要求迎请袈裟及守护僧行滔（令韬）入内供养，肃宗孝感皇帝允奏并下敕书：

> 敕，曹溪山六祖传法袈裟及僧行滔，并俗弟子五人，利见令水陆给公乘。随中使刘楚江赴上都。

次年（761）正月，行滔以老疾表辞，另改派上足弟子惠象及家人永和随中使送袈裟赴上都，行滔是月入灭。惠象等人于四月八日抵上都，袈裟正式入内供养。惠象等人随即表奏辞归：

> 沙门臣惠象言，臣偏方贱品，叨桑门，乐处山林，恭持圣教。其前件衣钵，自达摩大师已来，转相传授，皆当时海内钦崇，沙界归依，天人瞻仰，俾令后学，睹物思人。臣虽不才，滥承付嘱。一昨奉恩命，敕送天宫，亲自保持，永无失坠。臣之感荷，悲不自胜。是如大法之衣，万劫不朽，京城缁侣，顶戴而行。然臣师主行滔，久传法印，保兹衣钵，如护髻珠。数奉德音，不敢违命。一朝亡殁，奄弃明时。臣今欲归至彼，启告神灵，宣述圣情，陈进衣改寺之由，叙念旧恤今之状。臣死将万足，不胜涕恋恳叹之至，供奉表辞以闻。沙门惠象诚悲诚恋，顿首顿首，谨言。

肃宗皇帝随即敕准惠象等人返回曹溪，并赐惠象紫罗袈裟一对，敕曰：

> 师之师主行滔，戒行清循，德业孤秀。传先师所付衣钵，在炎方而保持，亟换岁年，曾不失坠。朕虔诚慕道，发使遐求。师绵历畏途，顶戴而送，遂朕恩愿，何慰如之。行滔身虽云亡，其神如在。师归至彼，具告厥灵，知朕钦崇，永永不朽矣。即宜好去。①

关于肃宗诏请祖传袈裟入内供养事，除了《曹溪大师传》，其他

---

① 以上所引均见《曹溪大师传》。

124

早期禅宗文献记载不多且较简略，各版《坛经》中，唯契嵩本和宗宝本在文末附守塔僧令韬之录中有记："上元元年，肃宗遣使就请师衣钵归内供养，至永泰元年五月五日，代宗梦六祖大师请衣钵。"① 《景德传灯录》《五灯会元》所记相同。

祖传袈裟在宫内供养的时间，如按令韬之说是上元元年至永泰元年，即公元760—765年，有五六年时间，《曹溪大师传》说"袈裟在京总持寺安置，经七年"②。而赞宁的慧能传则谓袈裟进呈后即归还："肃宗下诏能弟子令韬，韬称疾不赴，遣明象赍传法衣钵进呈，毕给还。"③

4. 唐代宗皇帝遣使送袈裟回归曹溪

代宗皇帝之所以要遣使送袈裟归曹溪，缘于梦中六祖慧能向其索还。此事禅宗早期文献也鲜有记载，较早提及者当为守塔僧令韬当年所录和《曹溪大师传》，令韬所录曰：

> 至永泰元年五月五日，代宗梦六祖大师请衣钵，七日敕刺史杨缄云："朕梦感能禅师请传衣袈裟却归曹溪，今遣镇国大将军刘崇景顶戴而送。朕谓之国宝。卿可于本寺如法安置，专令僧众亲承宗旨者，严加守护，勿令遗坠。"④

然令韬所录应为后人所编造，因肃宗诏其送衣钵进宫，他以老疾而改由弟子惠象呈送，于次年（约761年）圆寂，何以知道死后几年（永泰元年，即765年）的事，不可信。

《曹溪大师传》则录有代宗送传法袈裟归曹溪的敕书：

> 敕杨鉴。卿久在炎方，得好在否？朕感梦送能禅师传法袈裟归曹溪。寻遣中使镇国大将军杨崇景，顶戴而送。传法袈裟是国之宝，卿可于能大师本寺如法安置。专遣众僧亲承宗旨者守护，勿令坠失。朕自存问。
>
> 永泰元年五月七日下

始于明代的《曹溪通志》，其所收历代敕书及所记事迹，当是因

---

① 曹溪原本（契嵩本）《坛经》。
② 《曹溪大师传》。
③ 赞宁：《宋高僧传·唐韶州今南华寺慧能传》。
④ 曹溪原本（契嵩本）《坛经》。

袭旧籍文献。这些敕书和六祖慧能之事迹是否实有很难断定。杜继文、魏道儒的《中国禅宗通史》明确否定："自乾元二年（759）至永泰元年（765），'孝感皇帝'和'宝应元皇帝'还数次敕问慧能弟子行滔及其门徒惠象，令供养和守护慧能的传法袈裟，并录有往来敕书和答表的全文。《全唐文》收有唐中宗《召曹溪惠能入京御札》和唐代宗《遣送六祖衣钵谕刺史杨敕》，大体就是在这些敕书的基础上精加工而成的。唐皇室是否征召过慧能，是件悬案。但文中所附敕文之粗鄙，所记历史之错乱，只能是出自某个半通文墨者的伪造。后来好事者的精加工补救了它们的缺陷，却愈显其伪。"①

5. 传法袈裟归曹溪后的最终去向

代宗皇帝把传法袈裟送归曹溪后，数次被人盗走，但每次均被寻获追回："后或为人偷窃，皆不远而获，如是者数四。"② 也就是说，袈裟还在曹溪。然而，这件神圣的祖传袈裟的去向似乎到此就没有了下文，因为稽之禅宗文献，再也没有述其踪迹的文字，唯《曹溪通志》尚有零碎的记录。兹归括如下：

宋明间，先后有迎祖传信衣入内瞻礼和供养：

真宗天禧四年，帝同庄献皇太后遣使曹溪，迎至信衣禁闱瞻礼，仍赐号普遂为"智度禅师"，兼赐藏经供器。

仁宗皇帝天圣十年，具安舆迎师真身及衣钵入大内供养，后遣使敕送曹溪。

…………

成化乙酉，迎师衣钵入内供养，仍命列刹掌教迎供，及各官士民各赴瞻礼。③

明清时期，也有一些官员目睹过祖传袈裟。如明代布政使孙朝肃，姑苏人，曾官海南，其在《曹溪谒祖》诗中附言云："余归田五年，忽有琼崖之命。已具疏乞休矣，夜感异兆，遂治装逾岭，谒六祖于宝林，且得见西来衣钵，因思宦辙所至无非夙缘，不可强也。归抵濛涅

---

① 杜继文、魏道儒：《中国禅宗通史》，江苏人民出版社2007年版，第149－150页。
② 契嵩本《坛经》及《曹溪大师传》《景德传灯录》《五灯会元》等均有记。
③ 《曹溪通志》卷三。

舟中，授笔记之。"① 而其后人孙鲁，顺治壬辰进士，官高州司马。他在《曹溪谒祖》诗的附言中，也言得见衣钵："戊辰八月，先大夫之任海南，感异梦，道由曹溪谒六祖真身，宛如梦中所见。余时幼，未能从也。岁丙午，余量移高凉，舟过韶郡，因念先人记闻，斋沐趋谒，得见衣钵诸宝。"② 其他贤宦墨客也对祖传衣钵多有吟咏，常熟人魏浣初，官参政，有《展视六祖所传信具作礼》一偈。山阴人王思任，官九江道，有《看衣》《看钵》诗，等等，均见《曹溪通志》。

清初平藩新建祖师殿，库内藏有法宝文物多种，其中有"传法信衣一袭（九条金镂，其缔乃白叠毛，岂所谓屈眴布耶）……袈裟玉环二（又白玉环一、绿玉环一、金环一，皆上方所赐物……）"③。

如《曹溪通志》所载属实，则至清代，传法信衣还在南华寺。然而，今南华寺寺藏唐代文物中，只有千佛袈裟，《新编曹溪通志》介绍云：

千佛袈裟是当今世所罕见的唐代传世刺绣精品。长方形，长二米八十六厘米，宽一米四十六厘米，绢地呈杏黄色。四周用金钱绣出十二条金龙，张牙舞爪，相争宝珠。中间绣有一千尊佛像，每行二十尊，共五十行，分别用金、朱红、柠檬黄和浅蓝等颜色丝线绣成。佛像排列整齐，全部为跏趺坐式，身后绣有灵光，手有入定、接引、说法、降魔、合掌等式。面目清晰，形态庄严，绣工极其精巧，实乃希世之宝。④

显然，这一件千佛袈裟断不是祖传信衣，那信衣在什么地方？笔者以为，在漫长的历史变迁中，南华寺六祖塔在宋明期间曾遭两次大的毁坏。"宋太祖开宝初，王师平南海，刘氏残兵作梗，祖之塔庙，鞠为煨烬，而真身为守塔僧保护，一无所损。"⑤ "大宋平南海后，韶州盗周思琼叛换，尽焚其寺塔，将延燎平时肉身，非数夫莫举，烟煏向逼，二僧对舁，轻如夹纻像焉。"⑥ 户部侍郎李嗣在《重建大鉴禅师

① 孙朝肃：《曹溪谒祖》，见《曹溪通志》卷七。
② 孙鲁：《曹溪谒祖》，见《曹溪通志》卷八之诗。
③ 《曹溪通志》卷一。
④ 《新编曹溪通志》，宗教文化出版社 2000 年版，第 718 页。
⑤ 《曹溪通志》卷一，建制规模第二。
⑥ 赞宁：《宋高僧传·唐韶州今南华寺慧能传》。

韶文化研究丛书

禅宗六祖慧能衣钵去向考释

信具楼记》曰："宝殿后，旧有衣钵之楼，洪武间毁于兵燹。"① 也就是说，藏信衣之塔楼都被付之一炬，信衣焉存？当然，这是个人的臆测，真实如何，有赖其他文证和物证。明嘉靖《韶州府志》则直言祖传衣钵为官宪所毁："衣钵自达磨所传者，近为宪臣所毁，惟玄宗赐衣尚存。"②（这里的"宪臣"应是明人魏校）总之，祖传信衣的最后归宿，似是件悬案。

（二）六祖钵盂的去向

达摩从印度带来并代代相传的传法信物应只有袈裟而无钵盂，所以六祖慧能钵盂的来历，见诸文献者只有武则天和唐中宗的赏赐，这在上文已有交代。终六祖慧能一生，所见其使用钵盂者，只有法海在《六祖大师缘起外纪》提到的以钵降龙的故事，其云：

> 寺前有潭一所，龙常出没其间，触挠林木。一日现形甚巨，波浪汹涌，云雾阴翳。徒众皆惧。师叱之曰："你只能现大身，不能现小身。若为神龙，当能变化，以小现大，以大现小也。"其龙忽没，俄顷复现小身，跃出潭面。师展钵试之曰："你且不敢入老僧钵盂里。"龙乃游扬至前，师以钵舀之，龙不能动。师持钵堂上，与龙说法，龙遂蜕骨而去。其骨长可七寸，首尾角足皆具，留传寺门。师后以土石埋其潭。今殿前左侧，有铁塔镇处是也。③

《曹溪通志》关于"降龙塔"的释文，当是因袭法海之说，并言"至正己卯，寺罹兵火，龙骨遂失"④。

六祖慧能降龙之钵从何而来，史无明载而难以稽考。而对于其钵之去向，各版《坛经》及禅宗文献也无交代，但地方志乘及其他文献和私人笔记则有关于钵盂被损坏的记载：

（1）六祖钵盂被南汉刘主夫人损坏，经修补也难以复原。

明嘉靖《韶州府志》云："伪汉（当是南汉）主夫人误触钵，损漆寸许，葺竟不完，因施田赎钵。"⑤ 此后各版府志及《曲江县志》均

---

① 李嗣：《重建大鉴禅师信具楼记》，《曹溪通志》卷四之碑记类。

② 嘉靖《韶州府志》卷九《人物·大鉴禅师》，见《广东历代方志集成》，岭南美术出版社2009年版。

③ 法海：《六祖大师缘起外纪》。

④ 《曹溪通志》卷一。

⑤ 嘉靖《韶州府志》卷九"大鉴禅师"，第144页。

有云及。

（2）六祖钵盂被魏校掷碎。

魏校（1483—1543），字子材，号庄渠，苏州府昆山县人，明弘治十八年（1505）进士，官南京刑部郎中、兵部郎中，正德十六年（1521），作为按察司副使督学广东。其人尊儒反佛，在粤一年间，大毁淫祠庙宇。郭棐《粤大记》曰：魏校"乃大毁寺观淫祠，或改公署及书院，余尽建社学。……自洪武中归并丛林为豪氓所匿者，悉毁无遗。僧、尼亦多还俗。"① 屈大均《广东新语》云："吾粤督学使者，在嘉靖时有魏公校者……大毁寺观淫祠，以为书院社学，使诸童生三时分肄歌诗习礼演乐，禁止火葬，令僧尼还俗，巫觋勿祠鬼，男子皆编为渡夫。"②

魏氏之反佛行为，最赫然者当是掷碎六祖慧能大师钵盂。《韶州府志》云："衣钵自达摩所传者，明为魏校所毁。"③ 关于此事，明末清初名人笔下或褒或贬，议论纷呈。黄宗羲《明儒学案》云："先生（指魏校）提学广东时，过曹溪，焚大鉴之衣，椎碎其钵，曰：'无使惑后人也。'"④《郭青螺集》曰："万历乙酉，予入韶州至曹溪寺。僧因出传衣宝钵革履。……钵本瓷器，为广东提学魏庄渠所碎。或云有心碎之，或云偶坠诸地。僧以漆胶，仍似钵形，而宝色无光。"⑤《蒿庵闲话》曰："六祖衣钵，传自达摩，藏广东传法寺。衣本西方诸佛传法器，钵则魏王所赐。嘉靖督学使者某焚碎之。"⑥ 清初张潮编《虞初新志》更为详尽：

南华寺六祖钵，非金非石。魏庄渠督学广东，遍毁佛寺。至曹溪，索钵掷地，碎之为二，每片各有一字，视之，乃"委鬼"也。庄渠异之，寺因得不毁。

崇祯中，有彭举人某，病中梦至一官府，其神冠冕坐堂皇，状如王者。闻胥吏传呼魏校一案。须臾，有一官人，峨冠盛服而入。其神

① 郭棐撰，黄国声、邓贵忠点校：《粤大记》，中山大学出版社 1998 年版，第 144 页。
② 屈大均：《广东新语》卷九。
③ 康熙《韶州府志》卷九"大鉴禅师"条，见《广东历代方志集成》，岭南美术出版社 2009 年版，第 285 页。
④ 黄宗羲：《明儒学案》卷三"崇仁学案三"。
⑤ 参见丁福保：《佛学大辞典》，中国书店 2011 年版。
⑥ 参见丁福保：《佛学大辞典》，中国书店 2011 年版。

问："何以毁曹溪钵?"答言："吾为孔子之徒，官督学校，在广东所毁淫祠几千百所，岂但一钵?"神云："闻钵破，中有魏字，如此神异，乌可以为异端而毁之?"答言："魏是予姓，既数已前定，虽欲不毁其可得耶?"神语塞，揖之而出。彭病瘥，为言如此。

清人檀萃游历黔、湘、粤等地，将所见所闻笔录辑成《楚庭稗珠录》，内有明人梦中魏氏碎钵细节及时人讥讽汉主夫人和魏氏歌谣：

庄渠视学于粤，恶佛氏，必诋之，故宗鲁之言易入。毁祠庙甚多，而曹溪之钵竟被捶碎（太卤莽）。至崇祯间，有彭孝廉某病，梦至官府，神被服如王者，闻胥吏传呼魏校一案，须史一人峨冠盛服入，神问"何以毁曹溪钵"? 答曰："吾为孔子之徒，官督学校，在广东毁淫祠几千百所，岂但一钵?"神云："闻钵破，中有'魏'字，如此神异，焉可以为异端而毁之?"答云："魏是予姓，数已前定，虽欲不毁，其可得耶?"神语塞，揖之而出。庄渠诚辣，然千年异物，一朝碎之，能无孙家瓯瓦吊之讥乎? 近时罗孝廉天尺善于言之也，歌曰："西来本是无一物，达摩之钵胡为哉? 大庾岭头争不动，獦獠米熟归黄梅。紫金色吐毫光现，驯龙法水六时变。汉家公主号平阳，凤辇来游纤指玷。指痕触处如初月，上弦补完晦又缺。女娲之石炼不成，赐庄特代金条脱。公主奉佛心何虔? 降王一去失山川。此庄万古属公主，毋乃佛力人争传。我来曹溪独访古，守钵人传有猛虎。谁知猛虎终无权，西来法器沦荒圃。岭南使者玉尺方，能将色相还空王。一声棰响钵不见，宝光飞上南华殿。"①

对魏氏之所为，檀萃给予严厉批评："大毁寺院，至碎曹溪之钵，无理取闹，宏奖风教固如是乎?"② 因魏氏后人早折及官运有阻，时人窃议乃碎祖钵之果报，其本人也心怀悔意："（魏校）出巡韶郡，欲入南华山拆六祖寺，时得郡守后尚书周厚山公解乃罢，在郡庠中碎其衣钵，翁源太平寺亦在毁中，住持真广赴京奏辩，乃复奏中亦言其毁寺衣钵，校后起北祭酒。时世宗再幸太学，校以侍讲言动失体，调太常寺少卿。致仕家富，惟一子已爱而夭无嗣，闻其后亦有悔于心云。"③

---

① 张潮：《虞初新志》卷九。

② 檀萃：《楚庭稗珠录》（徙寺），见鲁迅、杨伟群点校：《历代岭南笔记八种》，广东人民出版社 2011 年版。

③ 《韶州府志》卷四十。

但魏校究竟有否碎毁六祖钵盂？清初平藩重建南华寺祖师殿，其存库法宝中有"钵盂一个"，附文曰："谓魏提学击碎金漆固，惟露一片约寸许，非铜铁瓦石，盖四天王所献如来者"。① 如此说属实，则钵盂只是损坏些许，不致碎毁无存。《新编曹溪通志》所列寺藏明代文物中就有铜质钵盂一个。

综合各种文献以及相关传说，我们仍难以理顺六祖钵盂的来去脉络：第一，达摩有否传授钵盂已无法认定，即便是有也没有围绕此一钵盂去向的一条轴线。第二，无论是汉主夫人损坏者还是魏校掷碎者以及库藏者，其来源均查无出处，也许六祖慧能一生有多个钵盂。所以，祖传钵盂的最后归处也是件悬案。

（原载《船山学刊》2015 年第 3 期）

----

① 《曹溪通志》卷一。

仰山慧寂生平事迹略考[①]

华方田

　　仰山慧寂与其师沩山灵佑共同创立的沩仰宗，是禅门五家中最早形成的派别，在唐朝后期曾经产生过很大的影响，广泛传播于相当于现在的江西、湖南和广东等地区。同时，沩仰宗也是禅门五宗中最早衰微的，因此，有关此宗人物的生平活动及所传禅法资料留存很少，为后人的研究带来许多困难，也引发许多争论和异说。本文将根据有关资料对慧寂的生平事迹作一简略的考证，并据此对慧寂的生平活动进行总结，给出包括其出生、出家披剃、谒耽原、受戒、师事沩山、仰山传法、移居石亭观音院、返东平弘法及入灭等的大事年表。

一、引言：仰山慧寂与南华寺的因缘

　　仰山慧寂禅师是沩仰宗的创立者之一（另一人是沩山灵佑），沩仰宗则是禅门五宗中最早成立的一个宗派。笔者之所以在纪念南华寺建寺 1 500 周年的时候，提交有关慧寂禅师的论文，是因为慧寂禅师与南华寺、韶州及岭南佛教有一段特殊的因缘。

（一）慧寂与南华寺

　　南华寺是禅宗六祖惠能法师弘法道场，天下禅宗南宗的祖庭，素有"东粤第一宝刹"之誉。坐落于宝林山麓，曹溪水旁，依山面水，

---

　　① 2002 年夏，与杨曾文先生、黄夏年先生、妙峰法师等聊起南华寺建寺一千五百周年学术研讨会的事，杨曾文先生建议我撰写有关仰山慧寂的论文，并将其所藏《四库全书·武溪集》借我参考，其中载有余靖撰《韶州重建东平山正觉寺记》，于是就有了这篇很不成熟的文章，特此鸣谢！

钟灵毓秀，始建于南朝梁天监元年（502），距今已有 1 500 年的历史。创建之时，名曰"宝林寺"，唐代敕名"中兴寺""法泉寺"，宋太祖开宝元年（968）赐名"南华禅寺"，沿称至今。

清修《曹溪通志》曰："山水不在高深，而仙灵是托。"唐代文学大师韩愈曾写下赞美曲江的诗句："曲江山水闻来久。"实则曲江山水之美，首推曹溪宝林。美丽的曹溪水和宝林山，又孕育了丰富灿烂、源远流长的中华禅宗文化。名山建名寺，名寺出高僧。地处粤北的曹溪，以其山川久奠，灵瑞早积，遂感圣灵托化，法社潜生。是以印度高僧智药尊者航海西来，饮水追源而兴宝林之叹，随即预言，160 年后将有肉身菩萨出世说法，梵刹由是而初建；无尽藏尼师问义，以缁门说德伏膺于白衣，宝坊因此而中兴；至风幡妙论遽兴，祖师剃发登坛，驻锡兴化，曹溪终以禅门洙泗而驰骋于天下。其时，曹溪法缘隆盛，缁素同钦，朝野共仰，听法者常有千余人，得旨嗣法者 43 人，悟道超凡者，莫知其数。正如永嘉大师所说："自从识得曹溪路，了知生死不相关。"曹溪一脉，花开五枝，流布天下。宋元之间，常有变更。至明代憨山大师抵曹溪，见祖庭冷落，丛林衰颓，于是发愿重修，历经八年寒暑，备尝艰辛，惜未能完结。民国时期，曹溪门庭荒芜，僧徒俗化，几成酒肉场所。20 世纪 30 年代初，虚云大师应李汉魂将军礼请和六祖梦中相召，躬身移锡，栖身祖庭，发愿重振宗风，复兴古刹。历经十年辛苦经营，终使古刹规模再现，圣地重光。

南华寺从默默无闻乃至荒废坍塌，一变而成为千古名刹、禅宗祖庭，实得益于南华禅寺与禅宗六祖惠能大师所结下的殊胜因缘，也离不开千百年来绍隆南宗禅法、兴护祖庭的高僧大德们的持续努力。仰山慧寂就是其中重要的一位。慧寂生于韶州，17 岁于南华寺出家，晚年又回到韶州东平山居住弘法，并最终圆寂于此。

（二）慧寂与岭南佛教及南宗

在中国佛教的发展历史中，曾出现中原、长安、江浙、岭南等多个传播中心。可以说，从汉代佛教初传到近现代，岭南佛教一直传灯不绝，代代相继。岭南佛教的起源与佛教传入中国是基本同步的，佛教传入中国主要有南北两条路线：一条是陆路，经中亚、西亚到达中国，即著名的"丝绸之路"；另一条是海路，经锡兰、爪哇、马来半

岛、越南到达中国南部的交趾、广州，即所谓的"海上丝绸之路"，岭南佛教得益于这一条便利的海上通道，近水楼台，优先得到发展，素有"滨海法窟"之称。

汉魏两晋南北朝时期，岭南作为南亚、东南亚众多僧侣的入华地，是很多外国僧侣开始其佛教活动的场所。其中，比较著名的有康僧会、昙摩耶舍、求那跋摩、佛陀跋陀罗、求那跋陀罗、真谛等。这一时期佛教活动的主要内容是佛经的翻译和讲习。广州不仅是佛教传入的重要地点，也是后来中国僧侣出洋取经求法的出海口。据唐义净《大唐西域求法高僧传》载，在初唐前往印度求法的 56 人中，有 34 人是从海路（大多在岭南）走的。义净等 5 人也是从广州光孝寺出发前往印度的。

禅学作为最早传入中国的佛教思潮之一，它的传入比佛教的传入稍后。禅学之传入岭南，不会晚于两晋之际。求那跋陀罗（394—468）于南朝宋元嘉十二年（435）由海路至广州，他所译出的《楞伽经》是中国禅学的基本著作，对中国禅学特别是禅宗的传播影响巨大。被奉为中国禅宗东土初祖的菩提达摩也是从广州入华的，时间是梁武帝普通年间（520—527）。

从初祖菩提达摩到三祖僧璨，禅法只在师徒间流传，影响不大，更不用说形成严格意义上的佛教宗派了。从道信至弘忍，逐步形成了比较明确、系统的禅法主张和实践形式，建立了以湖北黄梅为中心的规模较大的僧伽集团，这就是所谓的"东山法门"。最能体现岭南禅文化精神的是惠能所开创的南宗禅，五祖弘忍之后，禅宗内部由于对禅法的理解不同分裂为两派，这就是所谓的"南能北秀"或"南顿北渐"。此后神秀一系在中国北方地区传法，惠能一系则在南方流传，禅宗正式分为北宗和南宗两大派别。唐代神秀系的北宗曾经显赫一时，神秀本人也贵为"两京（洛阳、长安）法主""三帝（武后、中宗、睿宗）国师"，名噪一时。而南宗惠能系一开始并没有多大的影响，其影响范围局限于岭南一带，后来由于惠能弟子神会的努力，取得了正统的地位。到了五代及宋以后，北宗渐渐衰微，南宗独盛，并形成了历史上所说的"五家七宗"。慧寂与其师共同创立的沩仰宗就是"五家七宗"中最早形成的派别。慧寂生于岭南，出家于六祖惠能所在的南华寺，承继弘扬的是南宗禅法，晚年又回到韶州居住传法，

确实称得上是岭南佛教及南宗的杰出代表。清代僧人成鹫所辑《鼎湖山志》中《鼎湖山第二代住持在犙禅师塔志铭》对此有很好的总结，其文曰："宗风西来，粤疆是即。爰及《楞严》，广州初译。五岭巍巍，斯为佛国。曹溪发源，演于（希）迁、（慧）寂。万派千江，皆其涓滴。"①

二、慧寂生平考

在记载慧寂生平及禅法的资料中，《宋高僧传》卷十二、《景德传灯录》卷十一、《联灯会要》卷八、《五灯会元》卷九、《佛祖历代通载》卷十七、《祖堂集》卷十八等书载有慧寂的传记。其中《祖堂集》在中国失传已久，由日本学者于 20 世纪 20 年代在韩国发现，编撰者是泉州招庆寺静、筠二位禅僧，成书时间是五代南唐保大十年（952），是迄今为止所发现的最早的禅宗史书。另外，刊载于《全唐文》八一三卷的唐陆希声撰《仰山通智大师塔铭》也记载了慧寂的生平资料。收录于《四库全书》中的宋代余靖撰《韶州重建东平山正觉寺记》②，为我们提供了关于慧寂晚年回到故乡韶州东平山居住弘法的资料。现存收录于《大正藏》四十七卷的《潭州沩山灵佑禅师语录》《袁州仰山慧寂禅师语录》，主要记载了灵佑、慧寂师徒的禅法及说法语录。这些语录的编纂时间很晚，都取自明代语风圆信和郭凝之所编的《五家语录》。

（一）慧寂的籍贯

关于慧寂的籍贯，主要有以下几种说法。

（1）怀化说。《景德传灯录》称："袁州仰山慧寂禅师，韶州怀化人。"《祖堂集》《五灯会元》《袁州仰山慧寂禅师语录》《佛祖历代通载》《释氏稽古略》等所记与《景德传灯录》同。由于前引诸灯录和语录中大都称慧寂为韶州怀化人，此说最为流行，后人的文章和著述多沿用这一说法，似乎顺理成章，毋庸置疑。至于"韶州怀化"到底在哪里，则多未提及。印顺法师在其《佛教史地考》中，曾对六祖以下号为南禅正统之著名禅匠及其生地与弘化地区作了详细的考证，指

---

① 转引自覃召文：《岭南禅文化·序》，广东人民出版社 1996 年版。
② 《武溪集》卷七。

135

出了从六祖惠能、南岳怀让一直到云门文偃、清凉文益等二十几位著名禅师的出生地和弘化地区，并标明其现在治所，但对仰山慧寂则仅注明其出生地是韶州怀化，属广东，没有说明更具体的位置。今人蔡日新在其《藉圆相以表法 假身势而说禅——仰山慧寂禅法略述》一文中，注明韶州怀化在今广东怀集县，想必应有所本。铃木哲雄《唐五代禅宗史》认为，此"怀化"就是现在的"怀集"县。①

（2）浈昌说。这一说法出自《宋高僧传》，《宋高僧传》称："释慧寂俗姓叶，韶州浈昌人也。"许多本子常误作"须昌"。陈垣《释氏疑年录》、杨曾文《唐五代禅宗史》等均采用此说。杨著还注明，韶州浈昌今属广州（"广州"应为"广东"之误）南雄。

（3）仁化说。《光孝寺志》《仁化县志》《新编曹溪通志》等持此说。

从上述几种说法可知，慧寂是韶州人，当没有异议。曾与慧寂禅师结交的陆希声在所撰《仰山通智大师塔铭》中，也只是说"仰山，韶州人，俗姓叶氏"。但到底是怀化、浈昌还是仁化呢？首先让我们看一看韶州的历史沿革。韶关，古名韶州。在《禹贡》"九州"中，韶关属于扬州地域，春秋时属越国，战国时属楚国，秦统一后设南海郡，治广州，韶关属南海之地。

西汉初年，赵佗割据两广，建立了南越国。赵佗将前南海郡管辖的粤北地区并入了南越国版图，当时仍未置县。粤北设县，始于南越国灭亡之后。汉武帝元鼎六年（前111）灭南越国，汉王朝鉴于南越国割据的教训，设置了地跨骑田岭南北的桂阳郡（郡治在今湖南郴州）。桂阳郡共辖11个县，其中桂阳、阳山（后汉省阳山入阴山）、阴山、含洭、浈阳、曲江六县，在今韶关市境。东汉时期仍沿袭此制，未作变更。今南雄、始兴地带，两汉时则属豫章郡南林（后汉称南野，县治在今江西南康境内）县地。

三国末年，吴主孙皓于甘露元年（265）始析桂阳郡南部地区置始兴郡，治所在曲江（今韶关市区），是为韶关立郡之始，将今市属各县第一次统一在一个行政区（郡）内。两晋因之。其时，始兴郡之辖区相当于1983年地、市合并前的原韶关地区和原韶关市所辖区域的总和，为古代史上以韶关为政治中心所辖区域最大的时期，辖桂阳、

---

① 铃木哲雄：《唐五代禅宗史》，山喜房佛书林1985年版，第43页。

阳山（吴甘露元年置阳山、废阴山，以其地并入阳山）、含洭、曲江、始兴[吴永安六年（262），分南野县地置]、斜阶（吴甘露元年再析始兴县地置斜阶县）等7县。始兴、斜阶两县，即今南雄、始兴县地。

南朝170年间（420—589），朝代更替频繁，导致粤北境内的郡县时废时兴，沿革复杂。刘宋时，始兴郡曾一度改称广兴郡，到齐时复称始兴郡，辖境与晋略同。梁、陈两代，曾在今市境内设置衡州和东衡州两个一级行政区和阳山、始兴、安远三个二级行政区。除原有县外，又增置了广德（今连山、析梁阳县位置）、梁化[今乐昌中南部地区，梁置，隋开皇十八年（598）更名乐昌]、平石[今乐昌北境，梁置，隋开皇十二年（592）省其地入梁化]。翁源县于梁承后末年新置，其时属清远郡。

隋代粤北分属南海郡（治所在今广州）和熙平郡（治所在今连州）。隋开皇九年（589）曾改东衡州为韶州，取州北韶石山的"韶"字为名，始以"韶"字为州名，但不久即废，并归南海郡。唐代粤北全境基本上属岭南道管辖（今连阳地区曾一度属湖南道），唐王朝在粤北境内分置韶州（唐贞观年间置，治所在曲江）和连州。韶州辖曲江、仁化、乐昌、始兴、浈昌（今南雄）等6县。

五代，岭南为南汉王刘氏占据。南汉在北江领域增设英州（治所在英德）和雄州（州治在今南雄）。这样，加上原有的韶州和连州，粤北共置四州。

宋代时粤北属广南东路，境内仍置四州（雄州改为南雄州）。元代改州为路，元初在粤北地区置南、韶、连、英四路，俱属江西行省广东道。韶州路领乐昌、曲江、仁化、乳源四县，这是历史上韶关作为行政中心而辖区面积最小的时期。明代粤北属广东布政使司，境内分置二府（南雄府、韶州府）一州（连州）。

清代粤北属广东省，清初时，境内州府的设置与明同。南雄府于清嘉庆十二年（1807）改为直隶州，裁去保昌县（公领始兴一县）。

明嘉靖二十六年（1547）曾在曲江县武水边开设税关（名遇仙桥关），清康熙九年（1670）又将原设于南雄的太平关移到曲江县浈水边，此后又在曲江城北门外增设旱关。韶关之名即由此而来。

辛亥革命后，废府留县。1914年至1920年，曾一度在省之下改道，把清代设置的南雄府、韶州府和连州府合并，称为南韶连道，后

改称岭南道（道治在韶关），实际辖区与今韶关市境完全相同。1936年，广东省曾一度设行政督察区，粤北为第一督察区，专署设在韶关。

中华人民共和国成立后，广东省先后设北江行署（后改粤北行署）、韶关专署、韶关行署于韶关市。北江行署辖21个县1市（现市区、市辖县和清远、佛冈、新丰、花县、从化、河源、龙川、和平）。韶关专署辖19县1市；韶关行署辖15县1市（现市区和市辖县及清远、佛冈、新丰），后新丰划归广州。1977年1月，韶关市升格为省辖市，辖曲江为市郊县，韶关地区则辖13县。1983年6月，实行地、市合并，原地区所属的清远、佛冈划归广州，合并后的韶关市现辖12个县和3个市辖区。

综观韶州的演变历史，没有发现怀化与韶州的关联，也许是由于地名的变化，或者是辖区的变迁，使我们无从确考。再查怀集县的建置沿革，亦无"怀集"曾名"怀化"的历史。据《怀集县志》，南朝宋元嘉十三年（436），划四会县银屯乡立怀集县，属绥建郡，地望约为今县境的中部和东部。齐、梁、陈（479—589）时属广州南海郡。隋朝属之。唐武德五年（622）于怀集县置威州，领兴平、霍清、威成、怀集4县，贞观元年（627）废威州，怀集、洊安2县属南绥州，开元二年（714）并永固县入怀集县，至德二年（757）改洊安县为洊水县，属广州。五代时，怀集、洊水二县俱属南汉兴王府，即广州。宋开宝五年（972）并洊水县入怀集县，从此形成今怀集县的基本境域。① 该县志第一章"建置沿革"中所附的《怀集县名考》一文提到关于"怀集"之名的来历，有三种说法：第一种认为，怀集县旁有怀高岭，因岭名而有县名。作者评论道，此说不可信，应是先有怀集县名后有怀高岭之名。第二种是作者自己的观点，认为"怀集"之名应是古代置县时就定下来的，"怀"者安抚也，"集"者安定也，通过置县进行安抚而达到安定，从而稳固统治。因怀集古为南粤地，时称南蛮，中国边远地区或少数民族地区的许多县名都有"怀"字，如怀化、怀宁、怀远、怀安等，这些县名都是初置县时就有的，表现出统治者怀柔和安抚的用心。第三种是《今县名释》的观点，称"有怀溪水，晋置怀化县"，明显是说"怀集"曾名"怀化"。考《宋书·州郡四》确实有"怀化令，晋安帝立"的记载，时属南海郡，但在其后

---

① 《怀集县志》，广东人民出版社1993年版，第6页。

又有"怀集令，本四会之银屯乡，元嘉十三年分为县"的条目。由此可知，《宋书》所说的东晋安帝所立的"怀化"，不太可能是几十年后刘宋文帝时刚刚立县的"怀集"。《怀集县名考》认为："怀溪水之说如同怀高岭一样不可信。如说由怀化县改成怀集，按史书考证，怀化县不是怀集的前身。"最后，作者的结论是："由此可知，是因涉'怀'字而误为怀集。"①

通过上面的分析可知，灯录中所说的"韶州怀化"应不是指怀集，当然更不是指今湖南的怀化。那么，是记录有误，还是此"怀化"实另有所指呢？《南雄县志》的说法又给我们提供了另一种可能，那就是此"怀化"或许就在南雄，是属于南雄的某一个地方。

《南雄县志》第五章第一节"佛教"条说："佛教于东汉时传入南雄……较出名的和尚有保昌怀化人叶惠寂……"按："保昌"就是南雄，也就是浈昌。唐光宅元年（684）南雄始建县治，取县内浈水、昌水之名为浈昌县。南汉乾亨四年（920）于浈昌置雄州，辖浈昌、始兴二县，宋开宝四年（971）因河北有雄州而改称南雄州，南雄之名始于此。宋天圣元年（1023）因避宋仁宗赵祯讳，曾改浈昌县为保昌县。根据这一说法，那么，这里所指的"怀化"应该在南雄，但是，查南雄古今的建置及所辖区域，没有发现"怀化"之名，不知此"保昌怀化人"之说据何而来。据笔者分析，这一说法可能是以讹传讹、糅合诸家之说的产物，是将《祖堂集》等的"怀化"说与《宋高僧传》的"浈昌"说拼凑在一起而得出来的。

至于浈昌和仁化，倒是与韶州关系密切。特别是仁化，一直属于韶州管辖，唐朝时，韶州辖曲江、仁化、乐昌、始兴、浈昌（今南雄）等6县，仁化和浈昌皆在其中。五代时，南汉在北江领域增设英州（治所在今英德）和雄州（州治在今南雄），加上原有的韶州和连州，粤北共置四州，仁化和浈昌分属韶州和雄州。宋代时仍置四州（雄州改为南雄州）。元代改州为路，韶州路领乐昌、曲江、仁化、乳源四县。明代粤北属广东布政使司，境内分置二府（南雄府、韶州府）一州（连州）。清初时，境内州府的设置与明同。也就是说，在慧寂生活的唐朝末年，仁化和浈昌均属韶州管辖，而在其后，则分属于韶州和（南）雄州（府）。这样一来，慧寂是浈昌人或者是仁化人

① 《怀集县志》，广东人民出版社1993年版，第47页。

的可能性都是存在的。持"仁化说"者的理由是，一者有寺志等明文记载；二者仁化一直属于韶州，不仅在唐朝，即使在《景德传灯录》《宋高僧传》等成书的宋朝也是如此，而这时的浈昌已经属于（南）雄州了。另外，还有一个事例可证明慧寂与仁化的关系。慧寂晚年回到韶州东平山授徒传法，余靖《韶州重建东平山正觉寺记》载："咸通中，知宗大师慧寂再肃僧仪，恢复兹地，四方来学缁素千人。"僖宗乾符二年（875）更赐号"澄虚大师"和紫方袍，并赐额"弘祖禅院"于东平山。"及其委蜕，谥曰'智通'，塔曰'妙光'。"此"妙光"之塔建在何处呢？据《五灯会元》称：慧寂禅师圆寂后，"阅明年，南塔涌禅师迁灵骨归仰山，塔于集云峰下。谥智通禅师，妙光之塔"。《景德传灯录》称："于韶州东平山示灭，年七十七，抱膝而逝。敕谥智通大师，妙光之塔。后迁塔于仰山。"《祖堂集》曰："敕谥智通大师，妙光之塔。东平迁化后，归仰山矣。"这些有关慧寂逝于东平山，然后才迁回仰山建塔的记载，都是完全一致的。但是，在迁回仰山前后，东平山是否曾经为慧寂建塔呢？如果东平山曾经建塔，此塔是否也称"妙光塔"呢？而且，即使后来将慧寂灵骨迁回仰山建塔，东平山的塔毫无疑问也应继续存在。那么，这一东平山的仰山塔是否依然留存？如仍存在，现在何处呢？所有这些问题都很难给出答案。

现韶关仁化境内有一座云龙寺塔，该塔坐落在革命老区董塘镇安岗村后山坡上。据明朝正德十四年（1519）《重建西山寺碑记》载："宝塔巍峨，上载乾宁之号；断碑始迹，中书光化之年。"又据该塔的建筑风格和塔基四周残留的大量唐代莲花瓣瓦可知，此塔应建于晚唐乾宁、光化年间（894—901），也就是慧寂去世十多年之后。清同治《仁化县志》载："此塔为仰山禅师塔。"距塔200米处有一寺庙，原名西山寺，清代更名为云龙寺，塔也因之更名为云龙寺塔，沿用至今。该塔五层，高十米，平面为四方形，是砖构实心塔。各层四面用仿木构筑法，用砖隐砌出倚柱、门拱、栏额、普柏枋、檐枋、假门、栏杆、平座等，具有典型的唐代方形砖塔之风格，外形古朴端庄，造型独特，是研究广东早期古塔建筑形式的珍贵宝物，1988年1月被列为国家重点文物保护单位。

唐陆希声《仰山通智大师塔铭》曰："及大师自石亭入东平……

师归圆寂。今者门人光睐专自东山来请予以文铭和尚塔。"陆希声是慧寂的故交，慧寂在洪州石亭观音院时就与之结识。陆希声得遇慧寂之后，"洗心求道，言下契悟元旨，大师尝论门人以希声为称首"。陆希声应慧寂弟子光睐之请撰写塔铭的时间是乾宁二年（895）三月，是年正月他被任命为户部侍郎、同中书门下平章事。① 这一时间与上述"云龙寺塔"的建造时间正好吻合。而且，前来请陆希声撰写塔铭的光睐，是专程从东山（即东平山）来的，据此推断，陆希声为之撰写塔铭的"仰山通智大师塔"，也应该在韶州的东平山。

由此可知，这座云龙寺塔或许就是当年慧寂于东平山圆寂后，人们在当地为他建立的，至于该塔以前是否曾名为"妙光塔"，后改称"云龙寺塔"，那座距塔200米的云龙寺（原名西山寺）与慧寂禅师晚年弘法的东平山正觉寺有何关系，东平山究竟在现在的什么地方等问题，尚需进一步考证。另外，民国影印的《仁化县志》卷五"古迹"中记载：仁化县有一秀宝塔，"在城西四十里潖溪山，与云龙古庙表景相望。或传为仰山禅师塔，然仰山塔在袁州，或仰山营构以福其桑梓者"②。"桑梓"出自《诗经·小雅·小弁》："维桑与梓，必恭敬止。"是说家乡的桑树和梓树是父母种的，对它要表示尊敬。后人用"桑梓"来比喻故乡。从所处位置看，这里所说的"秀宝塔"应该就是上述"云龙寺塔"。不过，即使仁化云龙寺塔就是仰山慧寂禅师塔，也不能证明慧寂的籍贯是仁化，它只是进一步拉近了慧寂与仁化的关系，甚至可以由此推测，慧寂晚年居住弘法的东平山正觉寺，或许就在仁化的董塘镇③附近。

在三种说法中，笔者较为赞同"浈昌说"。理由是，一者《宋高僧传》有明文记载；二者浈昌在唐朝确是隶属于韶州；三者有关南雄的志书虽称慧寂为"保昌怀化人"或"韶州怀化人"，但都将慧寂作为南雄的著名人物而予以列传，相反，《怀集县志》和《仁化县志》则没有慧寂的传记。除前引《南雄县志》"佛教"条中称本县"较有名的和尚有保昌怀化人叶慧寂"外，《直隶南雄州志》卷三十二"仙释列传"中也有记载，其文曰："小释迦，讳慧寂，怀化人。叶氏子。

① 《新唐书·昭宗纪》。
② 《仁化县志》卷五，成文出版社1974年版，第286页。
③ 唐垂拱四年（688），从曲江划出仁化（约今城口、红山）、光宅（约今仁化镇、丹霞）、清化（约今长江、扶溪）、潼阳（约今董塘、石塘）等4乡，复置仁化县，县治在走马坪，隶韶州。

九岁出家，十七披剃，十八往曹溪真藏主位下听《维摩经》。"《韶州府志》卷三十八所记与此完全相同。

通过上面的分析，我们可以作出如下推论：仰山慧寂禅师的籍贯是韶州浈昌（今南雄）。"仁化说"出现较晚，且没有史籍根据。出现此说的原因，一是上述诸灯录皆记慧寂为"韶州怀化人"，而韶州没有"怀化"却有"仁化"，所以，如同因皆有"怀"字而将"怀化"误为"怀集"一样，后人也因皆涉"化"字而将"怀化"误为"仁化"。二是仁化与浈昌皆隶属韶州，且境内传有仰山禅师塔。三是慧寂晚年返回韶州，于东平山弘法多年，并圆寂于此。据前面的分析，此东平山应该就在仁化。但如前所述，仁化境内有仰山禅师塔和韶州东平山，只能证明慧寂晚年曾在此居住弘法，并不能说明慧寂是仁化人。关于"怀化说"，应该从两个方面来看。一方面，既然《景德传灯录》《祖堂集》《五灯会元》《袁州仰山慧寂禅师语录》《佛祖历代通载》《释氏稽古略》等都称慧寂是"韶州怀化人"，特别是《祖堂集》的编纂离慧寂圆寂只有 70 年，那时，慧寂的第二代弟子还活跃在各地禅林，因此其所记应该有所依凭。在没有掌握确凿证据之前，我们没有理由随便加以否定。① 结合《南雄县志》关于"保昌怀化人"的说法，笔者认为，慧寂是"韶州怀化人"之说与"韶州浈昌人"之说或许并不矛盾，此"怀化"是属于韶州浈昌的怀化这种可能性不大。另一方面，若认为此"韶州怀化"之"怀化"就是现今的"怀集"，则是没有根据的。

（二）慧寂出家时的年龄和寺院

关于慧寂出家时的年龄和寺院，主要有三种说法：其一，17 岁出家并披剃。《祖堂集》称慧寂 17 岁出家，其文曰："年十五求请出家，父母不许。年至十七，又再求去，父母又吝。其夜有白光二道，从曹溪发来，直贯其舍。父母则知是子出家之志，感而许之。师乃断左无名指及小指，置父母前，答谢养育之恩。初于南华寺通禅师下剃发，年十八为沙弥行脚，先参宗禅师，次礼耽源，在左右数年。""器藉跪

---

① 有学者认为，《祖堂集》等增加了与事实不符的"怀化"说，是有意为之的，目的是借此拉近慧寂与六祖慧能的关系，增强慧寂禅法的正统性，因为无论是"怀化"还是"怀集"都是与六祖避难有关的地方。

致堂阶曰：'答谢劬劳！'如此父母知其不可留，舍之。依南华寺通禅师下削染……"《宋高僧传》的记载与《祖堂集》几乎完全相同，连夜有白光从曹溪发来的神迹都是一样的。"登年十五，恳请出家，父母都不听允。止十七，再求堂亲，犹豫未决。其夜有白光二道从曹溪发来，直贯其舍。时父母乃悟是子至诚之所感也。寂乃断左无名指及小指，器藉跪致堂阶曰：'答谢劬劳！'如此，父母知其不可留，舍之。依南华寺通禅师下削染，年及十八，尚为息慈。营持道具，行寻知识。先见耽源。数年，良有所得。"《景德传灯录》的说法与此相似："年十五，欲出家，父母不许。后二载，师断手二指，跪致父母，誓求正法，以答劬劳。遂依南华寺通禅师落发。"《佛祖历代通载》卷十七曰："韶州怀化人。姓叶氏。年十五欲出家，父母不许。后二载，师断手二指，跪致父母前，誓求正法，以答劬劳。遂依南华寺通禅师落发。"①

其二，9岁出家，14岁落发。《五灯会元》曰："年九岁，于广州和安寺投通禅师出家（即不语通）。十四岁，父母取归，欲与婚媾。师不从，遂断手二指，跪致父母，誓求正法，以答劬劳。父母乃许。再诣通处，而得披剃。未登具，即游方。初谒耽源，已悟玄旨。后参沩仰，遂升堂奥。"《袁州仰山慧寂禅师语录》的记载与此完全相同。《释氏稽古略》曰："年九岁，于广州和安寺投通禅师出家，十四披剃。"②

其三，9岁出家，17岁披剃。《南雄县志》曰："保昌怀化人叶慧寂，九岁出家，十七披剃，后人尊称他为'小释迦'。"《直隶南雄州志》卷三十二"仙释列传"曰："小释迦，讳慧寂，怀化人。叶氏子。九岁出家，十七披剃，十八往曹溪真藏主位下听《维摩经》。其年往吉州孝义寺礼性空和尚为师。空曰：吾非汝师，新金耽源山有老宿名真应，汝可往彼。寂如其言。"

陆希声《仰山通智大师塔铭》没有提到慧寂何时出家及出家的寺院，但明确记载仰山"享年七十七，僧腊五十四"。从上述记载可以看出，《祖堂集》《宋高僧传》等关于慧寂17岁出家、依南华寺通禅师披剃的记述是我们所能见到的最早、最完整的记录，而且说法几乎完全一致。同时这也与慧寂是韶州浈昌人的情况相吻合。作为韶州浈

---

① 《大正藏》第49卷，第648页上。
② 《大正藏》第49卷，第839页下。

昌人的慧寂，17 岁时到邻近著名的南华寺出家，是合乎情理的。9 岁于广州和安寺投通禅师出家、14 岁披剃的说法始自《五灯会元》，《袁州仰山慧寂禅师语录》《释氏稽古略》等从之，并加上"十四岁，父母取归，欲与婚媾"等情节，后文"断二指"等与《祖堂集》《宋高僧传》同。我们无法查证此广州和安寺的通禅师与南华寺的通禅师是否同一个人，但从年仅 9 岁即到广州和安寺出家、14 岁又被父母取回的记载推论，慧寂的家应该离广州不远。从地处粤北的韶州浈昌，辗转到广州出家，对一个 9 岁孩童来说，是不太可能的。但是，这一说法由于《袁州仰山慧寂禅师语录》的被广泛引用而流传甚广。第三种 9 岁出家、17 岁披剃之说出现更晚，明显是由前两种说法拼凑而来，不足为凭。

（三）慧寂晚年重返韶州

关于仰山慧寂晚年在韶州东平山居住弘法的事迹，《宋高僧传》《佛祖历代通载》等没有记载，《景德传灯录》只有简单的一句话："于韶州东平山示灭。"

《祖堂集》中有几次提到，其一曰："师三处转法轮。敕谥澄虚大师，并紫衣矣。"这里"三处转法轮"的"三处"应当是指袁州的仰山（在今江西省宜春市南）、南昌的石亭观音院和韶州的东平山。① 其二曰："师在东平看经时，有僧侍立，师卷却经、回头问：'还会么？'对云：'某甲不曾看经，争得会？'师云：'汝向后也会去在。'"其三：在传记最后曰："东平迁化后，归仰山矣。"

《五灯会元》载有关于"东平镜"的公案："师住东平时，沩山令僧送书并镜与师。师上堂，提起示众曰：'且道是沩山镜？东平镜？若道是东平镜，又是沩山送来。若道是沩山镜，又在东平手里。道得则留取，道不得则扑破去也。众无语。师遂扑破，便下座。"有关东平圆寂的记述更为简单："再迁东平，将顺寂……阅明年，南塔涌禅师迁灵骨归仰山，塔于集云峰下。"

《释氏稽古略》曰："梁贞明二年丙子岁，师再迁东平，说偈曰：年满七十七，无常在今日，日轮正当年，两手抱屈膝。言讫以两手抱

---

① "敕谥澄虚大师，并紫衣"的说法明显有误，因为朝廷赏赐"澄虚大师"之号和紫袈裟的时间是唐乾符二年（875），那时，慧寂正在东平山正觉寺弘法，尚未去世，故不可能"敕谥"。

膝而终。阅明年，嗣法弟子南塔光涌禅师迁灵骨归仰山，塔于集云峰下。"①

陆希声《仰山通智大师塔铭》曰："及大师自石亭入东平……师归圆寂。今者门人光昧专自东山来，请予以文铭和尚塔。"

据此可见，仰山慧寂晚年回到故乡韶州东平山传法并圆寂于此，是毫无疑问的。至于慧寂回到东平山的具体时间、在东平山弘法的情况、驻锡哪座寺院及东平山具体在什么地方等问题，由于上述资料所记甚为简略，不能给出我们所需要的答案。值得庆幸的是，收录于《四库全书·武溪集》中的余靖撰《韶州重建东平山正觉寺记》，为我们进一步了解慧寂晚年在韶州东平山弘法的事迹提供了宝贵的资料。

《韶州重建东平山正觉寺记》（以下简称《正觉寺记》）撰于北宋仁宗皇祐元年（1049）四月，为当时的住持得彬禅师重建正觉寺而作，记录了东平山的位置、正觉寺的沿革和历代住持、慧寂弘法的盛况等情况。据此，我们至少可以得到如下信息。

1. 关于东平山的位置

《正觉寺记》开篇曰："诗人之咏曰：鸢飞戾天，鱼跃于渊，盖言上下至也；翔极于高，潜极于深，则性之适矣。山林之士，岂不乐夫旷远哉！湘之南，峡之北，山莽连属，而韶居其交，东平为其望山，富乎高深者也。剪荆构宇，靡详厥初。"指出了东平山在"湘之南，峡之北"群山连绵的韶州。慧寂圆寂后不久，唐王朝灭亡，中国出现了史称"五代十国"的分裂局面，韶州地区处于刘氏建立的南汉国统治之下。文中所提到的南汉皇室用以供养正觉寺的各乡名单，也给我们提供了相关的信息，文中说："刘主（引者按：指南汉皇帝）因之。尝割曲江之丰乐、乳源、龙归三乡民租，以赡堂众。"最后，在记述得彬禅师发心重建正觉寺时又说："山（引者注：即东平山）去民居三十里，指四峰以为境，东名灵隐，南曰大雄，西号月轮，北为狮子。"从东西南北四个方位标出了东平山的位置。

2. 关于慧寂于东平山驻锡的寺院——正觉寺

"旧传宇宙大夫碑云：刘总尚书出家于此，赐号'大觉'。较其年

---

① 《大正藏》第49卷，第840页上。

名地域，乃与本传不同。会昌之世，例蒙槟毁。咸通中，知宗大师慧寂，再肃僧仪，恢复兹地。四方来学，缁褐千人。"原来这里本有寺院，刘总尚书曾于此出家，只是具体的寺院名称和位置有所不同。会昌年间，寺院被毁。咸通年间，慧寂来此重建。门人道圆，扣阍奏牍。以东平胜地，知宗名流，兴复灵境，愿颁敕额。乾符二年（875），赐名"弘祖禅院"。

文中还记述了慧寂之后正觉寺的沿革，包括敕赐"正觉寺"的时间及时任住持得彬修复寺院的情形。其文曰："开宝中，刺史潘公怀裕，尝择名德，而绩用弗成。至道中，火禁弗严，郁攸为患。尺椽寸瓦，煨烬无余。本寺徒弟，徙厥基而新之。咸平元年，敕赐'正觉寺'额。然纲领不振，膏腴之土，侵牟者大半矣。天圣初，州命礼僧绍登，恢隆祖席，辑复未完，而顺寂焉。提点刑狱林公升，酷好禅学，遂请今禅师得彬开堂续灯，景祐五年也。彬师化州石龙人，儿童戏玩，即好经梵之声。少年游方，遍参尊宿，得法要于庐山罗汉院祖印大师。侍执巾瓶，十有八载。屡赍山仪，中闱进贡，朝士称其机捷。既受众请居山也，到山食讫，即召田客具畚插寻知宗故基，断莉结庵，以闻于州，符报从之。明年，尽复器人侵地。借所余以募梓人（瓶）人，伐材埏埴，不烦而备。噫！佛氏之制闳矣！像有鸥屋，堂有猊座，人不以为侈；画楹而居，击钟而食，人不以为侈；天为兜率，山为补陁，人不以为诞。施者惟恐不得丰其用，匠者惟恐不能肆其巧。金仙之权，何其盛哉！"

3. 关于慧寂本人及其弘法的记述

《正觉寺记》明确记载了慧寂回到东平山的时间是唐懿宗咸通年间（860—874）。僖宗乾符二年，经弟子道圆的奏请，改赐慧寂"澄虚大师"之号并紫方袍以宠之。及其委蜕，谥曰"智通"，塔曰"妙光"。文中提到"改赐澄虚大师"，是因为在此之前，慧寂曾被赐号"知宗大师"。至于慧寂被赐号"知宗大师"的时间，《祖堂集》《宋高僧传》《五灯会元》《景德传灯录》及陆希声《仰山通智大师塔铭》等没有记载，《直隶南雄州志》称是在咸通五年（864）。据《正觉寺记》，慧寂于咸通年间来到东平时，就被称为"知宗大师"，弟子道圆奏请时，也称"以东平胜地知宗名流，兴复灵境，愿颁敕额"，可见，慧寂受赐"知宗大师"的时间当在咸通初年，可能就在咸通五年。

据载，慧寂在仰山时，徒众曾达 500～700 人，在南昌石亭观音院传法时，徒众也达到 500 人，这在当时可谓法缘隆盛的大道场了。但慧寂回到韶州后，他在东平山的道场更上层楼，达到一千多人。《正觉寺记》载：仰山慧寂于咸通年间兴复寺院，"四方来学，缁褐千人"，"智宗尝聚学徒千余，故其制度得以闳肆"，记录了慧寂在东平山弘法的盛况。

（四）慧寂的生卒年代

关于慧寂的圆寂年代，主要有三种说法：中和三年（883）说、大顺元年（890）说和大顺二年（891）说。因为各种记载对慧寂 77 岁去世这点是一致的，所以，慧寂的生卒年代就出现了相应的三种说法，即 807—883、814—890、815—891。陈垣《释氏疑年录》曰：仰山慧寂"唐中和三年卒，年七十七（807—883）。《宋高僧传》卷十二无卒年，《隆兴通论》《释氏通鉴》《佛祖统纪》作大顺二年卒，《佛祖通载》作大顺元年卒，今据陆希声撰塔铭及《祖庭事苑》七"[1]。陆希声《仰山通智大师塔铭》对慧寂的生卒年月日记录得非常清楚，值得信赖。其文曰："享年七十七，僧腊五十四"，"大师元和二年六月二十一日生，中和三年二月十三日入灭，大顺二年三月十日敕号通智大师、妙光之塔"。

另外，《直隶南雄州志》卷三十二"仙释列传"曰：慧寂"唐武宗会昌元年至袁州仰山结庵……咸通五年赐号'智宗大师'，乾符四年赐号'澄虚大师'，中和三年二月十三日入灭。天祐十一年赐谥'通知大师'，靖康初加谥'灵威'"。

《释氏稽古略》的说法较为离奇，文曰："梁贞明二年丙子岁，师再迁东平，说偈曰：'年满七十七，无常在今日，日轮正当年，两手抱屈膝。言讫以两手抱膝而终……寂初住王莽山，僖宗乾符六年，山神请曰：'东有大仰山，福地也，师乃迁也。'"根据这一说法，慧寂于乾符六年才应山神之请来到仰山，后梁贞明二年（916）才逝于东平。如此荒唐的记录，不知从何而来。

---

① 陈垣：《释氏疑年录》，中华书局 1964 年版，第 160 页。

三、结语

根据前文的分析，下面我们尝试着对慧寂的生平活动进行总结，给出包括他出生、出家披剃、谒耽原、受戒、师事沩山、仰山传法、移居石亭观音院、返东平弘法及入灭等的大事年表。

唐元和二年（807），生于韶州浈昌县。

唐长庆三年（823），17岁，于韶州南华寺依通禅师出家披剃。

唐长庆四年（824），18岁，受戒为沙弥，并出外参学，先参谒宗禅师，后至吉州（治所在今江西省吉安市）礼南阳慧忠的弟子耽源真应为师。前后数年。

约在宝历二年（826），20岁，来到沩山，参谒灵佑禅师，成为灵佑的弟子，前后十四五年。在此期间，于大和三年（829），受具足戒，成为正式的比丘。依据是陆希声《仰山通智大师塔铭》所说："享年七十七，僧腊五十四。"

会昌元年（841），35岁，离开沩山，到袁州的仰山传法。在仰山近20年，授徒传法，徒众多达500～700人。"仰山"之号由此而来。根据是《祖堂集》："年三十五，领众出世住，前后诸州府节察刺史，相继一十一人礼为师。"《直隶南雄州志》卷三十二"仙释列传"曰：慧寂"唐武宗会昌元年至袁州仰山结庵"。陆希声《仰山通智大师塔铭》："居仰山日，法道大行，故今多以仰山为号。"

咸通二年（861）前后，55岁，离开仰山到洪州府治所在地南昌的石亭观音院传法，徒众曾达500人。[①]

咸通年间（860—874），回到韶州东平山居住弘法。《正觉寺记》明确记载了慧寂回到东平山的时间是咸通年间，但没有提到具体是哪一年。据前分析，慧寂受赐"知宗大师"的时间当在咸通初年，可能就在《直隶南雄州志》所说的懿宗"咸通五年"（864）。据此，慧寂回到东平山的时间应在咸通五年之前，即861—864年间。另据陆希声《仰山通智大师塔铭》称："及大师自石亭入东平，会希声府罢，冒暑蹑屣，礼辞于岩下。违师仅三十年，师归圆寂。"据杨曾文所著《唐五代禅宗史》，这里的"违师三十年"，应为二十年。若如此，那么慧寂到东平山的时间应为咸通四年（863）左右。综合上面所引的各项

---

① 参见杨曾文：《唐五代禅宗史》，中国社会科学出版社1999年版，第475页。

资料，可以推知，慧寂回到韶州东平山的时间约为咸通四年。

乾符二年（875），69 岁，经弟子道圆的奏请，改赐慧寂"澄虚大师"之号，并紫方袍。

中和三年（883），77 岁，于东平去世。

大顺二年（891），敕谥"通智大师"，塔曰"妙光"。

靖康初，加谥"灵威"。

（原载《曹溪——禅研究（二）》，中国社会科学出版社 2003 年版）

仰山慧寂籍贯及晚年事迹考

黄志辉

仰山慧寂（807—883）是禅宗第十一代，南宗第六代，沩仰宗二世。他一生历经唐宪宗、穆宗、敬宗、文宗、武宗、宣宗、懿宗、僖宗八个皇帝。

安史之乱后，长期战乱、军运不止。自宣宗末年起，农民起义接连不断。动乱时代缺少正常交流的渠道，一些看似简单的问题，往往也容易误传，慧寂的籍贯、示寂与入塔地点及弘祖禅院的位置等问题错讹不清，本文试对此作一些考证。

一、慧寂的籍贯

（一）现当代有关慧寂籍贯的不同记载

从民国早年起，对慧寂这样一位禅宗重要的继席大师的籍贯，便众说纷纭。

丁福保编纂《佛学大辞典》，记慧寂是"韶州怀化人"。袁宾主编《禅宗词典》，记慧寂是"韶州怀化（治今广东番禺东南，现为广州的一个区）人"。易行广编著《曹溪禅人物志》，则记慧寂为"保昌（广东南雄）人"。

龙思谋校补《丹霞山志》引清仁化县知县陈世英编撰《丹霞山志》卷二言："考仰山，仁化人也。"但没有提出任何证据。

（二）最早出现有关慧寂籍贯不同记载的史籍

对于慧寂籍贯的不同记载，古已有之。

最早见于宋赞宁撰《宋高僧传》，正文记慧寂"韶州湏昌人"，校

勘记补注"扬州本、大正本'滇'作'须',宋本作'湏',陈垣《释氏疑年录》从之"。《传灯录》卷十一作"韶州怀化人"。《五灯会元》卷九的记载来源于《景德传灯录》,记载慧寂是"韶州怀化叶氏子"。"韶州怀化叶氏子"的说法最为流行。

(三)关于慧寂籍贯的考证

地名中"滇""须""湏"三字的混用,似由字形相似引起。"滇"是"须"的手写体,实际只有三说:"怀化""湏昌""须昌"。

先说"怀化"及"湏昌",在韶州的历史上,从建州至今,勿说从无这两个县名,就连乡镇之名也没有。《宋高僧传》和《五灯会元》所记,"怀化""须昌"之前均冠以"韶州"。

从地名学的角度言之,值得考证的只有"须昌"。

根据有关方志的记载,南齐至中唐之前,韶州的县级区域建置变化较多,值得注意的有以下五次:

南朝陈天嘉元年(560)五月,分衡州之始兴、安远二郡置东衡州,治所在曲江。此时南齐初年析曲江县地所置的仁化县已废,安远郡只领始兴、须阳(析曲江县地置)二县。①

隋开皇十六年(596),废须阳县入曲江县。

唐武德四年(621),以曲江县地析置临泷、良化二县;贞观八年(634),省临泷、良化二县,复入曲江县。

垂拱四年(688),析曲江县地重置仁化县,入韶州。

由上记载可知:在韶州范围内,曲江县与仁化县并列时,不见有须阳县及良化县;良化县与须阳县,也不同时并列。这说明仁化、须阳、良化三个县的地域基本重合。或可认定:南齐由曲江分置的仁化县,陈隋时期名为须阳县,只存在36年;初唐时期改名为良化县,仅存在13年。

这就说明:慧寂的籍贯肯定不在"怀化"(不在韶州)、"湏昌"(不在韶州)、"须昌"(生造县名),而应在仁化县(或称须阳县与良化县),这才符合古代地方志关于韶州辖县的记载。

---

① 《二十五史补编》,中华书局1955年版,第4396、4471页。

二、陆、张二人与慧寂的关系

慧寂是晚唐人，陆希声在《全唐文》中为慧寂写有《仰山通智大师塔铭》，《全唐诗》中有张乔赠慧寂的两首诗。

陆希声（？—895？），吴（今江苏苏州）人。初为岭南从事，入仕不久隐居于义兴（今江苏宜兴）。乾符元年（874）至乾宁二年（895），朝廷先召为右拾遗，后历官歙州刺史、给事中，拜户部侍郎、同中书门下平章事。所撰《仰山通智大师塔铭》，记载慧寂是韶州人，生于元和二年（807）六月二十一日，示寂于中和三年（883）二月十三日，享年七十七岁。大顺二年（891）三月十日，敕号"通智大师妙光之塔"。撰著塔铭的时间，在乾宁二年三月一日。

张乔，生卒年不详。池州（今安徽贵池）人。早年曾隐居九华山，"九华四俊"与"咸通十哲"之一。大约乾符五、六年（878、879），黄巢起义军经江西、浙江入福建、广州之时，张乔在广明元年（880）后再归隐九华山。《全唐诗》简介记述他"黄巢之乱罢举，隐九华"。存诗二卷，有赠慧寂的五律二首。其中第一首可能是早年首次认识慧寂，一见如故所赠。第二首《闻仰山禅师往曹溪因赠》，大约是张乔二次归隐之作。

三、慧寂南还的地点

《五灯会元》的《慧寂传》，有"师住东平"和"再迁东平"二语。"东平"究竟在何处？

北宋名臣余靖《韶州重建东平山正觉寺记》，虽然主要不是记载慧寂的事迹，但对慧寂南还的历史背景、回乡重建寺院及其晚年的重大成就，都作了扼要的记述。

当时的历史背景是："会昌之世例蒙摈毁"，所指是唐武宗会昌五年（845）诏令毁寺及（僧尼）还俗等情况，那时慧寂还不足40岁。咸通（860—874）中，"慧寂再肃僧仪，恢复兹地（指东平山正觉寺）。""四方来学，缁褐千人。"至乾符二年（875），赐名"弘祖禅院"。

据余靖所记，慧寂晚年回乡所"恢复"的"弘祖禅院"这个东平胜地，就在"湘之南"，"峡（浈阳）之北"。余靖在另一篇寺记中还说，慧寂是"曹溪之裔孙，沩山之嫡嗣"，也即陆丞相云："龙纵于江西（者）是也。"

152

四、慧寂示寂与入塔的地点

关于慧寂示寂与入塔的年份，当以陆希声《仰山通智大师塔铭》为准，即示寂在中和三年二月十三日，入塔于乾宁二年。

关于迁塔，《五灯会元》与《景德传灯录》所记有所不同。

《五灯会元》载：慧寂示寂后，明年迁灵骨归仰山，塔于集云峰下。

《景德传灯录》所载较为可取：于韶州东平山示寂，后迁塔于仰山。

明嘉靖本《仁化县志》，尚未有慧寂传。从康熙二十五年（1686）本开始，到嘉庆二十四年（1819）本、同治十二年（1873）本与民国二十三年（1934）本，毫无例外都既有慧寂传，也有慧寂入塔的记录。

这些记载表明：从康熙到民国约250年的书面记录（其实此前必有更长时期的口头传说），仁化县民间百姓一直认为慧寂为仁化人。至于渐溪塔是"福"乡塔，还是实质性的"慧寂"塔，只是有所疑问而已。

1992年新编《仁化县志》，指出仁化渐溪寺塔原名秀宝塔，相传为唐代仰山禅师塔。1979年，此塔被列为广东省文物保护单位。

五、结论

《五灯会元》所记的"东平"，余靖所记的"东平山"，指的是同一个地点。

余靖在《韶州重建东平山正觉寺记》载："湘之南，峡之北，山莽连属，而韶居其交，东平为其望山。"又说，慧寂"兴复灵境"的"东平胜地"，"山去民居三十里，指四峰以为境"：东名"灵隐"，南曰"大雄"，西号"月轮"，北为"狮子"。

千载之下，我们现在要考证这座早已湮灭的"弘祖禅院"，难度是很大的。因为"四峰"冠以佛号，有些已经失传。但寺记保留的若干信息，大体方位仍有迹可寻。

"弘祖禅院"这个东平胜地，既在"湘（汝城）之南"，"峡（浈阳）之北"，只能在曲江县或仁化县，而浈昌、保昌或南雄，则是

"赣之南，峡之东北"。寺院"去民居三十里"，此山应该距州县不远。"四峰"中的"灵隐"，在今曲江区；"狮子"，在今丹霞山锦石岩附近。万历《仁化县志》载："狮子岩，锦石岩之上二里，形如狮子。"

此外，还可找到不少确实的证据。

（1）慧寂涅槃多年，弘祖禅院香火不绝。南汉时期（917—971），曾割乳源等三乡民租，供养僧众。至道年间（995—997），此寺失火烧毁，随即重建，咸平元年（998）敕赐"正觉寺"额。余靖所写的《韶州重建东平山正觉寺记》，所记就是弘祖禅院失火以后重建的新的正觉寺。这说明从晚唐至北宋中叶，近两百年间，慧寂兴复的寺院，一直在同一个地方。

（2）慧寂所建的弘祖禅院，不是孤立存在的。余靖《游韶石》一诗，写于受贬乡居之时，尽管心情不大痛快，但是"结友探胜概"，"一径寻云上"；"放情谐素想"，还能"物外有真赏"。足见当时韶石山一带，寺院不少，是个旅游胜地。余靖还有一首诗《留题澄虚（慧寂赐号）亭》，应该也在弘祖禅院内。

（3）余靖在《韶州开元寺新建浴室记》与《韶州善化院记》中记载："韶于岭外为望州，卢祖（慧能）印心之域。故寺最众，僧最多。""生齿登黄籍也三万一千户，削发隶祠曹者三千七百名，建刹为精舍者四百余区。"这么多的僧众和寺院，不可能僧民杂处。

（4）韶石"迤逦而东有三十六石"，又名曲红冈或东连冈，是古代用以名县、名州的标志性的名胜之地。经过详细的实地考察，综考《水经注》《元和郡县志》《太平寰宇记》与《曲江县志》等史志的有关记载，《曲江县文物志》、新编《曲江县志》专题记述韶石的历史和现状，可知历史上称为"三十六石"的韶石山，实际是一大片石峰群体的总称，也是"丹霞地貌"的一部分，纵横面积跨曲江、仁化二县，广达150平方公里。其中曲江县境内（这个地域2004年划入浈江区，部分划入仁化县），东起周田镇麻坑村，南至大桥镇"五马归槽"，西达犁市镇矮寨村，北抵黄坑乡人面石。

不过，明清时代的地方志，不论《曲江县志》《仁化县志》还是《韶州府志》，都只有"平山""东坪"或"东山"等地名与山名，而没有"东平"及"东平山"。

康熙二年（1663）及二十六年（1687）两部《乳源县志》，先后

在卷六、卷四《寺观志》同样记载："东华寺，在白竹东坪，小释迦仰山禅师道场，山形五马归槽。"寺名、地名都不同，但记有特色鲜明的山形。只是我们知道：乳源是南宋乾道三年（1167）建县，而"五马归槽"位在韶州之东。今乳源那时虽属曲江县的范围，但因它从古至今均在韶关之西，必与慧寂所建的道场无涉。

当然，《乳源县志》的记载，引导我们靠近了慧寂传法的弘祖禅院。清志记载的"五马归槽"，尽管人们早已称为"五马归槽"，而现时所见的"五马归槽遗址"，那五座山峰必然是同一地址而且大体仍是原貌。对照现在的《韶关市地图册》，它就在韶石山南端，即水江与古洋二村之间，而且古洋村附近赫然还有一个村庄叫作"东山"。

关于"五马归槽"，新编《曲江县志》记载："距离韶关市 10 公里许。"《曲江县文物志》记载："位于韶关市东北 12 公里。"（与古代记载的三十华里更为接近）五座山峰似"五马夜归，临江饮水；又如五马待发，振鬃长鸣"。五座山均留有山寨的遗址，其中有东山寨，附近还有丝茅寨、河唇寨、铜鼓寨等。

面对古代"东山寨"的遗存，自可想见从前处处建有寺院的盛况，只是何处是慧寂的道场就无法指认了。

总之，东平或东平山的弘祖禅院，就在"五马归槽"东山寨之内。结论是不变的：慧寂是仁化县人。早年外出游方，并在仰山传法多年。后来回东平"兴复灵境"，最终在弘祖禅院示寂，入塔在当时称为平山都的渐溪河畔。幸而仁化渐溪塔至今犹存，附近许多叶氏后人仍然生活在那里，湮没了的历史是有可能还原的。

（原载《韶关学院学报》2013 年第 9 期）

云门文偃的禅学思想

万　毅

慧能在唐代前期创立的中国化禅宗，到晚唐五代时已经历了二百多年的时间，这期间，禅宗思想发生了重大变化，即从"藉师自悟"的"超佛祖师禅"发展成为"呵佛骂祖"的"越祖分灯禅"，渐次形成了后世所谓的"禅宗五家"。下文即拟对其中之一"云门宗"创立者文偃的禅学思想做一粗浅分析。

一、禅宗风格在唐末五代的流变

唐代前期由慧能创立的禅宗，提倡"直指人心""见性成佛"，其理论根据是"一切众生，皆有佛性""一切众生，皆能成佛"的佛性论。只要"见性"，便可"顿悟成佛"，这是禅宗有别于其他佛教宗派的特有思想。这一思想，表现在世界观上，就是"真如缘起论"的真心一元论。他们认为，"真如佛性"是永恒和绝对的，是世界的本原和宇宙的实体，世界上的万事万物都是由它所派生的。"真如佛性"幻化了万事万物，又隐藏在万事万物之中，所以禅宗强调"于相而离相"，这就要求人们既要从万事万物中去寻求成佛的道路，又不能被万事万物的表面现象（他们认为万事万物都是一种假象）所迷惑，而要去把握隐藏在其中的本质——"真如佛性"，一旦悟得了这种"真如佛性"，便可以"立地成佛"，这就是他们所说的"顿悟"，是一种客观唯心主义的思想。唐代后期的石头希迁禅师与百丈怀海禅师，又提出了"事事即真"和"即事而真"的主张，禅宗的"佛性论"客观唯心主义思想进一步发展成为一种"泛神论"思想。云门宗的文偃

156

继承了"即事而真"的思想，比较重视一切现成。

唐末五代时期的禅宗五家，虽然也标榜"明心见性"，以表明自己所传承的是慧能的佛法，但由于出现了不同的宗派，也就出现了不同特点的禅风。这一时期，"机锋""棒喝"兴起，并逐渐取代了慧能的"直指人心"，于是整个禅宗的风格也就发生了变化。这一时期由文偃所创立的云门宗，其禅风也体现了时代的特点。

禅宗初期，宣称自己是"教外别传，不立文字"，到唐末五代时期，禅宗的风格逐渐开始发生变化。目前发现的较早的禅宗史资料、成书于五代南唐保大十年（952）的《祖堂集》①，其中便记载了当时许多禅师的语录和事迹。文偃本人似乎仍能保持早期禅宗的这种风格。《林间录》记载宋代名僧佛印禅师曾经说过："云门和尚说法如云，绝不喜人记。见其语，必骂曰：'汝口不用，反记我语，他日定贩卖我去。'今对机、室中录，皆香林、明教以纸为衣，随所闻即书之。"② 但到文偃的传法弟子辈时，他们已经开始记录文偃的语句，并将其辑录成书。五代末北宋初，出现了许多禅师的"语录"，进入宋代后，"语录"日繁，而且大型"灯录"也相继出现了，禅宗的"不立文字"，逐渐变成了"不离文字"。以后出现的所谓"文字禅""公案禅"，几乎都是用连篇累牍的文字来表述的。

二、文偃的宗教哲学——云门三句

文偃的禅风，经其传法弟子德山缘密概括为"云门三句"，即"函盖乾坤句""截断众流句""随波逐浪句"。缘密并用颂唱的形式对此三句加以说明。其一，"函盖乾坤句"，缘密的颂唱是："乾坤并万象，地狱及天堂。物物皆真现，头头总不伤。"其二，"截断众流句"，缘密的颂唱是："堆山积岳来，一一尽尘埃。更拟论玄妙，冰消瓦解摧。"其三，"随波逐浪句"，缘密的颂唱是："辩口利舌问，高低总不亏。还如应病药，诊候在临时。"③

"函盖乾坤句"，讲的是云门宗的世界观。宋代云门宗禅僧圆悟克勤对此解释说："本真本空，一色一味，非无妙体，不假踌躇，洞然

---

① 静、筠禅师编：《祖堂集》，全国图书馆文献缩微复制中心影印 1993 年版。
② 惠洪：《林间录》卷二，文渊阁景印四库全书本。
③ 守坚辑：《云门匡真禅师广录》，见《大正新修大藏经》第 47 卷，日本大藏社 1934 年版，第 576 页。

明白，则函盖乾坤也。"① 他们认为，世界上的万事万物（所谓"一色一味"，即万事万物的表现形式），都是由"真如佛性"派生而来的。"乾坤万象"都是"真如佛性"的表现形式，"一色一味"其实质都是"真如佛性"。这种"真如佛性"是真实存在的"本真""非无"，但它同时又不是人们的意识所能反映的，而是缥缈的"妙体""本空"，这仍然是"真如缘起论"的客观唯心主义思想。

"截断众流句"，讲的是云门宗的认识论。圆悟克勤对此的解释是"本非解会，排叠将来，不消一字，万机顿息"②。他们认为，"真如佛性"并不是靠人们的思维能力所能认识的，既然万事万物都是"真如佛性"的派生物和幻象，因此，即使其"堆山积岳"地"排叠将来"，也尽是微不足道的"尘埃"，人们根本不需要去认识它们。人们所需要认识的，只是它们的本原——"真如佛性"，一旦人们认识了这种"真如佛性"，那么，对于万事万物，"不消一字"，就会"万机顿息""冰消瓦解"，释然明白了。他们的这种认识论，正是与其世界观一脉相承的。在这里，他们的祖师慧能从客观事物入手把握"真如佛性"的"于相而离相"的思想被阉割掉了一半，只剩下抛却客观世界于虚无缥缈中把握"真如佛性"的"离相"了。文偃的逆理性思想较之慧能更彻底，更"深刻"。

"随波逐浪句"，讲的是云门宗的方法论。圆悟克勤对此句的解释是"若许他相见，从苗辩地、因语识人，则随波逐浪也"③。这种方法论仍然是建立在其客观唯心主义世界观之上的。就是说，在与别人问答时，不管对方如何"辩口利问"，只要抓住"真如佛性"，即站稳客观唯心主义立场，随其语句频频施放"机锋"，高低总不会吃亏，这就像"应病予药""从苗辩地"一样，叫作"因语识人"，说得更明白一些，也就是"见什么人说什么话"的机辩。

三、文偃的"机锋"：唯心主义思想的具体表现

所谓"函盖乾坤""截断众流""随波逐浪"的"云门三句"分别从世界观、认识论和方法论的角度对文偃的禅学进行了总结和概

---

① 智昭：《人天眼目》，《大正新修大藏经》第 48 卷，日本大藏社 1934 年版，第 312 页。
② 智昭：《人天眼目》，《大正新修大藏经》第 48 卷，日本大藏社 1934 年版，第 312 页。
③ 智昭：《人天眼目》，《大正新修大藏经》第 48 卷，日本大藏社 1934 年版，第 312 页。

括，反映了他宗教哲学的客观唯心主义特点。文偃禅风中客观唯心主义的思想特点，从其日常问对的"机锋"中也可看出来。

《五灯会元》记载："上堂，师举柱杖示众云：'柱杖子化为龙，吞却乾坤了也，山河大地何处得来？'"① 在这里，文偃是用"柱杖子"来说明"真如佛性"的。"柱杖子"，本是禅僧的日用器物，是一件极普通的东西。柱杖子能够化为龙，正是说宇宙万象中的每一件事物都包含着"真如佛性"。由柱杖子所化的"真如佛性"这条"龙"又"吞却乾坤"，也就是说，宇宙万有、事事物物都是"真如佛性"（文偃称为"真性三昧"）的幻现，是"真如佛性"的"相"。他问听众"山河大地何处得来"，正是要让自己的听众明白这个道理。这便是其传法弟子德山缘密所概括的文偃禅风中"函盖乾坤"的特点。

又如，有禅僧问文偃："如何是佛？"文偃回答说："干屎橛。"又有僧问："不起一念，还有过也无？"文偃的回答是："须弥山。"② 对此，正果大师评论说："云门经常用截断众流的方法接引人，每用一字一言，蓦地截断葛藤，立悟世谛门中一法不立。"③ 这也说明了所谓"截断众流"的方法，就是岔开别人的话题，破除学禅者对"我"与"法"等"相"的执著念头，使参禅者突然中断百思不得其悟的问题，失去依存，蓦地回头而顿时领悟禅宗的意旨。因此，禅宗最反对所谓的"苦修"，他们要求学禅者所做的，只是应事应物而又不执著于事物的"无修之修"④。

文偃说过："悟得底人……终日说事，未曾挂着唇齿，未曾道着一字；终日着衣吃饭，未曾触着一粒米、挂着一缕丝。"这便是禅宗顿悟之后的状况，也就是慧能所说的"于相而离相"的"不住"，是一种不执著于事物、不为事物所累的超然境界。对于悟道的人来说，他在顿悟禅宗意旨的时候，以前所有的问题和疑惑都一时解决。但这并不是说他已经找到了这些问题的答案，而是说他认识到这些问题并不成为问题，可以说，这种顿悟，并不是对问题的积极解决，而是一

① 普济著，苏渊雷点校：《五灯会元》，中华书局 1984 年版，第 932 页。
② 普济著，苏渊雷点校：《五灯会元》，中华书局 1984 年版，第 932 页。
③ 正果法师：《禅宗大意》，见张文达、张莉编：《禅宗历史与文化》，黑龙江教育出版社 1988 年版，第 192 页。
④ 冯友兰：《论禅宗》，见张文达、张莉编：《禅宗历史与文化》，黑龙江教育出版社 1988 年版，第 11 页。

种所谓"自然而然"的消极解决。既然禅宗认为"本来无一物",那么,问题也就当然不成其为问题了。冯友兰先生称这种悟得的"道"为"不疑之道"①。

既然一切事物都包含了"真如佛性",既然通过"不修之修"就可以悟得"不疑之道"的"真如佛性",所以,文偃的师祖德山宣鉴告诉人们"无道可修""无佛可做",教学禅者们"一切放下"②,当时的禅师甚至宣称:"屙屎送尿,无非佛事",文偃则概括说"青青翠竹,尽是法身",这些主张,都是上述思想的反映,吕澂先生称这种思想为"即事而真,一切现成"③。故当有禅者问文偃"如何是学人自己"时,文偃便用"游山玩水"来作为回答。

四、不同情况下禅风的灵活运用

按其传法弟子德山缘密的总结,文偃在与别人问对时,还有所谓"褒贬""辨亲疏""辨邪正""通宾主""抬荐商量""据实商量""提纲商量""委曲商量"等句子。这些都是文偃在其客观唯心主义世界观、认识论及方法论指导下,针对各种不同的具体情况的"灵活"应用。其中,"抬荐商量"句又被称为"云门抽顾",对此,《人天眼目》记载:"师逢僧,必特顾之曰:'鉴。'僧拟议,则曰:'咦!'门人录为'顾鉴咦'。后圆明密删去'顾',谓之'抽顾'。"④德山缘密对此"抽顾"的形容是"相见不扬眉,君东我亦西。红霞穿碧落,白日绕须弥"⑤。《人天眼目》的记载,把文偃在参禅者面前的所作所为活灵活现地描绘了出来。

"抽顾",是文偃在接引参禅者时经常使用的。文偃每见到一位参禅者,往往盯着他说"鉴",这实际上是向参禅者提出问题,也就是施放"机锋",让参禅者用一句话来表达自己的想法。只要参禅者稍一迟疑,略作思考,文偃便"咦"地大喝一声来打断他。禅宗五家之中,临济善于用"棒",云门则以"喝"闻名,于此可见一斑。所以

---

① 冯友兰:《论禅宗》,见张文达、张莉编:《禅宗历史与文化》,黑龙江教育出版社1988年版,第16页。
② 普济著,苏渊雷点校:《五灯会元》,中华书局1984年版。
③ 吕澂:《中国佛学渊流略讲》,中华书局1979年版,第380页。
④ 智昭:《人天眼目》,见《大正新修大藏经》第48卷,日本大藏社1934年版,第312页。
⑤ 守坚辑:《云门匡真禅师广录》,见《大正新修大藏经》第47卷,日本大藏社1934年版,第567页。

《人天眼目》中说："云门宗旨，绝断众流，不容拟议。"① 铃木大拙先生指出："禅不是靠知性的分析所能说明的。"② 因此，他们便不能容忍知性的存在。如果学禅者在回答禅师的问题时"拟议"，这样就会陷入知性或理性分析的境地。所以，只要学禅者稍作思考，他们便要断然喝止。其门人准塔光祚对此颂唱说："云门顾鉴笑嘻嘻，拟议遭他顾鉴咦。任是张良多巧智，到头于此也难施。"③ 这就是说，不论一个人的思维多么敏锐，只要遭到文偃的当头一喝，都会使其难以施展。可见文偃机锋中逆理性违科学的明显特点。

又如文偃的"褒贬"句，德山缘密的颂唱是："金屑眼中翳，法珠衣上尘。已灵犹不重，佛祖为何人。"④ 在唐末五代时期的禅宗看来，就像"金屑"是眼中的障碍，"法珠"是衣服上的灰尘一样，学禅者心目中求佛的念头也成为阻碍其顿悟"真如佛性"的蔽障。文偃的师祖德山宣鉴曾经说过："仁者莫要求佛，佛是大杀人贼，赚多少人进淫魔坑。"⑤ 而文偃在参禅者问他"如何是佛"时，他回答说佛便是"干屎橛"，问他"如何是学人自己"时，他的回答是"游山玩水"。这都是教学禅者不仅不能执著于具体事物的"相"，而且也不要执著于"成佛"的念头（禅宗称此为"法执"），只有真正体悟自身具有所谓"真如佛性"，才能实现禅宗所主张的"顿悟"，体现出后期禅宗"即事而真"的主张。

再如文偃的"辨亲疏"句，德山缘密的颂唱是："黑豆未生前，商量已成颠。更寻言语会，特地隔西天。"⑥ 冯友兰先生指出，禅宗自以为他们所讲的佛法是"超佛越祖之谈"，"他们是从一个较高的观念来看教门中各宗的"⑦，所谓"超佛越祖之谈"，就是他们要求人们所"顿悟"的是"真如佛性"。禅宗称之为"第一议"，而这个"第一议"，又是说不清、道不明的。因为语言必须借助概念、判断、推理

① 智昭：《人天眼目》，见《大正新修大藏经》第48卷，日本大藏社1934年版，第313页。
② ［日］铃木大拙著，葛兆光译：《通向禅学之路》，上海古籍出版社1989年版，第52页。
③ 智昭：《人天眼目》，见《大正新修大藏经》第48卷，日本大藏社1934年版，第312页。
④ 守坚辑：《云门匡真禅师广录》，见《大正新修大藏经》第47卷，日本大藏社1934年版，第567页。
⑤ 道原：《景德传灯录》，见《大正新修大藏经》第51卷，日本大藏社1934年版，第923页。
⑥ 守坚辑：《云门匡真禅师广录》，见《大正新修大藏经》第47卷，日本大藏社1934年版，第576页。
⑦ 冯友兰：《论禅宗》，见张文达、张莉编：《禅宗历史与文化》，黑龙江教育出版社1988年版，第9页。

云门文偃的禅学思想

等逻辑思维方式来表达，这也就有了肯定或否定，"第一议"有了这样的定义，也就变得不再那样虚无缥缈，不再那样神秘莫测，而可以被人们具体地表达出来，因而也就不是"第一议"了。如果一定要对"第一议"加以拟说，那就落在了"第二机"，或者也许不知道将会落在第几机，因为"有拟议即乖"①。

其余，如文偃"辨邪正"句说："罔象谈真旨，都缘未辨明。守他山鬼窟，不免是精灵。"②"通宾主句"说："自远趋风问，分明向道休。再三如不晓，消得个非遥。"③ 这些都反映了当时的禅宗思想，特别是文偃思想的彻底的逆理性违科学的特点。

五、"云门一字关"：逆理性违科学的本质

文偃禅风的另一个重要内容是"云门一字关"，这是文偃的禅风中最难让人理解的。所谓"一字关"，就是在学禅者提出问题时，仅用一个字来进行回答。《人天眼目》记载："僧问师：'如何是云门剑？'师云：'祖'；'如何是玄中的？'师云：'堃'；'如何是吹毛剑？'师云：'骼'，又云：'骭'；'如何是正法眼？'师云：'普'；'三身中那身说法？'师云：'要'；'如何是啐啄之机？'师云：'响'；'杀父杀母，佛前忏悔，杀佛杀祖，甚处忏悔？'师云：'露'；'如何是祖师西来意？'师云：'师'；'灵树一默处如何上碑？'师云：'师'；'久雨不晴时如何？'师云：'札'；'凿壁偷光时如何？'师云：'恰'；'承古有言：了即业障本来空，未了应须还宿债。未审二祖是了未了？'师云：'确。'"④

对于文偃的这些一字机锋，试举一二来进行分析，如有参禅者问："如何是吹毛剑？"文偃回答说："骼！"任继愈先生分析说："这段的大意是：问者以为用般若（智慧）慧剑无比锋利可以斩断一切烦恼，好像最锋利的剑，把毛发向它的刃上吹去，毛发立断。但是骨骼根本

① 冯友兰：《论禅宗》，见张文达、张莉编：《禅宗历史与文化》，黑龙江教育出版社1988年版，第9页。

② 守坚辑：《云门匡真禅师广录》，见《大正新修大藏经》第47卷，日本大藏社1934年版，第576页。

③ 守坚辑：《云门匡真禅师广录》，见《大正新修大藏经》第47卷，日本大藏社1934年版，第576页。

④ 智昭：《人天眼目》，见《大正新修大藏经》第48卷，日本大藏社1934年版，第312页。

无毛，纵有吹毛的利剑，也无法施。是说无涅槃可得，无菩提可证。"① 任继愈先生对"云门吹毛剑"的这番分析，给我们提供了一条认识文偃一字"机锋"的途径。

又如，有参禅者问文偃："如何是正法眼？"文偃回答说："普！"这段问答的意思是：提问者要求文偃为他指出一条"顿悟""真如佛性"（问者称为"正法"）的途径（禅宗也称为"入头处"或"入路"，这里问者称为"正法之'眼'"），文偃告诉他"普"，也就是说，"青青翠竹，尽是法身"，"真如佛性"隐藏在一切事物之中。因此，一切事物都是"顿悟""真如佛性"的入路，这正反映了文偃"即事而真、一切现成"的思想。

再如，参禅者问文偃："未审二祖是了未了？"文偃回答说："确！"在这里，文偃对这位参禅者所提出的问题并未直接做出肯定或否定的回答，只是说"确实如此"。铃木大拙先生称这是一种"超越的'肯定'态度或心境"②。这种态度或心境并不能用观念来表达，而必须经过参禅者自己的亲身体验。禅宗认为，自己所宣扬的，乃是佛教的"第一议"，它不是用思维性的语言所能表述清楚的，因为那样会使参禅者产生误解，而议者也会落入"第二机"，这本身就是对"第一议"的亵渎。这里，后期禅宗逆理性违科学的本质表现得十分彻底。从这样的回答中，我们也可以体味出文偃禅风中"随波逐浪"的特点。

从文偃这些一个字的回答看，很难让人明白无误地了解他所表达的意思。本来，后期禅宗的所谓"机锋"，就是运用一些隐语和使人摸不着头脑的语句来对参禅者进行旁敲侧击的，这些"机锋"的含意，只有施放"机锋"者本人明白，别人很难弄懂，而文偃的这些"一字'机锋'"，由于其随意性很大，更让人难以把握，因此被当时的学禅者畏为险途，称为"云门一字关"。

可以说，因为这些"一字'机锋'"的不确定性，反映出文偃禅风中"函盖乾坤"的特点；又因为其不可捉摸性，使得学禅者无所依存，起到了"夺人""夺境"的"截断众流"的作用；同时，其解释的随意性又表现了"随波逐浪"的风格。许多学禅者便在这"一字

---

① 任继愈：《汉唐佛教思想论集》，人民出版社 1973 年版。
② ［日］铃木大拙著，葛兆光译：《通向禅学之路》，上海古籍出版社 1989 年版，第 55 页。

关"下被搞得头昏脑涨，不知所措，文偃的禅风也就博得了"孤危耸峻、人难凑泊"①的评价。这种禅风，确实是禅宗所谓的"非上上根"——那些不彻底的唯心主义者所难以"窥其仿佛"②的。

文偃在接引参禅者时施放的"一字关"，其目的就是将参禅者头脑中残存的那些尚未泯灭的逻辑思维能力消除干净，因此在这些"一字关"中，其蒙昧主义的特点暴露无遗。郭朋先生尖锐地指出："这种鄙弃认识的观念，实际上也就是抛弃知识的观念。他们决心要把人们引向荒谬的蒙昧主义的泥坑里去。"③否定客观世界、宣扬"真如佛性"的泛神论世界观、否定正常的认识道路、主张"顿悟"的认识论、见什么人说什么话的实用主义方法论，以及"机锋""棒喝"和"一字关"等蒙昧主义的东西，汇集在云门宗祖师文偃的头脑中，构成了其客观唯心主义的思想框架。

（原载《现代哲学》2007 年第 1 期）

---

① 智昭：《人天眼目》，见《大正新修大藏经》第 48 卷，日本大藏社 1934 年版，第 313 页。
② 智昭：《人天眼目》，见《大正新修大藏经》第 48 卷，日本大藏社 1934 年版，第 313 页。
③ 郭朋：《禅宗五家》，《世界宗教研究》1981 年第 1 期。

钱谦益与憨山德清的一段思想因缘

陈　洪　王红蕾

晚明文人与僧人之间的诗文交往、唱和是僧俗沟通的重要途径，既体现着晚明佛教积极入世的精神，也显现了晚明文人对佛教的信仰和理解。本文通过钱谦益与憨山德清交往的考察，来揭示晚明僧俗思想互动的一个侧面。

钱谦益（1582—1664），字受之，号牧斋，江苏常熟人，明清之际文坛领袖。他出生于一个书香世家，其先祖可追溯到五代时以信奉佛教闻名的吴越王钱镠，其家族有着浓厚的佛教氛围。在钱氏家族周围的江南士人中，游于佛门者众多，董其昌、赵宧光、钟惺、瞿汝稷、袁中道、文震孟、李流芳、程嘉燧等，都与常熟钱家有着或亲戚或朋友的关系，形成一个相当规模的文人学佛群体。

钱谦益对万历朝三位高僧都非常敬重，在为《八十八祖道影传赞》作的序文中，他说："余于三大师，宿有因缘。云栖曾侍巾瓶，海印亲承记莂，而紫柏入灭之岁，梦中委受付嘱。今读高大夫寓公传三大师，扬眉瞬目，如在尺幅间，不觉肃然起拜。若三老之外，特标雪峤信公，岂所谓楚石之后，狮弦绝响者，于此别竖眼目耶？念祖世继金汤，当自悉此中微指，余未敢妄议也。"

尽管钱谦益与袾宏、紫柏以及雪浪、雪峤等僧人都很有"缘分"，但他内心真正师承的高僧应是憨山德清。特别是其晚年，作佛教文字时，皆自称"海印弟子"。他还用很大精力收集、整理了《憨山老人梦游集》，撰写了多篇有关憨山德清的碑铭、像赞，对憨山德清著作的整理以及佛学思想的传播做出了重要贡献。可以说，钱谦益是憨山

德清后期结识的士人中，对其佛学思想最为理解，对其人格最为崇敬，同时，对整理其著作出力最多的一位。

憨山德清比钱谦益年长 36 岁，两人属忘年之交。考察他们的行踪，早期似没有任何交往。钱谦益 7 岁时，由其父亲钱世扬引导，成为憨山德清师兄雪浪洪恩的弟子。由于雪浪洪恩和憨山德清关系密切，钱谦益应该很早就得知憨山德清之名，但无缘会面。他们唯一的一次见面是在万历四十五年（1617）。这一年，憨山德清已是 72 岁高龄，钱谦益正当 36 岁风华正茂之际。憨山德清先在径山为大众说戒，结束后辞别径山大众，到云栖山吊唁云栖大师，并作《云栖大师塔铭》。憨山德清来到杭州的消息，使全国许多名士纷纷慕名而来，他们汇集在西湖，参拜憨山德清，成为东南地区盛况空前的一次法会。钱谦益正是在此时与憨山德清第一次会面，并执弟子礼。钱谦益记载道："大师东游莅三峰，然灯说戒，汉月师请坐堂上，勘辩学人。余与汉师左右侍立，诸禅人鱼贯而前，抠衣胡跪，各各呈解。大师软语开示，应病与药，皆俯首点胸，礼拜而退。"① 在《列朝诗集小传》中，钱谦益更是流露出受法于憨山德清的自得之意以及对老师的怀念之情："师之东游也，得余而喜曰：'法门刹竿，不忧倒却矣。'灯炧月落，晤言亹亹，所以付嘱者甚至。衰老无闻，偷生视息，录师之诗而略记其行履，不自知清泪之沾渍也。"② 憨山德清《憨山老人自序年谱实录》也记其事曰："将行，弟子洞闻、汉月、钱太史、王季和、瞿完初迎至常熟，遂至卢山信宿。"③ 可知，憨山德清曾被钱谦益等人迎至常熟盘桓过数日。

《憨山老人梦游集》卷十八收录了《答钱受之太史》的一组书信。最早的一封是：

山野深愧破器，有玷法门，况复久沉瘴海，甘填沟壑。不谓天赐余生，尚有今日。向以衰残多病，将匿影穷山，适以双径有未了因缘，义干生死，不得少此一行。故踉跄而来，虽不敢言善财南询，且幸得以遍参知识，久向居士为当代装杨，法门保障，且知慈念殷勤，准拟一诣丈室。昨云慈航曾待于锡山，当面错过，大为怅然。……归次吴

<hr>

① 钱谦益：《钱牧斋全集》，上海古籍出版社 2003 年版，第 1253 页。
② 钱谦益：《列朝诗集小传》，上海古籍出版社 1983 年版，第 700 页。
③ 憨山德清：《憨山老人梦游集》卷七十三，新文丰出版公司 1983 年版。

166

门，必入毗耶之室，先此致谢不宣。

在这里，憨山德清对钱谦益护持佛法，给予了高度赞扬，称他为"当代裴杨，法门保障"。"昨云慈航曾待于锡山，当面错过，大为怅然"一句表明钱谦益曾在无锡等待憨山德清的到来，但因故没能见面。憨山德清表示，在前往杭州后，一定去钱谦益的家中拜访。别后半年有余，又有信曰：

山野居常，恒忧法门寥落，即外护金汤，难得真实荷担之人。昨幸见居士，大慰凤心，现宰官身，竖正法幢，斯时大有望焉。若山野朽株，为法门弃物，承法爱之深，自信凤缘。虞山之会，匆匆未尽所怀，辱联舟远送，更感惓惓。别后，仲夏望后抵匡山，卜居山南七贤五乳之间，诛茅数椽，聊尔栖息。前寄八行时，尚未得定止也。一向老病相侵，幻躯故有湿疾作楚，冬来方觉小可。《护法编》时时披读，诸老塔铭，言言指归向上一路，得宗门正眼，我明法运大开，赖有此为衡鉴。若刻施流通，利法不浅。其稿，俟明春当专持上。

憨山德清赞叹钱谦益"现宰官身，竖正法幢，斯时大有望焉"，对其能肩负弘扬佛法的重任，抱有很大期望。信中谈到《护法编》，为钱谦益所集明初宋濂论佛文字而成，集成后，他呈憨山德清以求指正。钱谦益万历四十四年（1616）作有《〈宋文宪公护法录〉序》一文，谓："谦益恭读高皇帝御制文集，稽首扬言曰：'天命我祖，统合三教，大哉！蔑以加矣！'已读故翰林学士承旨文宪宋公集，则又叹曰：'嗟乎！夫宪章圣祖者，舍文宪何适矣？'圣祖称佛氏之教，幽赞王纲。开国以来，凡所以裁成辅相，设教佑神，靡不原本一大事因缘。而文宪则见而知之，为能识其大者。……《文宪集》无虑数十本，余搜次其关于佛事者，合诸云栖所辑，而僭为之叙，以诒于世之宪章者。文宪三阅《大藏》，入海算沙，有如指掌，在儒门中，当为多闻总持。至其悟因证地，著见于文字中，必有能勘辨之者，固非学人所可得而评骘者也。"① 宋濂在明代始终享有很高声誉，他的佛学修养也为佛门中人重视，所以云栖袾宏曾就有关言论作过辑录。钱谦益读后意犹未尽，便进一步搜求整理。憨山德清对他的这项工作大加赞赏，并鼓动他把《护法编》刊行流通，认为将对佛教的复兴有极大帮助。在另外

① 钱谦益：《钱牧斋全集》，上海古籍出版社 2003 年版，第 861 页。

的信中，憨山德清一再敦促钱氏刊刻：

《护法录》即禅宗之传灯也。其所重，在具宗门法眼；观其人，则根器师资悟门操行建立。至若末后一著，尤所取大。今于毫端通身写出，不独文章之妙，其于护法深心，无字不从实际流出，其于教法来源，显密授受，详尽无遗，此古今绝唱一书，非他掇拾之比。……若早刻一日，则法门早受一日之惠也。①

………………

向致《楞伽笔记》，此经的为心宗正脉，未审曾留意否？近来东南衲子中，参究向上者多，苦无明眼宗匠指示，都落光影门头，掉弄识神，被冬瓜印子印坏，又不肯亲近教乘，求真正知见，实为难得。宰官中向三十年来，护法大心者不少，而求真真潜心本地功夫者，亦不多得。……方今世道浇漓，法门寥落之秋，非大力量人出，谁为匡持？……谛观宋濂溪之学，实出于此，故能羽翼圣祖，开万世太平之业。读《护法编》，未尝不抚卷而叹也。②

在这里，憨山德清对于晚明士人学禅者得不到大德点化，又不肯认真参究经典，师弟传授都是些"冬瓜印子"的法门寥落现象，表示痛惜，同时暗含着对钱谦益佛学成就的赞扬。钱谦益的佛学思想与憨山德清确实有很多相通之处，如钱谦益曾指出："余惟今世狂禅盛行，宗教交丧，一庵院便有一尊祖师，一祖师便刻一部语录。吟诗作偈，拈斤播两，盲聋暗哑，互相赞叹。架大屋，养闲汉。展转牵劝，慧命断绝，同陷于泥犁狱中，披毛戴角，宿业未艾，良可悯也！良可哀也！"③ 他明确主张学佛要"返经明教""宗教相通"，谓："窃惟斯世正眼希微，法幢摧倒，今欲折伏魔外，必先昌明正法。孟子曰：'君子反经而已矣。'经正则庶民兴，庶民兴，斯无邪慝矣。譬诸用药治病，先扶元气。譬如发兵讨贼，先固根本。"④ 这种对教宗是非的看法与憨山是一致的。在某种程度上，也可以说是受到了憨山的影响所致。

憨山还与钱谦益讨论功业出处的问题：

承念国事艰难，无肯出死力者，此言固然。但观从古舍身为国之

---

① 憨山德清：《憨山老人梦游集》卷十八，新文丰出版公司 1983 年版。
② 憨山德清：《憨山老人梦游集》卷十八，新文丰出版公司 1983 年版。
③ 钱谦益：《钱牧斋全集》，上海古籍出版社 2003 年版，第 1732 页。
④ 钱谦益：《钱牧斋全集》，上海古籍出版社 2003 年版，第 1373 页。

人，非临时偶尔而发，盖此等人品，有多因缘，非容易可拟也。一则当众生大难之时，自有一类大悲菩萨发愿而来，至其作用，皆神通发现，非妄想思虑计较中来。无论在昔，即如我祖同时英雄，皆其人也。二则天生应运，匡扶世道之人，内禀般若灵根，外操应变之具，先有其本，及临时运用，如探囊中，百发百中，此留侯、诸葛，与平原、忠定诸公，即其人也。三则亦自般若愿力中来，负多生忠义果敢习气，刚方中正，确乎不可拔者，勘定大事，坚持不易，如文信国、明之孝孺诸公，生性一定而不可夺者，即其人也。方今目中天下人物，有一于此者乎？观其发言议论，有能一定戡乱扶危之识见者乎？……故古之建不拔之功者，皆预定于胸中，如范蠡、子房、武侯，进退裕如，岂以空谈为实事哉！即如东坡亦文章气节耳，惟今居士，乃一时所属望者，第自揣其具，孰与于诸公耶！其所存者，特一片赤心耳。苟材具不充，何敢言天下大事哉！此山野向者切切望居士深所养者此耳。以老朽观居士之心，审处诸公可为之事业，志能为之，至若戡乱扶危，操何术以为之，是岂旋旋从中煅炼而能者耶？[1]

这两封书信由佛法谈到世间事功，可见两人讨论问题已日益深入。首先，憨山德清对钱谦益为其修改《左氏心法序》一文表示感谢和赞赏。钱谦益尽管对憨山德清的佛学修养甚为敬仰且较憨山德清年少数十岁，但并非阿谀奉承之辈，他对于憨山德清的文章，略有微词，认为憨山德清的文章不够精练，缺少修饰。钱谦益自负文才，确实曾修改过憨山德清的文章。在所作《憨山大师梦游全集序》中，他也谈及此事："大师著述，援笔立就，文不加点，字句不免繁芿，段落间有失次。东游时，曾以《左氏心法序》，下委刊定，见而色喜，遂削前稿。今兹雠勘，僭有行墨改窜，实禀承大师坠言，非敢僭逾，犯是不韪也。"[2] 由此可以推知，钱谦益在编集《憨山老人梦游集》之时，很可能还对憨山德清诗文作过类似的修改或删节。

接下来，憨山德清谈到自古建立功业者，一定有其因缘，即须具备建功立业之才能，在他看来，钱谦益还没有具备这种才能，空有一片报国赤心而已，因此叮嘱他要"深所养"，不要匆忙出山，不要意气用事。钱谦益深受晚明心学浸染，同时又接受了经世思潮的影响，

---

① 憨山德清：《憨山老人梦游集》卷十八，新文丰出版公司1983年版。
② 憨山德清：《憨山老人梦游集》卷一，新文丰出版公司1983年版。

思想呈现出矛盾的两面：一方面是儒禅合流，高蹈凌虚；另一方面是经世致用，躬行笃实。前者使他追求心灵的解脱而归隐自适，或者突破礼法的束缚而放诞不羁；后者使他穷源索流、通经汲古，怀抱着儒家的济世精神而试图拯救天下。事实证明，憨山德清的眼光非常敏锐，钱谦益确实不具备范蠡、张良、诸葛亮那样的才能，因此他在政治上的作为算不上成功。但钱谦益后来之作为，至少是出于一种至诚救国救民之心，应该可以肯定。即使他的降清，也可能有当年憨山德清以范蠡、张良等人事迹相鼓励的因素存在，这一点，从其顺治二年（1645）在苏州府张贴招降告示可以看到："大兵东下，百万生灵尽为齑粉。招谕之举，未知合郡士民以为是乎，非乎？便乎，不便乎？有智者能辨之矣。如果能尽忠殉节不听招谕，亦非我之所能强也。聊以一片苦心，士民共白之而已。"从这文字简短的招降告示中，可以看到钱谦益内心的痛苦和欲拯民于水火的"苦心"。而日后他暗通款曲于台湾郑氏，甚至冒灭门危险资助郑家军队，虽说有柳如是从旁催促，但这等大事如非钱谦益心甘情愿，那也是不可能的。忍一时之大辱，图不世之奇功，这正是范蠡、张良行事的特点。因此，憨山对钱谦益的影响是相当真切而深刻的。

憨山德清赠予钱谦益的诗题为"寄钱太史受之"，抒写了在吴会与众居士相会，彼此相得，忘却形骸的喜悦，表达了自己愿意归老庐山的愿望：

匡庐列云霄，江湖邈天际。地涌青莲华，枝叶相鲜丽。眷彼华中人，超然隔尘世。梦想五十年，良缘图未遂。偶乘空中云，随风至吴会。东南美山水，蕴藉多佳士。一见素心人，精神恍如醉。未语肝胆倾，清言入微细。相对形骸忘，了然脱拘忌。精白出世心，太虚信可誓。苦海方洪波，愿言驾津济。把别向河梁，遂我归山志。长揖返匡庐，藏踪杳深邃。五老与七贤，日夜常瞻对。诛茅卧空山，烟霞为衣被。视此芭蕉身，一掷如弃涕。缅想未归人，驰情劳梦寐。安得驾长虹，凌风倏然至。暂谢尘世缘，入我真三昧。①

在憨山德清圆寂后，钱谦益发起编撰了《憨山老人梦游集》。这一点，在其《憨山大师梦游全集序》中交代得很清楚：

憨山大师《梦游全集》，嘉兴藏函止刻《法语》五卷。丙申，龚

---

① 憨山德清：《憨山老人梦游集》卷四十七，新文丰出版公司 1983 年版。

170

孝升入粤，海幢华首和尚得余书，楗椎告众，访求鼎湖栖壑禅师藏本，曹秋岳诸公缮写归吴。谦益手自雠勘，撰次为四十卷。……大师之集行，如日轮当阳，魑魅敛影，而魔寐者犹懵而未寤也。然则大师同体大悲，如作《易》之有忧患者，其何时而止乎？斯可为痛哭也已。①

丙申年为顺治十三年（1656），可知编撰《憨山老人梦游集》成为钱谦益晚年的精神寄托。他在另一个版本《憨山老人梦游集序》中，对憨山德清文集的编集情况也作有如下描述，并比较了两个版本《憨山老人梦游集》的不同之处，可知钱谦益编撰的文集，主要是对憨山德清文章作了一些修改，所谓"撮略字句，移置段落"：

憨山大师《梦游集》，吴中未有全本。丙申冬，龚孝升入粤，余托其访求海幢华首和尚，得鼎湖栖壑禅师藏本，曹秋岳诸君集众缮写，载以归吴。余校雠刊定，勒成四十卷，毛子晋请任镂板。子晋殁，三子继志，告成有日矣。己亥秋，王大咸自粤归，言彼有潭柯上人名济航者，自东兖入蜀，精研宗教，栖壑化去，购得《梦游集》本，于鼎湖捐衣赀付梓。以余为白衣老弟子，俾序其缘起。余惟大师集本，鼎湖、虞山颇有异同。鼎湖则大师原稿，弟子福善、通炯及五羊刘司理起相所结集也。虞山则经余勘较，间以管窥之见，撮略字句，移置段落者也。二本盖少异矣，而未尝不同。以佛身像譬之，鼎湖本则十身相海相好庄严之身也，虞山本则优阗香像毗首羯摩摹刻之身也。是二身者，现相利生有何差别？故知二本不妨两行，并舟而观月，分河而饮海，其闻法得益则一而已矣。②

憨山德清圆寂后，钱谦益作有《庚午二月憨山大师全身入五乳塔院属其徒以瓣香致吊奉述长句四首》，表达其深切的悼念之情。此外，钱谦益还应憨山德清弟子福善之请，作了《憨山大师庐山五乳峰塔铭》《憨山大师曹溪肉身塔院碑》以及《憨山大师真赞》等文章，成为研究憨山德清生平的重要史料。憨山德清身后的重要传记文字都出自钱谦益之手，这一方面说明他们关系的密切，另一方面表明钱谦益始终没有忘记憨山德清对他的教诲。

（原载《郑州大学学报（哲学社会科学版）》2007年第6期）

① 憨山德清：《憨山老人梦游集》卷一，新文丰出版公司1983年版。
② 钱谦益：《钱牧斋全集》，上海古籍出版社2003年版，第871页。

试论憨山德清的书法艺术

张晓平

憨山大师，法名德清，字澄印，俗姓蔡，为明代"四大高僧"之一。他著有《观楞伽经记》《法华经通义》等。其弟子还编辑其遗文，整理为《憨山梦游集》五十五卷、《憨山语录》二十卷。憨山大师在中国思想学术界也是一位杰出代表，写了许多专著，如《大学中庸直角指》《庄子内篇注》《观老庄影响论》《春秋左氏传四法》等。他认为南北禅宗应该融合，释、儒、道应该三教调和，共同发展，不应相互排斥。在学术思想以及宗教界门户之见很深的封建社会，憨山大师站得高，看得远，胸怀博大，充分展示了他作为一位哲人的风范，对后世影响甚大。

憨山大师博学多才，精通诗文，擅长书法。他的诗歌构思巧妙，别具匠心，禅意深邃；书法艺术笔力劲健，柔中显刚，线条圆润灵转，结体正直通达。现有《憨山大师的自书六咏诗》《明释德清行书证道歌》《住山法语》《行草书卷》等作品传世。当代书法家启功先生对憨山大师的书法评价极高，曾写诗夸赞："憨山清后破山明，五百年来见几曾。笔法晋唐元莫二，当机文董不如僧。"① 文徵明、董其昌是明代颇具影响的大书法家，在中国书法史上都占有十分重要的席位，而启功先生写诗赞扬憨山大师的书法艺超文、董，可见憨山大师书法的艺术价值之高。

一、憨山大师的书法渊源

憨山大师书法，考其渊源，精学晋唐诸帖。中年因人生挫折，辗

---

① 启功著，赵仁珪注释：《论书绝句（注释本）》，生活·读书·新知三联书店出版社2003年版，第166页。

转流离，内心悟道精进，达自由达观的境界，书风更近宋代的书家苏、黄、米、蔡，形成了独具特色的个人风格。他在《憨山老人梦游集》的《杂说》中叙自己的书法说："余生平爱书晋唐诸帖，或雅事之。宋之四家（即苏、黄、米、蔡）犹未经思。及被放海外，每想东坡居儋耳时桃榔庵中风味，不觉书法近之。"① 在晋唐诸家中他特别青睐唐人欧阳询、虞世南、孙智永，尤多得益于虞世南。

初唐书家推崇并盛行"二王"一派的晋人书风，特别是王羲之的行书已被定为一尊，而且他们的艺术造诣确实也到了极高的程度。他们的行书作品墨迹淋漓，清秀俊逸，多取侧面对人之势。虞世南典型地承续了王羲之书法笔意飘逸、清秀雅静的风格。虞世南是唐初政治家、书法家、文学家。唐太宗称他德行、忠直、博学、文词、书翰为五绝。其书法刚柔并重，骨力遒劲，与欧阳询、褚遂良、薛稷并称"唐初四大家"。其诗风与书风相似，清丽中透着刚健。曾求教于同郡沙门孙智永，虞世南在智永大师的精心传授下，妙得其体，承续"二王"传统，养成了外柔内刚的书风，笔致圆融冲和而有遒丽之气，结构疏朗，气韵秀健。对孙智永，苏东坡有深切的品评："永禅师书骨气深稳，体兼众妙，精能之至，反造疏淡。如观陶彭泽诗，初若散缓不收，反复不已，乃识其奇趣。"②

憨山大师取法于虞世南、孙智永，上追东晋，取笔"二王"，精得《兰亭序》神髓：触遇生变、极妍尽态、错落有致、欹正相生、简易洗练、动中寓静，用笔千变万化，章法浑然天成。《兰亭序》的艺术魅力在于它所特有的变化，于柔媚之中寓存骨力，匠心独运处又见自然之神貌。反映在用笔上，王羲之多采用偏锋侧压的方法，用笔极富变化，既圆浑劲健，又方利爽快。在总体风格上，笔势变幻多姿，笔画形态各异，情随体变，法无定法，突出地表现出爽快飘然的神态，以及曲张回转、跌宕起伏的韵律。在结体上也同样变化莫测，其字有大小，有扁长，有疏密，有俯仰，有含放，有轻巧凝重，无一固定的格式，皆随情而发、因势而变，错落有致而神态自然，致使一行乃至全篇形成一个完美的整体，使其书法具有风骨爽利、姿态妍美、神情飘然、气势酣畅，以及起伏跌宕的奇妙韵律等超神入化的艺术特色，

---

① 憨山：《杂说》，见《憨山老人梦游集》。
② 苏轼：《题唐六家书后》。

具有非凡的艺术魅力。

二、憨山大师书法艺术成就

　　憨山大师采王右军之潇洒风流的神韵以润大唐谨严宽博的风度，在书法艺术上形成了自己的风格。如憨山行书《证道歌》（图1）①，系其精意之作。在用笔上，无潦草敷衍之笔，多采用藏锋中行，因而线条圆劲雄厚，表现出沉着稳健的阳刚之美。结体端庄，法度森严，密集的笔画更显示出字体的凝重与遒劲。用笔疾徐的节奏感很强，疏密布白和点画轻重显得灵巧，使作品行气突出，表现出畅达、爽快的情致，具有一泻千里之势。这又与他沉着雄厚、含蓄蕴藉的用笔风格相结合，形成中和完美的艺术境界和神完气足之精神风貌，在艺术上具有极强的感染力。观赏其作，令人神清气朗，为其书法中所表达的沉雄静穆和大智慧所熏染。

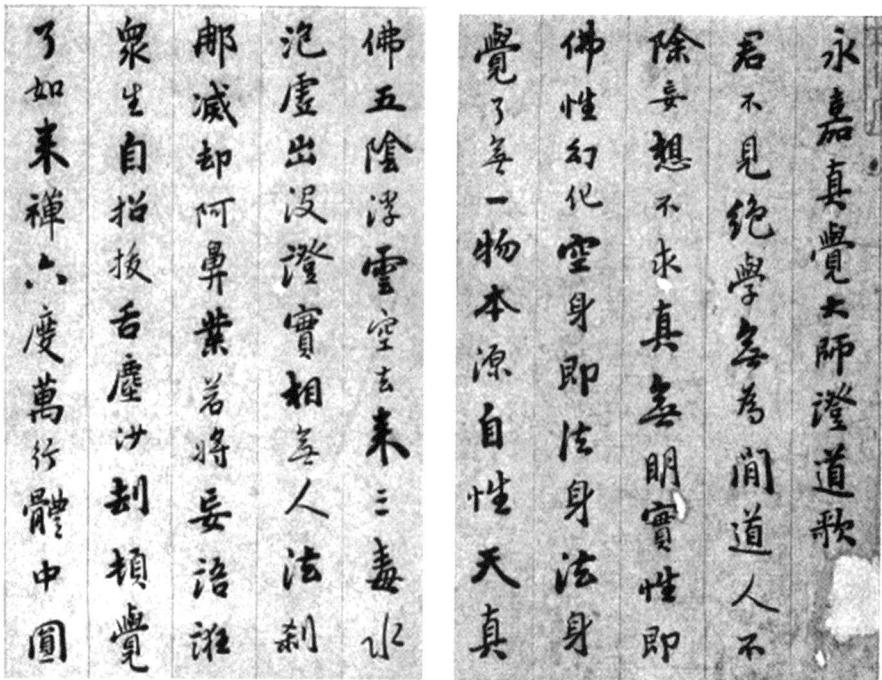

图1　憨山行书《证道歌》

---

① 《明释德清行书证道歌》，上海书画出版社2004年版。

仔细推究，《证道歌》乃为性理修养之说，涉佛教。书法用笔本于王羲之，不少字的结字又与《圣教序》相类。然取势用笔颇有憨山自己特色，欹正相生，端庄灵动，结字相对独立，收放自如，与明末书家喜一笔顺势带下、连绵不断的行草写法迥然有别。此作总体的特点是静穆而不乏灵动，端稳而不乏妍美。取行楷法，字字独立，以倚侧引势，以大小错落取得变化，以粗细轻重显现节奏。舒展处尽展其势，内敛处不乏其韵。全篇章法以若干重字以醒目，若干轻字显灵动，通篇取左低右高侧势，款款书来极为自然，恰如一股清泉从山间缓缓而下，绝少火气和鼓噪之气，读来如行云流水一般，既有古意又有时趣。古意者，取王羲之儒雅的神韵；时趣者，用王献之内擫笔法圆转引带，以消泯火气，不过分追求转折顿挫的变化，因而显得妩媚而不飘浮。从其取法的角度看，憨山悟性极高，有聪慧之气，所以他的作品中前人的影子不多，自己的个性不少，有时还善于在个别点画中以草书出之，这在妍美的风格上掺和进了一点娴雅灵动的意味。

梁启超先生珍藏的憨山大师行书作品六言偈立轴（图2）[1]，署款"憨山清"。这件作品是憨山大师的晚年之作，用笔流转老道，结体俊朗，书风通达。具体说来，用笔没有特别突出的顿挫，也没有夸张的笔触，全篇线条圆润、顺畅、自然、平滑；结体、章法上没有大开大阖的俯仰、错落的布局，一切都显得匀称、严谨、平和。以侧势为主，欹正相生，整幅作品充满了豁达、静穆、优雅的审美特征。

虞世南在《笔髓论》中说道："字有态度，心之辅也；心悟非心，合于妙也。且如铸铜为镜，非匠者之明；假笔转心，非毫端之妙。必在澄心运思至微妙之间，神应思彻，

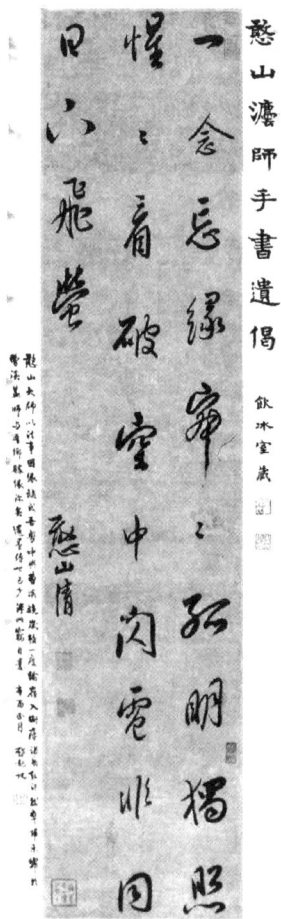

图2　《憨山法师手书遗偈》

①　憨山：《憨山法师手书遗偈》，广东省博物馆收藏。

又同鼓瑟纶音，妙响随意而生；握管使锋，逸态逐毫而应。学者心悟于至道，则书契于无为。苟涉浮华，终懵于斯理也！"憨山大师的书法做到了心手合一、由巧返拙、由拙生奇、由奇返璞的境界，源头乃是其高深的禅学修养和渊博的学识。古人云："腹有诗书气自华。"书法亦如此，字如其人。

憨山大师又善行草，下笔平稳、含蓄凝练、秀润中和，于平淡中见功力。他的行草书婉畅多姿，变化多端。最为突出的特色为"空灵"，表现的是一种风度，一种最微妙、最飘忽的心情的变化。他的作品充满着精妙的健康温婉气息和洒脱之中的超越心境，呈现灵动之美，如图3①。从憨山大师的这幅作品来看，线条洒脱而又着力，结构妥帖而又充满变化，整体动静结合，协调平衡，让我们看到了憨山大师的人格、胸怀和心智，并给我们留下了丰富宽阔的想象余地。

憨山大师的书法又是多面的，捭阖纵横之外更有精妙绝伦。无论是用笔的流畅多变，结体的和谐大方，还是章法的端庄协调，都臻于一种极致。他又是极其轻松的，似乎是在一种漫不经心的情况下将线条从自己的笔底缓缓地送出，一切仍是做得那样精密、完美。既能营造恢宏气势，又能使笔底的一切变得精妙细腻——既极广大又致精微。

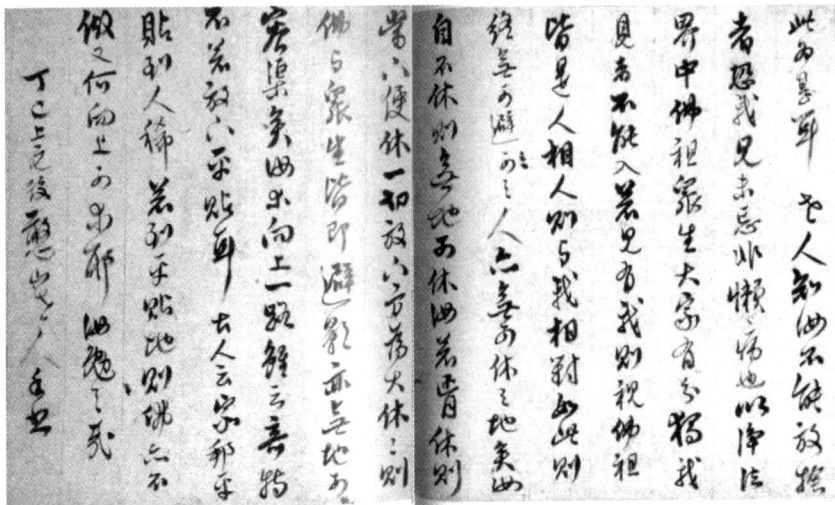

图3　《住山法语》

---

① 憨山：《住山法语》，草书作品局部。

憨山大师又是一位极重视思想精神的艺术家。追求一种达观的生命意味和人生真意，永远是他书法艺术的主旨。自然、随意、悟道始终是其书风的最大精神特色。"其字随笔，到不模拟而法。"① 明末书论家朱谋在《书史会要续编》中评憨山德清的书艺："风韵超逸，直追东坡、山谷，且为当代松雪、玄宰所不及。"②

憨山大师的书法，点画秀逸空灵，自然雅淡，结体端庄正直，浑融一体，荡涤了浮躁的凡俗之气，除去了刚强的凌厉之风。他的书法内容多谈人生悟到，世不易得，实为艺术珍品，释家、史家、书法爱好者皆珍若拱璧。梁启超珍藏的《憨山法师手书遗偈》用笔流转，收放有度，体态圆通，气势绵绵，有如高山流水，气度不凡，格调高妙。"一念忘缘寂寂，孤明独照惺惺。看破空中闪电，非同日下飞萤。"内容充满禅味，让人回味隽永。

袁中道云："凡慧则流，流极而趣生焉。天下之趣，未有不自慧生也，山之玲珑而多态，水之涟漪而多姿，花之生动而多致，此皆天地间一种慧黠之气所成，故倍为人所珍玩。"③ 在憨山大师那细劲、遒婉的线条中，有一种神融笔畅的适意，悠悠地流动于指腕之间，落实在萧散端庄的点画之中，从而体现大师正直的性格和满腹经纶的学识修养。

总之，憨山大师的书法艺术极具特色，在晚明书坛独树一帜，具有重要的思想价值和审美价值。启功先生说："先师励耘老人每诲功曰：学书宜多看和尚书。以其无须应科举，故不受馆阁字体拘束，有疏散气息。且其袍袖宽博，不容腕臂贴案，每悬臂直下，富提按之力。功后获阅法书既多，于唐人笔趣，识解稍深，师训之语，因之益有所悟。明世佛子，不乏精通外学者，八法道中，吾推清（憨山德清）、明（破山海明）二老。"④ 这段话既道出了"和尚书"的特点，也表明了启功先生对憨山大师书法艺术的推崇，同时对当代探寻书道之人也具有启发意义。

（原载《韶关学院学报》2013 年第 9 期）

① 王演畴：《墨林三宝》，见《古学斋文集》，万历四十七年刻本。

② 朱谋：《书史会要续编》。

③ 袁中道：《刘玄度集句诗序》，见《珂雪斋集》卷一。

④ 启功著，赵仁珪注释：《论书绝句（注释本）》，生活·读书·新知三联书店出版社 2003 年版，第 166 页。

今释澹归之文艺观与诗词创作析论

廖肇亨

明清鼎革之际，士人出家不计其数，然誉毁交参，莫有过于今释澹归（俗名金堡）。今释澹归生前声誉既隆，身后痛逢禁毁之令，相关文献疵谬互见，复与明清鼎革期之政局、文学、佛教息息相关，未发之覆尚多。澹归大才，著作宏富，见地超迈，并世亦唯药地和尚（方以智）差可比肩，世间知音寡闻。迩近中山大学古籍所诸先生整理岭南佛门史料，大有功于法门气运，兼之别传寺方丈顿林大和尚法眼传灯，澹归多年云雾乃得重拨，灰冷三百年，一朝豆爆丹霞，澹归再吐气于今日奚何疑哉。余治明季野史故实有年，于澹归多所着意，其以莲花落做佛事，不求人知，不避肮脏，唯石门觉范本地风光同条共贯，可谓狮子独行禅林。澹归生平大节与历史评价，笔者曾有专文论析①，本文拟从文艺思想与诗词创作等方面，就澹归在明清之际的文化史上的地位与独创性力求寻找一个适当的定位。

一、澹归诗论旨要

澹归虽然没有完整的理论著作，但在他讨论文艺的文字中，多具慧眼洞鉴。仍以诗为主要讨论对象，下文将焦点集中在他对诗的意见上。

---

① 廖肇亨：《金堡之节义观与历史评价探析》，《中国文哲研究通讯》1999 年第 4 期，第 95 – 116 页。

（一）神韵

金堡论诗的意见主要散见于《徧行堂集》与续集序跋、尺牍等处，其中《周庸夫诗序》一文，对诗的构造作了仔细的剖析，澹归曰：

> 诗有性、有情；有肤、有骨；有气、有理；有入门、有出路；有行、有藏；有自为、有与人合，而成一诗之面目，适以自肖其面目。①

这里把一首诗视同一个人，包含性、情、肤、骨、气、理等人格特质以及入门、出路；行、藏、自为创新、与人相合等行为模式，而诗就是作者人格的具体反映。他并未直接定义性、情、肤、骨所指为何，而是经由对这些特质理想的描述，呈现出其心目中诗歌的典范。澹归复云：

> 先生（周庸夫）之性全于虚灵，其情深以澹；其肤洁于山泽之癯，其骨清刚；其气幽缈而归于至静，其理一本于纯与真；其入门有别径，如摄器界于一壶之内，游之无穷。其出路有旷观，如陟险峭之峰，绝地摩天，忽揽瀛海于襟袖。其行也无迹，其藏也如不获其室。②

由此可看出其论诗宗旨，"虚灵""深澹""清刚"其实是一致的，意即空灵的意境、悠远的情致、蕴藉含蓄的气韵。表现出的就是"如摄器界于一壶之内，游之无穷""如陟险峭之峰，绝地摩天，忽揽瀛海于襟袖"一般，令人回味无穷，澹归是利用自然景观的比喻，来形容一首好的诗应拥有深远壮阔的意境。

这些话令人不自觉地想起力主"神韵"之说的王渔洋。事实上，他也讲究"神韵"。澹归亦云：诗气贵和、诗心贵静、神贵远、韵贵深。③ 的确与渔洋论诗大旨若合符节，不知渔洋曾见此否？澹归曾以此自秘，而叹无人能识。澹归曰："嗟夫！予尝欲持是理以论诗，世特以为荒唐。"④ 可惜澹归未见渔洋，否则当亦引为知音。他更把这种标准扩及古文的领域，其言曰：

---

① 澹归和尚著，段晓华点校：《徧行堂集》第1册，广东旅游出版社2008年版，第200页。
② 澹归和尚著，段晓华点校：《徧行堂集》第1册，广东旅游出版社2008年版，第200页。
③ 澹归和尚著，段晓华点校：《徧行堂集》第1册，广东旅游出版社2008年版，第182页。
④ 澹归和尚著，段晓华点校：《徧行堂集》第1册，广东旅游出版社2008年版，第201页。

韶文化研究丛书

今释澹归之文艺观与诗词创作析论

诗文之道，奇正浓淡，深浅迟速，各从其所近，然神不可不清，骨不可不贵，譬如天人身出光明，衣食微妙，飞行自在，视七金山、五色莲华、香水围绕犹在须弥脚下。况于人中秽浊，岂堪着眼。则至贵者必至清也。藉令充实稳称，无可瑕疵而相其神骨，仅堪置之旅进旅退间，以其智不浮清，毕竟不贵。亦有边幅狭劣，似清而酸；词指诡刻，似贵而傲。流入偏枯，便乖正法。迹所自处，已为废材。由其力不载贵，毕竟不清。①

虽然肯定创作因人而异，但仍以"神清骨贵"为共同遵守的标准。这两者是相辅相成的，只有两者之间完美平衡，才能产生优美的篇章。

从以天人比喻"神清骨贵"的状态，可知他绝不喜欢俚俗之调，甚至将名流才子比为神仙再来。澹归曰："天上神仙无不识字者，或来人间，必为名流才子，其征多见于诗。诗之为道，如水如镜，镜不受垢，水不受尘，仙不受凡，诗不受俗，盖无所受之也。"②"诗不受俗"即"雅"也。诗虽以雅正为归，但必须不露痕迹，以最自然的方式表现出来。澹归曰：

诗体尚自然，无一造作，不受一点尘埃。色、声、香、味无一缺陷，亦不借一分。增设绚烂之极，正尔平澹。③

而这种讲究自然，不造作，所谓"神清骨贵"的诗歌，一定会表现出若即若离的趣味，其曰：

古德云："'似即是，是即不是。'此作诗三昧也，诗人之诗未尝不是而常不妙。盖必有超然于意言之表，无心而独得者。夫无心而独得，岂可恒得哉?"④

只能神似，切忌形模。一旦完全落实于器物的描摹，就失去了诗的空灵情味，而必须要有"超然于言意之表"的神韵，才能令人留下深刻的印象。此即司空图"味在酸咸之外"或严羽"言有尽而意无穷"之意也。

---

① 澹归和尚著，段晓华点校：《徧行堂集》第1册，广东旅游出版社2008年版，第165页。
② 澹归和尚著，段晓华点校：《徧行堂集》第1册，广东旅游出版社2008年版，第158页。
③ 澹归和尚著，段晓华点校：《徧行堂集》第1册，广东旅游出版社2008年版，第159页。
④ 澹归和尚著，段晓华点校：《徧行堂集》第4册，广东旅游出版社2008年版，第78页。

（二）虚静

澹归论诗，至重虚静。刘勰曰："陶钧文思，贵在虚静。"① 陆机《文赋》亦曰："收视反听，耽思傍讯；精骛八极，心游万仞。"② 这都是强调作者在写作过程中自我观照、反思、组织、创造的心灵能力。于天然函昰门下苦修禅定多年的澹归对"静"之一字体会特深。澹归曰：

> 盖孔子常有言矣，"诗可以兴、可以观、可以群、可以怨"，夫是极天下之至动者也。然而归于正，出于至性。故非至动者不可与言诗，非至静者不可与言动。③

创作活动是最复杂而灵活的，故曰"极天下之至动"。创作必须以"雅正"为共通的准则，但若要达到完美的境地，则更重要的前提是"至静"的心灵修养，他接着解释何谓"至静"。澹归曰：

> 以吾观之，至静者不与动为对，亦不与静为类。与动为对，则亦动之类。与静为类，则亦静之对，皆不足以为。主于动静而动静得而主之，此虽言诗不可。况过于诗者乎？

> 杜子美之诗曰："静者心多妙。"以其不住于静，故妙。以其不住于妙，故静也。夫不住于静，并不住于妙，而天下之真诗出矣。④

"真诗"是明清之际诗论家的至高标准，学者多能言之。⑤ "至静"是超乎动、静两者，是"主于动静而动静得而主之"的。"静"，不是呆板、死寂，而是凝聚精神，仔细观照个人行为与内心活动，而能在诗中或静或动，随时做最恰当的抉择。只有心灵的"至静"功夫能完全发挥作用，才能达到这样的境界。其曰："写境而境空，写心而心活。夫境空则境不累其心，心活则心不匿其境。心不匿境，则境不入；境不累心，则心不出。"⑥ 也就是心境互化，亦即物我两冥的境界。但是徒有平静的内观是不足的，还须要有过人的智慧，才能作明

---

① 刘勰：《文心雕龙》，《四部丛刊正编》第99册，商务印书馆1979年版，第31页。
② 陆机：《文赋》，见萧统：《文选》，上海古籍出版社1986年版，第763页。
③ 澹归和尚著，段晓华点校：《徧行堂集》第1册，广东旅游出版社2008年版，第172页。
④ 澹归和尚著，段晓华点校：《徧行堂集》第1册，广东旅游出版社2008年版，第172页。
⑤ 明末清初的诗学，"真"为最重要的命题之一，"真诗"成为明清诗学最重要的论题之一，参见李世英、陈水云：《清代诗学》，湖南人民出版社2000年版，第40页。
⑥ 澹归和尚著，段晓华点校：《徧行堂集》第1册，广东旅游出版社2008年版，第187页。

快的决断取舍。澹归曰：

> 古今贤达无不从大般若中来，所云：定能生慧，则其入手，慧复
> 生定。亦其得力也。

> 慧则明，定则断。明则无理不彻，断则有惑皆遣，惑遣则群疑悉
> 剖，谓之智锋。理彻则一照无余，谓之静鉴。明亦成勇，断亦成智，
> 于以行其无缘之慈，同体之悲，谓之至仁。盖用世、出世之本全握于
> 此，不独立言。①

这里几乎完全借用佛家的语汇来说明为人处世的基本道理，若能
执此以成文，成就定然过人，就如陆芳洲一般。澹归复曰：

> 古之人务治其心，使定慧之体自复，明断之用俱章。至仁之德被
> 群，有以为功。而芳洲仅试其智勇于行文。悲夫！虽然，文非小器，
> 所以载道。求工于词，择而后出。如披砂得金耳。选局之胜，镕液无
> 痕，叙事各协。即瓶盘簪钏、冠佩玺册，契法宜时，若乃入理之妙，
> 则一切宝随意而雨，靡不超轶人天。②

真可谓推崇备至，然这一切皆导因于陆芳洲之静定之功，若要使文章
呈现动人的力量须先自"静"着手。其曰：

> 芳洲自少及今，同人称为静者，盖定慧之基固矣。世以沐猴之习，
> 遴旋火之轮，不能自立，惧将焚焉，未能成器，何由载道？则学芳洲
> 之文者，先学芳洲之静。③

可见，"静"之一字在澹归心目中的重要地位，这种心灵修炼的
能力是任何作者不可或缺的。

（三）说得自家意思

澹归论诗，一以雅静为归，一以各自意思为极则。就明清之际的
诗文流派观之，实具性灵与神韵双重特性，具有调和性灵、神韵的倾
向。本来神韵派具有强烈的复古派色彩，是以王渔洋屡被称为"清秀
李于麟"，然澹归则在此与渔洋分道扬镳，其曰：

---

① 澹归和尚著，段晓华点校：《徧行堂集》第 4 册，广东旅游出版社 2008 年版，第 57、
58 页。
② 澹归和尚著，段晓华点校：《徧行堂集》第 4 册，广东旅游出版社 2008 年版，第 58 页。
③ 澹归和尚著，段晓华点校：《徧行堂集》第 4 册，广东旅游出版社 2008 年版，第 58 页。

今释每谓作文只说得自家意思明白痛快便休。如今人只管商量左（传）、国（语）如何若何，史、汉如何若何，唐宋八大家如何若何，将古人衣冠作自己面目，亦太不俊气矣。文之妙者，只似说话，此笔端有舌之注脚也。但没有几个得到此田地。①

类此说法，极似金圣叹。晚明以来，推崇白话蔚然成风，澹归自身创作亦不避此，俟后详论。澹归论诗文反对模拟，极似性灵一路。其曰：

读古人书，见古人如此作、如彼作，便须自寻出路。若才拈笔，便思古人某作如此、当如此作；某作如彼、当如彼作，作作皆效古人，将自置何地？或又谓此作似古人某作，彼作又似古人某作，作作皆似古人，将置我何地？予不师于古人，言我所欲言耳，或有似古人，或有不似古人，古人不得以此局我；即以交于今人，亦言我所欲言耳，或有似今人，或有不似今人，今人又可以此局我耶？②

复古派末流不免沦入模拟剽窃一路，澹归之言不免令人联想到袁宏道等人的说法。袁宏道以下的说法极具代表性，屡为学者称引，其曰：

盖诗文至近代而卑极矣，文则必欲准于秦、汉，诗则必欲准于盛唐，剽袭模拟，影响步趋，见人有一语不相肖者，则共指以为野狐外道。曾不知文准秦、汉矣，秦、汉人曷尝字字学六经欤？诗准盛唐矣，盛唐人曷尝字字学汉、魏欤？秦、汉而学六经，岂复有秦、汉之文？盛唐而学汉、魏，岂复有盛唐之诗？唯夫代有升降，而法不相沿，各极其变，各穷其趣，所以可贵，原不可以优劣论也。③

严格来说，复古派的理论主张绝非单纯模拟，而有一套严密的法度格式。澹归论诗论文，率以写出自心为归，不拘格套，力斥模拟之非。澹归一意写出自心，不避偏锋之讥。类此说法俯拾即是。例如"每见一篇，人争曰：此似某人某作，以优孟待人，而人以为重；每作一篇，己亦曰应仿某人某作，以优孟自待，而己以为重。"④ "笔有

① 澹归和尚著，段晓华点校：《徧行堂集》第 4 册，广东旅游出版社 2008 年版，第 253 页。
② 澹归和尚著，段晓华点校：《徧行堂集》第 1 册，广东旅游出版社 2008 年版，第 9 页。
③ 钱伯城：《袁宏道集笺校》，上海古籍出版社 1981 年版，第 188 页。
④ 澹归和尚著，段晓华点校：《徧行堂集》第 4 册，广东旅游出版社 2008 年版，第 60 页。

中锋，诗有正音，予尝爱之而未能学，故诗与字皆从偏入。"① "弟为诗则偏锋、为人则急性。"②

性灵派最为人诟病之处在于常流入俚俗，澹归于此当有会心。其自身之作，亦时有近俗之讥。澹归论诗，虽主写出自心，然亦须避入流俗。为此，他主张从作者的修养根本着手。其曰："诗之为道：根于性，干于情，枝于才，叶于学。"③

以根、干、枝、叶辅之性情才学，正是复古派的基本前提，当然，澹归或以为此为一切文学的创作。这样的说法，与传统的作者修养论并无二致。与复古派寻求标准风格的范式不同的是：澹归以为文学作品是作者才识的呈现。是以澹归曰："然则为诗，不论识量而论才，不论才而呴濡于事理，诘曲于情词，皆逐末也。"④

"诘曲于情词"显系针对复古派而发，值得注意的是：澹归论诗并不特别强调学问。以学问为叶，其实处于价值次第的末端。这当然不是说澹归不重积学功夫，而是反对置学问为优先，此亦与渔洋的神韵派诗论有所分歧。因此，澹归论诗，作者本身如何扩充才识与锻炼心智成为不可或缺的重要功夫，而澹归论此，率皆归入禅家修证旨要。

（四）诗禅一致

澹归论诗喜用佛典为喻历历可见，此僧家论诗之常则也。其集中"以禅喻诗"的文字俯拾即是，例如曰："诗人写景有入微处，便得禅意。禅人见地有独脱处，又得诗机。"⑤ "世智辩聪与大般若光明果有二乎？"⑥ 毋庸讳言，这种诗禅一致说其实并无新意。诗、禅一致论乃明清之际诗论一大特色。自从严羽标举"以禅喻诗"的说法，便成了文学批评史上聚讼纷纭的题目，值得注意的是，以禅学作为文学艺术的中心似乎成为晚明的诗人、画家超乎派别一致的共识。

著名的诗僧担当（法名普荷）（1593—1673）有《诗禅篇》一诗，对于诗禅关系有不同的体会，其曰：

① 澹归和尚著，段晓华点校：《偏行堂集》第1册，广东旅游出版社2008年版，第182页。
② 澹归和尚著，段晓华点校：《偏行堂集》第2册，广东旅游出版社2008年版，第226页。
③ 澹归和尚著，段晓华点校：《偏行堂集》第1册，广东旅游出版社2008年版，第161页。
④ 澹归和尚著，段晓华点校：《偏行堂集》第4册，广东旅游出版社2008年版，第69页。
⑤ 澹归和尚著，段晓华点校：《偏行堂集》第4册，广东旅游出版社2008年版，第286页。
⑥ 澹归和尚著，段晓华点校：《偏行堂集》第4册，广东旅游出版社2008年版，第49页。

太白子美皆俗子，知有神仙佛不齿。千古诗中若无禅，雅颂无颜国风死。惟我创知风即禅，今为绝代剖其传。禅而无禅便是诗，诗而无诗禅俨然。从此作诗莫草草，老僧要把诗魔扫。那怕眼枯须皓皓，一生操觚壮而老。不知活句非至宝，吁嗟至宝声韵长。洪钟扣罢独泱泱，君不见，严沧浪。①

普荷所谓"禅而无禅便是诗，诗而无诗禅俨然"即同于憨山德清"诗，真禅也"的说法。普荷强调世俗所谓的"活句"，并不是一个优劣绝对的判准，普荷强调判别诗作的优劣判准仍在于"声韵长"——壮阔动人的音节，才能余韵无穷（"洪钟扣罢独泱泱"）。音律的抑扬有致，不仅有审美的功能，更重要的是：这是逼近真理的特殊门径，声音之道也体现出理想的社会秩序。

而力主"神韵"之说的王渔洋深契严羽之说，几无人不知，亦明言："舍筏登岸，禅家以为悟境，诗家以为化境，诗禅一致，等无差别。"② 宋琬曾言："数十年来，诗教与禅宗并行。"③ "以禅喻诗"既是一时风尚所趋，澹归力持此论一方面自是时代风气使然，另一方面他在天然函昰门下苦修禅定多年，对禅学的造诣之深刻，自非一般徒以知解情识揣度禅法者可相提并论。澹归论诗禅关系，亦有前人未发之蕴，其曰：

济家用刚，洞家用柔，用柔之妙，蕴藉于吞吐之半，不尽不犯，出而为诗，与风人之微旨得水乳合，有不期然而然者。诗非道所贵，然道所散见也。譬之已是凤鸾，举体错见五色六章，求北山鹇不洁之翼，了不可得。④

就笔者见闻所及，畅言曹洞禅法即诗法者，莫有过于澹归此说者。对澹归而言，诗虽不是"道"的本体，却是借以见道的重要依据，通过诗的表现，才能见无形无相的道。对澹归而言，诗与禅的同构型既贯乎工夫，也通于境界。是以澹归言曰：

若雪庵，真火宅莲华也。其为诗却有僧气，走生不走熟，走清不

---

① 担当：《担当诗文全集》，云南人民出版社、云南美术出版社 2003 年版，第 175 页。
② 王士禛：《王士禛全集》第 6 册，齐鲁书社 2007 年版，第 4626 页。
③ 宋琬著，辛鸿义、赵家斌点校：《宋琬全集》，齐鲁书社 2003 年版，第 634 页。
④ 澹归和尚著，段晓华点校：《徧行堂集》第 1 册，广东旅游出版社 2008 年版，第 193 页。

走浊，走自己不走他人。宿习静慧，从蒲团上捏聚者一时，从笔墨下放开，有透有不透，透处是禅，不透处是诗。使世之诗人观之，亦谓有似有不似，似处是诗，不似处却是禅。①

诗法与禅法两者成为相互观看与通贯的窗口。诗，不仅是禅法的呈现，也是一种修炼心智的方法。在这个意义上，澹归与普荷的说法颇有相通之处。明清之际的僧家论诗，亦多走此一路。

这里还有一个附带的问题值得一谈，澹归乃曹洞宗下门徒，因而能道出曹洞宗修炼方式与诗学契合之处，在他的眼里，临济宗与曹洞宗并没有高下之分。只不过一用刚，一用柔，但严羽《沧浪诗话》曾说：

禅家者流，乘有大小，宗有南北，道有邪正；学者须从最上乘，具正法眼，悟第一义。……

学汉魏晋与盛唐诗者，临济下也；学大历以还之诗者，曹洞宗下也。②

在严羽眼中，曹洞宗显然是略下于临济宗的。而这也是冯班攻击严羽最力之处，冯班曰：

临济、曹洞机用不同，俱是最上一乘。今沧浪云：大历已还之诗，小乘禅也。又云：学大历已还之诗，曹洞下也，则以曹洞为小乘。③

冯班在其《严氏纠缪》中往往以严羽的禅学知识浅薄作为攻击的重点，但我们如果稍涉禅学发展的历史，就知道严羽并不是无的放矢，只是在宋朝时，曹洞宗确实一度衰微，而临济宗的圆悟克勤、大慧宗杲的声势在当时如日中天，连朱子都免不了受其影响。而大慧宗杲更严厉批评曹洞宗宏智正觉所倡导的"默照禅"，大慧宗杲曰：

近年以来有一种邪师，说默照禅，教人十二时中世事莫管，休去歇去，不得做声，恐落今时。往往士大夫为聪明利根所使者，多是厌恶闹处，乍被邪师辈指令静坐，却见省力，便以为是，更不求妙悟，只以默然为极则。某不惜口业，力救此弊。④

---

① 澹归和尚著，段晓华点校：《徧行堂集》第1册，广东旅游出版社2008年版，第177页。
② 严羽：《沧浪诗话》，见陈定玉辑校：《严羽集》，中州古籍出版社1997年版，第4页。
③ 冯班：《钝吟杂录》，广文书局1969年版，第161页。
④ 大慧宗杲：《大慧普觉禅师语录》卷二十六，见《大正藏》第47册，第922页。

北宋中期，曹洞宗一度式微，几连宗脉的传承都不能确定，其在社会中的地位，较临济宗相去甚远。日本学者阿部肇一写作《中国禅宗史：南宗禅成立以后的政治社会史的考证》，当中关于宋代佛教，临济宗占了 11 章的篇幅，而曹洞宗只有聊备一格的一章，足见当时曹洞宗流传资料十分贫乏，其门庭决不若临济宗喧腾繁华。

冯班与澹归所处的时代则不然。彼时洞、济两家衰而复振，同时在知识分子与庶民阶层之间都拥有相当多的信徒①，因而在明末清初时爆发了大规模的论战，陈援庵《清初僧诤记》论之已详。经由对这个公案的回顾，说明严羽与冯班等人的知识其实都受到客观环境发展的制约，严羽、冯班、钱谦益、王渔洋莫不如是。有超脱，亦有其局限。此是论澹归文艺观时不可忽略的时代背景。

二、澹归的诗词创作

澹归传世之作，以词较为人所知，龙榆生先生《近三百年名家词选》颇有推衍之功。然澹归于当世，颇以诗人著称，船山称其诗"铦刻高举"②、"亭亭独立，分作者一席"③，黄宗羲虽对澹归晚年极不以为然，然其早年喜读其诗，曾言："余于近日释氏之诗，极喜澹归；及徧行集出，粉墨默杂矣。"④ 对澹归未出家前的诗作，船山、梨洲青眼有加。黄梨洲对《徧行堂集》至为嫌恶，一部分原因在于《徧行堂集》的价值观念与儒家严格的节义道德程序不合拍，笔者曾有专文考证，梨洲论澹归多失偏颇，影响所及，全谢山、陈援庵等大家率皆习而不察。⑤ 荒木见悟先生与笔者皆曾力辟梨洲之非，⑥ 先且不论。由船

---

① 明末以来，无明慧经号称中兴曹洞，门下出无异元来和永觉元贤，分为博山、鼓山二系。博山系元来传长庆宗宝道独。道独传丹霞天然函昰，剩人函可，前者是广东曹洞宗最重要的开创者，后者则因文字狱流放盛京，清初东北流人多依止函可。另外觉浪道盛嗣法晦台元镜，路数亦近博山一系，门下最多头角峥嵘之士，如方以智（无可弘智）、倪嘉庆（笑峰大然）、髡残石溪等人。鼓山系元贤传为霖道霈，续福建曹洞慧命。这两系师资的大力宣传，使曹洞宗风在明末清初的江西、福建、广东三省呈现蓬勃的生机，此外浙江一带还有湛然圆澄（云门系），与陶望龄、祁彪佳等人交逅甚厚，影响亦大，曹洞宗可谓盛极一时。

② 王夫之：《永历实录》，上海古籍出版社 1987 年版，第 179 – 180 页。

③ 王夫之：《永历实录》，上海古籍出版社 1987 年版，第 179 – 180 页。

④ 黄宗羲：《南雷诗文集》，《黄宗羲全集》第 10 册，浙江古籍出版社 2005 年版，第 68 页。

⑤ 廖肇亨：《金堡的节义观与历史评价探析》，《台湾文哲所通讯》1999 年第 9 卷 4 期，第 95 – 116 页。

⑥ ［日］荒木见悟：《金正希と熊鱼山》，见《明清思想论考》，研文出版 1992 年版，第 129 – 186 页。

山、梨洲诸家的评语不难看出：澹归实为士林注目之焦点，一时诗僧冠冕殆无疑义。澹归尝自言学诗历程曰：

> 弟少年为韵语，都无师法。今老病潦倒，益不复厝意于此。然细自揣摩，于诗文一道，皆非正宗。①

前已言之，澹归对于复古一派深恶痛绝。就明清之际的诗坛观之，气势最盛者为王、李（复古），钟、谭（竟陵）两路。澹归于此二者皆不甚喜，是以澹归"皆非正宗"的说法几乎可说是他对于个人理论与创作之间存在巨大差距一事具有清楚的自觉。黄宗羲谓澹归《徧行堂集》中"似村僧沿门弄钵"，当指《徧行堂集》中存在大量的募缘疏一事。严格来说，募缘疏、募缘文在佛教文学中自成品类，与《上梁文》《山居诗》《十二时歌》之类同时兼具相当程度的实用功能。澹归入天然门下，充化主，此等作品不过纪实而已，是以澹归自言："弟出家后，只是习粗行，作乞儿，偶有笔墨，皆以莲花落而作佛事，于世教纲维，已付与落影推波。"② 观今本《徧行堂集》中，备言住持事繁情状不知凡几③，梨洲于此率皆未曾寓目，或言此而意在彼？梨洲于澹归，断非知音。关于募缘文字之多，澹归曾言：

> 及开丹霞，穿州撞府，积稿渐多，门人编录，迄于甲寅，凡四十八卷，目曰《徧行堂集》。阅之自笑，登歌清庙，与街头市尾唱莲华落并行千古，若一派化主桫铃声喧天聒地。则昔贤集中所未有者，不妨澹归独擅也。④

观此，几乎可以说"化主桫铃声"是澹归刻意开创的主题。事实上，募缘疏文断非澹归独创，至少王世贞《弇州四部稿》已为募缘疏文自开一卷。然而澹归刻意结合"登歌清庙"（雅正）与"街头市尾唱莲华落"（白话）两种看似截然相反的风格。然以今视昔，"登歌清庙"决不若"街头市尾唱莲华落"之引人入胜。兹引《衡见之佛山募

---

① 澹归和尚著，段晓华点校：《徧行堂集》第 2 册，广东旅游出版社 2008 年版，第 304 页。

② 澹归和尚著，段晓华点校：《徧行堂集》第 2 册，广东旅游出版社 2008 年版，第 309 页。

③ 兹举一例，以见其端。澹归曾言："惟丹霞僧不肯出坡，不肯坐香，不肯睡长连单，不肯奉行堂约束，其最可恨者，只要善知识出门化缘，自己安坐吃用，且乘正经人不在，便以私灭公，驱除己见，为做房头散十方张本。此皆今释起手引坏，后来稍欲扫除，争奈老病，挣扎不来，所以负疚法门，退谢师席。"参见澹归和尚：《与丹霞乐说辩和尚》，段晓华点校：《徧行堂集》第 4 册，广东旅游出版社 2008 年版，第 235 页。

④ 澹归和尚著，段晓华点校：《徧行堂集》第 1 册，广东旅游出版社 2008 年版，第 8 页。

岭南文化书系

韶关禅宗文化研究集萃

千僧锅示此》，绝无"登歌清庙"的风格，却趣味盎然。诗云：丛林不怕着人多，大黑神今变铁锅。五百一千都发脱，肚皮争奈肚皮何？①

此诗后有小注，曰："煮饭的肚皮奈何不得吃饭的肚皮，吃饭的肚皮奈何不得煮饭的肚皮。许多肚皮奈何不得一个肚皮，只是大耳。"② 此诗与小注充满谐趣，于募缘诗文又别开一境。姜伯勤先生十分推崇澹归在白话写作方面的历史地位，以为澹归"始作俑者的地位"③，"表现了明清之际岭南禅僧俗世化倾向中的人文主义精神"④。但笔者管见，澹归的作品带有强烈口语化的倾向实是禅宗语录体的体现，⑤ 谐谑游戏之风又是晚明以来一时风尚所趋，澹归成功结合二者，屡屡应之于自我解嘲，别有一种趣味，亦见乎澹归之词。

我已名饭袋，汝复称米囊。两家相视而笑，同道好商量。只我尘中蹭蹬，看汝风前妩媚，相似不相当。巧没两张口，拙也一条肠。

枉分别，捡题目，做文章。侏儒绝叫，九尺四寸漫昂藏。遮莫千人自废，大抵半旬不食，立地到乌江，吃了须更吃，此乐未渠央。衲僧名饭袋子，罂粟名米囊子。⑥

此等词作虚实交融，且充满谐趣，在词史上应属珍稀之作。此阕词作其实游戏味十足，近乎打油，恐是澹归以白话填词的一种游戏笔墨。⑦ 然游戏神通亦禅门修证旨归。澹归的文字说理时析微精深，抒情既能雅正，复能游戏，实一代大作手，无怪乎朱彝尊无视浙东诸家对澹归的偏见，一再深致崇仰之思。笔者一再重申：出家后的澹归（特别是于丹霞别传寺主其事后），已是一代高僧，绝非世俗意义下的遗民。一味侧重于遗民心思的故国血泪，实乃错会澹归，澹归所思所为，格局与关怀远过乎遗民。是以其法门昆仲阿字今无曰："人每以道隐求澹归，而不知澹归非道隐也。"⑧ 澹归的词作当然也有故国之

① 澹归和尚著，段晓华点校：《徧行堂集》第 3 册，广东旅游出版社 2008 年版，第 234 页。
② 澹归和尚著，段晓华点校：《徧行堂集》第 1 册，广东旅游出版社 2008 年版，第 234 – 235 页。
③ 姜伯勤：《石濂大汕与澳门禅史》，学林出版社 1999 年版，第 585 页。
④ 澹归和尚著，段晓点校：《徧行堂集》第 1 册，广东旅游出版社 2008 年版，第 587 页。
⑤ 李舜臣先生亦持此论。引自李舜臣：《释澹归及其诗文》，见钟东主编：《悲智传响——海云寺与别传寺历史文化研讨会论文集》，中国海关出版社 2007 年版，第 174 – 175 页。
⑥ 澹归和尚著，段晓华点校：《徧行堂集》第 3 册，广东旅游出版社 2008 年版，第 300 页。
⑦ 陈永正先生亦见及澹归词作中的白话倾向。引自陈永正：《澹归词略论》，见钟东主编：《悲智传响——海云寺与别传寺历史文化研讨会论文集》，中国海关出版社 2007 年版，第 132 页。
⑧ 澹归和尚著，段晓点校：《徧行堂集》第 1 册，广东旅游出版社 2008 年版，第 3 页。

韶文化研究丛书

今释澹归之文艺观与诗词创作析论

思，也有不堪回首的前尘往事，但若综观明清之际，即使降清诸人，若龚鼎孳、陈之遴，其作品又何尝无故国之思？乃可持此遽谓诸人为遗民诗人乎？澹归在清词史上的地位十分特殊，严迪昌先生曾谓澹归词作"无不苍劲悲凉，极痛切凄厉"①。对于澹归词作的解释，其遗民倾向更加强烈，遂置梨洲、谢山之评语若无物。澹归最为脍炙人口之作，或当推《满江红·大风泊黄巢矶下》。其云：

激浪输风，偏绝分。乘风破浪，滩声战，冰霜竟冷。雷霆失壮，鹿角狼头休地险，龙蟠虎踞无天相。问何人唤汝作黄巢，真还谤？

雨欲退，云不放。海欲进，江不让。早堆块一笑，万机俱丧。老去已忘行止计，病来莫算安危帐。是铁衣着尽着僧衣，堪相傍。②

此作确乎佳什，无怪乎各方选家于此青眼有加。此作状难写之景如在目前，千愁万绪若雨云江河，时进时退，今则老矣病矣，且一切放下，精勤修行，此阕虽走豪放一路，却情景互见，动人至深。严迪昌先生谓此作写李自成，不知准据何在？③此诗最值得注意的乃是其写黄巢战败出家为雪窦翠微禅师之传说一事④。黄宗羲曾就此说道："黄巢再现而为雪窦。亡国之大夫，更欲求名于出世，则盗贼之归而已矣。"⑤梨洲此语实乃暗讽澹归，笔者曾有专文考证，兹不赘及。以遗民而咏黄巢之事，前此几未之见也。王渔洋曾就黄巢出家一事加以考证，其曰：

黄巢自长安遁归，奔于太山狼虎谷，为其甥林言斩首，送徐州，其死明甚。乃小说杜撰，称其遁去为僧，依张全义于洛阳，曾绘己像题诗云："记得当年草上飞，铁衣着尽着僧衣。天津桥上无人识，独倚阑干看落晖。"按此诗乃元微之赠智度师绝句，特改首句"三陷思明三突围"为云云耳。此宋陶谷、刘定之说，《癸辛杂志》又云：即雪窦禅师。《宾退录》亦已辨之。为此言者，真乱臣贼子之尤也。⑥

渔洋此言虽非针对澹归而发，但若持之盱衡澹归之作，想亦贯通

① 严迪昌：《清词史》，江苏古籍出版社1990年版，第91页。

② 澹归和尚著，段晓华点校：《徧行堂集》第3册，广东旅游出版社2008年版，第295页。

③ 严迪昌：《清词史》，江苏古籍出版社1990年版，第92页。

④ 关于黄巢出家为雪窦禅师传说一事的相关史料，参见周勋初：《唐人轶事汇编》，上海古籍出版社1995年版，第1515页。

⑤ 荒木见悟：《金正希と熊魚山》，见《明清思想论考》，研文出版社1992年版，第650页。

⑥ 王士祯：《池北偶谈》，中华书局2006年版，第574页。

无碍矣。多数选家都读出澹归此作当中对于当权者的不满，然澹归的反应仍与一般的遗民有一径之隔。黄巢传说之真伪先且不论，明清之际，亦有武人出家，陈援庵叙之已详，无须费词，僧家亦多有披战甲者。[①] 笔者管见以为，澹归用黄巢典，还是在说明"岂不英雄，到这里，全身放下"[②] 的心情，然亦可见澹归绝非一般意义下的遗民。笔者以为，澹归作品中的感怀忧时，未必尽带有故国之思，况澹归且自言"且非忠节人"[③]，过分强调其作品的故国忧思，往往容易忽略澹归卓越的才能与超迈的识见，晚近姜伯勤、李舜臣诸先生与笔者皆标举澹归作品中的白话倾向，且诗文中往往谐趣横溢，澹归的作品当然也有孤愤，也有痛切寄托，然绝非局限于此，澹归的作品中风格丰富多元，制题新颖，往往有发前人所未到者[④]，仅此数端，文学史便当更"分作者一席"，明清之际的文学史，澹归缺席已久，今后言及明清之际的文学或佛教，澹归都有不容忽视的重要意义。

三、结语

综上所述，不论文艺观或文学创作，澹归都不拘格套，自由挥洒，严格来说，澹归晚年生命的认同与归属，都在佛法。其出家的机缘固然与永历朝廷的政争失势有关，然精勤刻苦修习禅法，于逃禅之说，最不以为然。曾曰："盖绝尘逃世，在儒教已非正宗，况佛法尤乖大乘也。"[⑤] 对澹归而言，自我定位为如同宋代的明教契嵩、慧洪觉范一般会通儒释，且专擅诗文的诗僧一路。是以其曰：

> 因见宗门知识有文集者，惟明教契嵩、觉范慧洪，此外寂寂。师友相许，谓此集颇足为后学资粮，当照藏经板刊布，使丛林中得以流通，如嵩公《镡津集》、洪公《石门文字禅》。[⑥]

---

① 廖肇亨：《独往性幽与〈蛰声诗集〉：兼探黄檗宗的复明运动》，《台湾文哲所通讯》2007年第17卷第4期。

② 澹归和尚著，段晓华点校：《徧行堂集》第3册，广东旅游出版社2008年版，第297页。

③ 澹归和尚著，段晓华点校：《徧行堂集》第4册，广东旅游出版社2008年版，第330页。

④ 澹归尚有《沁园春·题骷髅图》一组七首，亦十分脍炙人口，严迪昌、张宏生诸先生亦曾题识。陈永正先生谓"有词史以来无此奇作"。此组词系澹归化用吴镇原题之作而来，骷髅词虽然不习见，但骷髅诗是传统宗教文学（尤其是全真教）一个重要的主题，参见衣若芬：《骷髅幻戏——中国文学与图象中的生命意识》，《中国文哲研究集刊》2005年第26期，第73–125页。虽然如此，澹归制题的新奇仍然可见一斑，尤其是从禅法获得的启示，特别值得留意。

⑤ 澹归和尚著，段晓华点校：《徧行堂集》第2册，广东旅游出版社2008年版，第170页。

⑥ 澹归和尚著，段晓华点校：《徧行堂集》第2册，广东旅游出版社2008年版，第225页。

对于明教契嵩融和儒释的教法，澹归始终心向往之，其注释《梵网经》，便于此极力宣说称扬①。至于慧洪觉范，在明末清初时广受丛林推重②，临济宗的木陈道忞甚至说："师之时时教育我侪而为百世之师，我侪亦朝夕承师提命而为终身模范者也。"无论如何，澹归以诗僧自处明矣。严格来说，不论是文艺观或实际的文学创作，对澹归而言，佛教（特别是禅法）始终扮演着无可取代的角色。澹归对佛法的修习体证，也表现在其对文学的体认与表现上。从某个角度来说，这也是明清之际文学文化一个重要的趋势③，澹归一方面体认了这个潮流，另一方面又赋予它新的认识与意涵。本文集中讨论澹归的文艺观与诗词创作，澹归虽然绝非传统定义下的遗民，却是明清之际最为特出的诗僧之一，既是江南与岭南两大文化场域沟通的桥梁，同时也体现了雅正与俗化相互交渗的特征；既是越界书写（boundary-crossing）的绝佳范例，更彰显了"神圣/世俗""忠诚/反逆"等亘古恒新的课题。

（原载《武汉大学学报（人文科学版）》2010 年第 6 期）

---

① 关于这一点，参见徐圣心：《晚明佛教"孝道观"探析》，《思与言》2007 年第 4 期，第 1 - 52 页。

② 关于慧洪觉范在明清丛林地位的评价，参见廖肇亨：《惠洪觉范在明代：宋代禅学在晚明的书写、衍异与反响》，《中边·诗禅·梦戏：明末清初佛教文化论述的呈现与开展》，允晨文化实业股份有限公司 2008 年版，第 105 - 150 页。

③ 关于这一点，参见廖肇亨：《中边·诗禅·梦戏：明末清初佛教文化论述的呈现与开展》，允晨文化实业股份有限公司 2008 年版，第 105 - 150 页。

澹归今释与韶州知府李复修关系考
——以《徧行堂集·李复修序》为视点

廖铭德

《徧行堂集》分为《徧行堂前集》和《徧行堂续集》（以下简称
《前集》《续集》），《前集》49 卷、《续集》16 卷，是韶州丹霞山别传
寺澹归和尚入法门历 30 年所作。《前集》作序者有天然老和尚、阿字
和尚今无、古渔阳李复修，《续集》作序者有渔阳李复修、乐说和尚
今辩、当湖沈皞日。这五位序者，其中"（古）渔阳李复修"先后为
《徧行堂集》（前、续）二度作序，《前集》李复修序（叙）（以下称
《前集·李序》）末署"中宪大夫知韶州府事古渔阳谦庵李复修谨
序"①；《续集》李复修序（叙）（以下称《续集·李序》）末署"中
宪大夫知韶州府广州府事渔阳李复修顿拜撰"。② 而清同治《韶州府
志》、光绪《广州府志》"知府"条均未载其人。"中宪大夫知韶州府
广州府事渔阳李复修"是否为杜撰的人物和职官？澹归禅师与其交往
关系如何？本文拟作初步探讨，以期对澹归今释《徧行堂集》研究有
所裨益，或补方志史阙。

一、《徧行堂集》作序者李复修其人

或许是历史的巧合，中唐时期，岭南也有一位姓李名复修的广州节
度使与佛教结缘，并于唐德宗兴元元年（784）奉敕为印度僧人莲华铸
钟："……节度使李复修鼓铸毕，令送于南天竺金鹕（堆）寺。"③ 本文

① 澹归和尚著，段晓华点校：《徧行堂集·序》第 1 册，广东旅游出版社 2008 年版，第 5 页。
② 澹归和尚著，段晓华点校：《徧行堂集·序》第 4 册，广东旅游出版社 2008 年版，第 1 页。
③ 赞宁撰，范祥雍点校：《莲华传》，见《宋高僧传》，中华书局 1987 年版，第 47 页。

193

所考者，此"李"非彼"李"，是清初知云南新平县令、补迁广东四会县令、擢升广州府同知、"知韶州府广州府事"，并为澹归禅师《徧行堂集》作序的中宪大夫李复修。

李复修的生卒年不详，仕历也很简略，地方志或载或缺；但是《前集·李序》为我们提供了考察的线索："《徧行堂集》成，而属序文于余。曰：余何文哉！余生也愿，少孤，读父兄之书，未能悉其梗概。迨初登仕籍，授滇南令。"① 据《新纂云南通志》载："李复修，直隶人，监生。康熙三年，知新平县，立学宫，招垦种。明年，土酋叛，督民严守，城获全。"② 这与《前集·李序》"迨初登仕籍，授滇南令"相合。另外，徐世昌《大清畿辅先哲传·贤能传》有"李复修传"："李复修，号谦庵，蠡县人，贡生。清初授云南新平知县。县居万山之中，会土司变起，伪将军禄益实率贼数千围其城，复修严守御，诛内应者，得无恙。总督上其功，补广东四会知县。县中赋额多混杂，前官受羁者六员。复修逐一清厘，粮遂如额，并完前任之亏者，皆获释。大吏嘉其能，擢广州同知。吴三桂遣逆党马宝等攻韶州急，将军莽依图会南王尚可喜疏调韶州，抵任而北城已击碎成平壤，复修亲冒矢石，督民昼夜完治之。兵食匮乏，筹运粮草以供军实，坚守三月，城获全。"③ 这则史料文字，不仅记叙了李复修初登仕籍，任云南新平县令至知韶州府的经历，而且简概了他的主要政绩以及擢升韶州知府的原因。

考光绪《四会县志》"知县"条："李复修，直隶人，恩贡，清康熙十年任"④；光绪《广州府志》"同知"条："李复修，直隶人，贡生，十四年任。"⑤ 虽然这两部方志所记合计不过 30 来字，但都载有其上任的具体年份。

徐世昌《大清畿辅先哲传·本传》载"吴三桂遣逆党马宝等攻韶州急，将军莽依图会南王尚可喜疏调韶州"，包含了一个可考的、关于李复修升迁韶州知府的原因及时间信息。在此略作分述：

---

① 澹归和尚著，段晓华点校：《徧行堂集·序》第 1 册，广东旅游出版社 2008 年版，第 5 页。
② 江燕、文明元、王珏点校：《新纂云南通志·八》，云南人民出版社 2007 年版，第 135 页。
③ 徐世昌：《大清畿辅先哲传》，北京古籍出版社 1993 年版，第 939 页。
④ 陈志喆、吴大猷：《四会县志》，台北成文出版社 1957 年版，影印本。
⑤ 戴肇辰等修，史澄等纂：(光绪)《广州府志·职官表七》卷二三，广东省地方志办公室誊印本 1997 年版，第 397 页。

康熙初年爆发的"三藩之乱"在韶州有过两次较大的战乱。第一次发生在康熙十五年（1676）三月，总兵张星耀叛降吴三桂，五月，镇南将军蟒吉图率师至韶州乐昌田村，斩杀伪将王得功，大败叛军;① 第二次发生在康熙十六年（1677），吴三桂部将马宝、胡国术进犯韶州。据光绪《曲江县志》:"（康熙）十六年五月初二日，蟒将军等率师复韶州，民皆安堵。七月初七日，滇贼将马宝、胡国柱、张星耀等率贼党复围城，蟒将军、穆将军等悉力捍御……至九月江宁将军额楚率师救援，大战于莲花岭下，杀贼几尽。是夜，贼遁去，百姓始得复业。"② 《廖燕全集·蟒将军传》也有记载:"十六年六月，伪帅马宝、张星耀等复寇韶州。公闻驰还，登城审视，正北当卫，急筑土围，以防贼用大炮攻城，城墙崩陷，赖土围得存。"③ 结合徐氏所记本传，李复修因"伪将马宝"进犯而"疏调韶州"，那么时间当在康熙十六年五月至六月（这与《李序》"余治韶一年"，与《前集》刻成于康熙十七年相符）。

作者在偶读《曹溪通志》时，见到了一则南华寺住持僧法乾、十房管事僧真谧等呈韶州府衙"为乞天恩准照豁免僧夫事"的文书，该文书批复署:"韶州府正堂老爷李讳复修批:'出家之僧，自不应照民当差。准免。康熙十六年十二月廿四日。'"④ 同时，还从台湾历史语言研究所明清档案工作室检索到一则档案:"题报原任道官萧尽美将平南亲王妄行诬谤一案据供其事初由韶州知府李复修密语继因乐昌知县余振翰禀报相应令该抚速提与萧尽美质审"，这则档案记录的是清廷的加密原始文报。题报的"责任者"为和硕裕亲王爱新觉罗·福全，"责任时间"为"康熙十七年六月二十八日"。⑤ 也就是说，康熙十七年六月李复修已在韶州知府任上，清康熙二十五年以后的《韶州府志》缺载了这位至少任过两年且有作为的知府。

综上所考:李复修于康熙十六年初夏升任韶州知府;韶州知府为"正四品"中宪大夫，《前集·李序》署"中宪大夫知韶州府事李复

---

① 林述训等修、单兴诗、欧樾华等纂:（同治）《韶州府志》"武备略"卷二十四，清同治十三年（1874）刻本，第44页。

② 张希京修，欧樾华纂:（光绪）《曲江县志》，清光绪元年（1875）刻本，第174页。

③ 廖燕著，林子雄点校:《廖燕全集》，上海古籍出版社2005年版，第298页。

④ 马元:《曹溪通志》卷四（14），http://www.nhcs.cn/sixzu/xpcxtz/201201/7333.html。

⑤ 台湾历史语言研究所明清档案工作室（台北）:《明清档案》（卷册: A038-123），见《明清史料》（卷册: 丁10），第926页。

修”是实。

二、澹归今释与李复修的交往关系

澹归和尚（1614—1680），法名今释，字澹归，俗姓金名堡，字道隐，浙江仁和人，明崇祯十三年（1640）进士，是南明永历朝的净臣，有“五虎”之“虎牙”称谓。顺治九年（1652）逃禅于天然和尚门下，康熙元年（1662）北上韶州仁化辟创丹霞山别传寺。至李复修任韶州知府时，澹归今释已成为名播岭南“亦儒亦禅”的一代高僧。

《前集·李序》有云：“比度梅岭，时闻澹归大师之为人，私窃羡慕之。抵粤过访，悉生平节履。”①“抵粤访”，可见之前他们曾有过谋面。但是他们之间的深厚友谊，是在李复修知韶州府事之后、应对“三藩之乱”引发的韶州兵灾以及恢复和重建韶州社会秩序的活动过程中建立起来的。

“三藩之乱”在岭南韶州持续了两年多，发生过两次惨烈的兵灾，给当地社会经济和百姓生命财产带来了空前的灾难。尤其是后一次战乱还引发了瘟疫：“（韶州）府城内外百姓避贼山谷者遭瘟疫死亡甚多。西河靖村、白土等处房屋拆毁大半，死亡尤甚。”② 加之，叛军的掠夺和繁重的官派税赋导致饥馑肆虐，死者相藉，白骨遍野，一时，韶阳大地哀鸿遍野。这就是《前集·李序》里所叙述的：“治韶之一年，捐俸捡埋枯骨，澹师为余作《埋骨文》。”“倡资募修郡城，澹师为余作《修城记》。”③ 澹归禅师为此撰写了《荐阵亡将士建水陆道场疏》《捡白骨疏》及《资荐阵亡将士并一切横死兵民疏（代）》等疏文④。正是禅师“以天下苍生为念”“不忘拯民于饥溺”这种对芸芸众生的悲悯和不舍世间的博大情怀，驱使他积极参与到由知府李复修主导的重建韶州社会经济秩序活动中，并与之结下了深厚的友谊，如《前集·李序》所说的“‘三反’而成莫逆”⑤（“三反”当是指“三藩之乱”）。禅师为李知府所撰的《埋骨文》与《修城记》，不见载

---

① 澹归和尚著，段晓华点校：《徧行堂集·序》第 1 册，广东旅游出版社 2008 年版，第 5 页。
② 张希京修，欧樾华纂：（光绪）《曲江县志》，清光绪元年（1875）刻本，第 174 页。
③ 澹归和尚著，段晓华点校：《徧行堂集·序》第 1 册，广东旅游出版社 2008 年版，第 5 页。
④ 澹归和尚著，段晓华点校：《徧行堂集》第 4 册，广东旅游出版社 2008 年版，第 254、106 – 108 页。
⑤ 澹归和尚著，段晓华点校：《徧行堂集·序》第 1 册，广东旅游出版社 2008 年版，第 5 页。

《续集》，想必早已散佚不存了，不妨通过《捡白骨疏》窥其大概。

李复修在《前集》序里以飘逸流畅的文笔、悠远的意境、华美的词句高扬了澹归禅师的人格魅力："余于是集，几经翻绎，一种肮脏气骨，屹然难撼；一种世外绝尘，悠然无踪……澹师掷斩朱云之剑，皈泛达磨（摩）之苇，遍历廊庙江湖，积力累行。其敦悟恍从'桃花''挽歌'中来。"① 这篇"李序"确实为《徧行堂集》增色不少，是"光壮"文集的"大序"，也是清初众多文集中不可多见的一篇好序文。

《前集》未见收录禅师和李复修往来的诗文书札，而《续集》有禅师答李谦庵（复修）六则，此处兹录四则。

1. 《回棹韶阳赠李谦庵太守诗》（《续集》卷十四）

□（疑作"浈"，段晓华注）武合流南下处／轻舟又溯北风回／自闻五马嘶云上／如向三岩拂月开／蔼蓉昔曾敷独坐／凤凰今已下新台／为言春到虞城久／花信非从腊后来

这是禅师与李知府较早的文字往来，作于《韶南杂诗》、捡埋白骨之后，欲返丹霞山寺之时。

2. 《寄别李韶州谦庵诗》（《续集》卷十四）

叱驭当危地／储胥唱夜筹／军资分负户／清啸得登楼／白骨能相委／青山得自由／平生孤立意／真率付沧州

又

慧业非专巧／通才不擅名／霆驱龙爪重／雪捧鹅毛轻／画水初无迹／镂空别有情／双瞳何待熟／一面见三生

又

方员徒自画／上下莫能知／守黑全知白／争先即用迟／此心能及物／吾道不违时／苦雨辛风地／回甘寄所思

又

枝叶俱成盖／山川更出云／晨风勤运览／夕月细论文／史即三长具／书从二酉分／名流来未已／忆尔惜离群

---

① 澹归和尚著，段晓华点校：《徧行堂集·序》第1册，广东旅游出版社2008年版，第5页。

197

澹归今释与韶州知府李复修关系考

这是澹归禅师欲出岭赴嘉兴请藏经时所作。首诗（五言）概述了李复修临危受命韶州知府，筹措军资，体恤军士，守城保民，捐奉埋骨等事迹。"真率付沧州"，疑禅师将李知府误为河北沧州人氏。徐世昌《大清畿辅先哲传》载"李复修，蠡县人"有误，当以《四会县志·李序》署"直隶上谷"人为是。末首诗，"名流来未已"指康熙己未（1679）开博学宏词科，"名流"辈出将在"己未科"；"忆尔惜离群"，感叹博学多才的李知府未能出现在此次"博学宏词科"会试这个群体（李为贡生），有文人相惜、嘉誉之意。

3.《答李谦庵太守》（《续集》卷十六）

栖尘已觉生非久／欠债须知死必还／请藏归能成后会／凭公先为护松关

这首七言绝句，是禅师作《寄别李韶州谦庵诗》之后，就李知府答诗的回赠诗。此时，禅师已在请藏经途中，感觉生命的落寞与短暂，又常想起李知府的多方帮助，祈盼赴吴越请得藏经回韶阳再续"高斋夜话"，情谊犹若梅岭关上那悠悠的白云与苍劲的虬松。

4.《与李谦庵太守》（《续集》卷十一）

还山晤范令君，谈及开罪原由，甚有悔心。盖地方士民公呈诉苦，属在兵火之余不得不为申请，而为台辄以详督抚，奉此严行。其实，省郡城垣大兵刍豆皆系军公，无损于守而适以重令之过，则道台非惟不爱府，正自不爱县也。范令年少质美，然于吏事未练，岂免疏忽之咎？愿吾兄勿遂弃绝，开导诱掖，使卒底于成。盖下属有过，为上台者不赐督责，而与以包涵，加之培植，则其感激更自出于寻常万万。想阔达之才，容忍之德，必于鄙言有水乳合也。范令曾有一禀，不妨裁答，以安其心。古人使功不如使过，用亲亦可用仇，况在属员，不出炉锤之间，终归桃李之列者耶？专此布恳，不尽。

又

丹霞僧至，具知福曜已归韶石，此大庆也。近来事势，颇无旁掣之肘，（指李复修）可以展布自如，则六邑之民皆袭冬日，坐春台矣。弟自去夏请藏事竣即病于吴中，今春几至不起。顷，虽幸存视息，然形神已离，恐不能再入岭与吾兄续高斋夜话之乐也。拙集承大序光壮，

置之广弘明集中，不特丹霞增重，即天下法门无不借峻极昆仑而增重矣！

第一则似乎禅师在为李知府一位属下公干吏求情（此人待考），作书札时已至嘉兴并请得藏经，此时身体尚好，笔端文字入情入理，辩而不争，提携新人之心情溢表，一句"况在属员，不出炉锤之间，终归桃李之列者耶"让人释怀弥隙；第二则"弟自去夏请藏事竣即病于吴中，今春几至不起"，作于康熙十九年（1680）春，此时，禅师"然形神已离"，预感不久于人世，岂知"请藏归能成后会"成永诀。"拙集承大序光壮"，可见李复修为《前集》作序是实，禅师为此而作札答谢。

三、从《徧行堂集》序看刊刻时间过程

（一）关于《前集》

禅师在《徧行堂集缘起》云："及开丹霞，穿州撞府，积稿渐多，门人编录，迄于甲寅。凡四十八卷，目曰：《徧行堂集》。"[①] "积稿渐多"是刊刻的缘因，收录文稿的时间上限为"甲寅"，即康熙十三年（1674），全集书稿卷数与今传本相同，从语境来看，"缘起"的写作时间在康熙十四年（1675）；另外，陆孝山作《征刻引》时，通读其稿，只有天然老和尚为之序，"是集，孝山一阅藁（稿）有《征刻引》，天然老人先为制序"[②]。吴天任先生《澹归禅师年谱》亦云："康熙十三年 甲寅 六十三岁……自编《徧行堂前集》诗文，止于是年。"[③] "止于是年"是说收录的诗文迄于康熙十三年。因此，"康熙十三年甲寅是年，澹归师编完《徧行堂前集》诗文，并出丹霞刊本《徧行堂集》。"[④] "出丹霞刊本"有误，当在拟刻中。

王重民先生认为，"正集（《前集》）刻成于康熙十五年，续集则堡卒后四年今辩刻成之"[⑤]；王汉章先生在其《澹归禅师年谱》手稿中说："康熙十五年 六十三岁 丙辰（一六七六）在丹霞，《前集》刻

① 澹归和尚著，段晓华点校：《徧行堂集·序》第 1 册，广东旅游出版社 2008 年版，第 8 页。
② 澹归和尚著，段晓华点校：《徧行堂集·序》第 1 册，广东旅游出版社 2008 年版，第 8 页。
③ 吴天任：《澹归禅师年谱》，中山大学古文献所据香港志莲堂本复印本，第 98 页。
④ 袁首仁：《别传寺史略》，佛教导航，http：//www. foyuan. net/article – 181647 – 1. Html。
⑤ 王重民：《中国善本书提要》，上海古籍出版社 1983 年版，第 680 – 681 页。

于丙辰。"①《前集》刻成于康熙十五年（丙辰），这一说法似乎有误，值得商榷，这可能是由于以下两个原因：第一，《续集》卷十《与海幢阿字无和尚》："笔墨之兴，日来已尽，伫俟大序，开我怀抱"；又云："《徧行堂集》刻成，前许大序，尚未掷下，幸于去僧归时，赐藁弁首，为光壮也。"② 第二，《前集》海幢阿字禅师今无《序》。该序末署："丙辰中秋，海幢同学今无序于光宣台上。"③ "康熙丙辰中秋"，即康熙十五年（1676），或许是因此而作定论的。实际上，《前集》此时仍在刊刻之中。全集刻成的时间约在康熙十七年（1678）夏末：第一，《续集》卷十《与海幢阿字无和尚》："弟今年六十四……《徧行堂词集》三卷，先奉一笑。"④ 作此札时为康熙十七年（1678）初。第二，《续集》卷十《与丹霞乐说辩和尚》："闻印书已得百四十部，便将百部于月初发来，得伴即行，迟速如意，若有伴而更俟书便失算矣。顷，因栖贤之信亦欲早往庐山。"⑤ 禅师于康熙十七年（戊午）六月出岭请藏，七夕，抵达南昌，正欲赶往庐山（七月十九日作《祭栖贤石鉴觌和尚文》），这"百四部"刻成的时间当在康熙十七年夏末。吴天任先生注意到了此事，认为"禅师度岭请藏时，刻集事托同门乐说（今辩）和尚料理……盖全集于禅师离丹霞后乃刻成也。"⑥ 吴先生所言极是，但未作详考。第三，回溯前文，李复修于康熙十六年（1677）春夏"疏调"韶州，至康熙十七年夏禅师出岭请藏经约历时一年，这与《前集·李序》"治韶之一年，捐俸捡埋枯骨，澹师为余作《埋骨文》……"相吻合。因此，可以确定李复修为《前集》作序的时间在康熙十七年夏，《前集》首印大致在这一时间段，可以说，《前集》全集刻成于康熙十七年。

（二）关于《续集》

康熙十九年庚申（1680）春，禅师自云间至平湖，拟还栖贤，但因病重不能前行，平湖陆孝山留寓别业，将诗文续稿及所编校的今觊

① 王汉章：《澹归禅师年谱》，1951年。
② 澹归和尚著，段晓华点校：《徧行堂集》第4册，广东旅游出版社2008年版，第228页。
③ 澹归和尚著，段晓华点校：《徧行堂集》第4册，广东旅游出版社2008年版，第1-4页。
④ 澹归和尚著，段晓华点校：《徧行堂集》第4册，广东旅游出版社2008年版，第228页。
⑤ 澹归和尚著，段晓华点校：《徧行堂集》第4册，广东旅游出版社2008年版，第228页。
⑥ 吴天任：《澹归禅师年谱》，中山大学古文献所据香港志莲净本复印本，第98页。

遗稿托寄回丹霞，请乐说今辩大师续校，八月九日，禅师示偈，圆寂。《续集·今辩序》云："庚申之秋，澹兄示寂嘉禾，亲书遗札，寄全稿还山。"① 次年，李复修为《续集》作序。虽然《续集·李序》序末署"康熙二十年岁次辛酉菊月　中宪大夫知韶州府广州府事渔阳李复修顿拜撰"，但是作序并不意味着出刊刻本，这与《前集》天然老和尚、阿字今无制序相似，是拟刊或在刻时之序。故，《别传寺史略》"康熙二十年辛酉（1681）出刊本《徧行堂续集》"② 有误。《续集·今辩序》亦云："阅今四载，（续集）方克梓成编。"③ 然而，《续集·沈皞日序》给我们提供了《续集》刊刻最后完成的具体时间："乙丑七月……丹霞乐说大师遣自破上人赍《徧行堂续集》来……乐大师致书曰：'《徧行堂续集》已成，必得余序传之无穷。'"④ "康熙乙丑"，即康熙二十四年（1685），也就是说《续集》刻成于康熙二十四年。

（原载《佛山科学技术学院学报（社会科学版）》2013 年第 5 期）

---

① 澹归和尚著，段晓华点校：《徧行堂集》第 4 册，广东旅游出版社 2008 年版，第 1－4 页。
② 袁首仁：《别传寺史略》，佛教导航，http：//www. foyuan. net/article－181647－1. Html。
③ 澹归和尚著，段晓华点校：《徧行堂集》第 4 册，广东旅游出版社 2008 年版，第 1－4 页。
④ 澹归和尚著，段晓华点校：《徧行堂集》第 4 册，广东旅游出版社 2008 年版，第 1－4 页。

澹归今释与韶州知府李复修关系考

观本对六祖禅学的近代阐扬

何建明

一

道信、弘忍所开辟的蕲州黄梅禅学，经六祖慧能的创造性弘传，成为唐宋以后中国禅佛教的主流。清中叶后，佛学式微。特别是道、咸间洪杨之役，一向为禅佛教之重镇的江南广大地区，寺庙道观毁弃殆尽。太平天国失败后，各地寺庙虽然尽力修复，但是，由于社会上和佛门内部的各种积弊与时病太沉，加之洋务运动以后庙产兴学运动的一再打击，中国传统佛教奄奄一息，秉承蕲州黄梅禅学一脉的六祖禅，当然也未逃厄运。

自清末开始，以寄禅和尚为代表的禅门高僧，奋起复兴江南禅佛教。随后，虚云、圆瑛、太虚、仁山和来果等清末民初的高僧们，也为复兴中国禅佛教而进行了不懈的努力。特别是虚云和尚，在二十世纪三十、四十年代对唐代大鉴禅师六祖慧能道场——南华寺的重兴，成为近代六祖禅学复兴的最重要标志。而本篇的主人翁观本法师，正是协助虚云和尚重兴南禅祖庭的最重要的人物。

观本法师（1868—1945），俗姓张，名寿波，号玉涛，广东省香山县南屏乡人。他在师从虚云和尚前，曾先后师从著名的常州天宁寺冶开禅师和杭州常寂光寺微军老和尚习净土法门，并于民国初年多次来澳门，建佛声社、无量寿功德林等道场，弘扬净土信仰。20世纪30年代初，虚云和尚振兴福建鼓山涌泉寺之禅脉，观本慕名来此受三坛大戒，自此成为虚云和尚的弟子，并开始弘扬六祖禅学。观本由于在

俗时有过丰富的学商工兵等社会经验，加上他在佛学及修行上的笃实与坚定不移，深得虚云和尚的信任，因而来鼓山受戒不久即担任该寺监院，成为虚云和尚振兴禅佛教最得力的助手。后来虚云受邀重兴南华寺，已至澳门弘法的观本法师，接受虚老之坚邀北上韶关，帮助虚老整理和振兴岭南名刹南华寺，并担任监院之职，直至1945年底因积劳成疾辞世，他为重兴南华寺作出了重要贡献。

观本法师不仅在协助虚云和尚重兴鼓山禅院和六祖祖庭方面作出了突出的成绩，而且在弘法宣教、阐扬六祖禅佛教思想方面，也开展了大量的工作。1942年正是抗日战争最紧张的时期，观本法师利用修复南华祖庭之间隙，又一次来到澳门弘法。应正在澳门避难的广州陶轮学社诸子的盛情邀请，观本在该社讲解了记载六祖慧能佛教禅宗思想的《坛经》，可以说这是他多年来追随一代禅佛教宗师虚云老和尚修道的经验结晶。

正因为如此，这次在澳门为陶轮学社诸子举行的佛学讲授，在当时的听众中产生了积极的影响，并留下了深刻的印象。当时参加听讲的朱兆洪居士，在观本法师讲经后临返南华寺前，还专门赋诗一首以表示感谢和临别送行，充分表达了陶轮学社诸子和澳门地区关心和崇信佛教的有识之士，对于观本法师来澳门讲授《坛经》、弘扬佛教文化的感激之情。诗曰：

禅宗妙谛，信天人欢喜，天花撩乱，一卷《坛经》涵万法，说到十方圆满，杯渡当年，赐飞今日，事又缠缘短，绕林出岫，白云随意舒卷。

凝恨孤岛烟横，沧州日落，路阻归帆转，故国河山空怅望，愁把画图重展，古寺难寻，秋江易别，天外钟声远，无来无去，众生咸共斯愿。

诗前还撰小序以志：南华寺高僧观本大师弘法澳门，说《坛经》后，不避艰险，间关返粤，赋此送之。①

二

毫无疑问，六祖《坛经》是禅宗六祖慧能在南方传播禅佛教思想

---

① 朱兆洪：《念奴娇》，见方宽烈：《澳门当代诗词纪事·下册》，澳门基金会出版社1996年版，第386页。

的最重要的著作。因此，历代演说和发挥《坛经》思想的著作非常之多。可以说，历代凡是力图继承和弘扬六祖禅学思想文化传统的，无不这样或那样地去适应时机地阐发《坛经》的思想。观本法师跟随当代禅宗大德虚云老和尚修习禅佛教，自然也要根据当代的时机来阐述自己的佛学思想。观本法师认为，打开六祖《坛经》这部稀世宝库的最重要的一把入门钥匙，就是《坛经·顿渐品第八》中六祖慧能对北宗志诚禅师所说的话：

师曰："秀和尚所见，实不可思议。吾所见戒定慧又别。"志诚启曰："戒定慧只合一种，如何更别。"师曰："汝师说戒定慧，接大乘人。吾戒定慧，接最上乘人。悟解不同，见有迟疾。"……①

观本法师认为，此处六祖所示志诚的话，非常重要。他说：

如何谓之大乘，如何谓之最上乘，如何称为小根智，如何称为大根智呢？此处应当着眼。不先将此事明了在胸，则《坛经》真谛，决定无从着手。

观本为什么如是说呢？因为在他看来，对于凡心未泯的人，讲这些不过是对牛弹琴，即便是小乘声闻和中乘圆觉者，也如堕云雾。因为禅佛教的南能北秀二宗，同出于黄梅东山弘忍的门下，都是大乘法脉。但是，就最上乘而言，即使是有大乘根器者，也够不上。当然，这并不是说我辈末法时代的众生，就没有指望去了解这最上乘法了。他说：其实所谓最上乘者，乃于六度中，已彻悟禅那本际，今乃超过禅波罗蜜法，而纯然深入般若波罗蜜者也。②

也就是说，慧能祖师所提倡的最上乘法，并非后世和现今所谓学禅者的修行法，而是已经彻悟了禅那本际的。它所注重的不是禅那，而是般若智慧。也就是说，六祖所重视的禅，不是原来的禅定修持，而是超越此种局限，获取般若智慧。

正是由于观本法师所理解的六祖禅，不是传统意义上的禅定，而是般若智慧，所以他批评后世学佛参禅者执着于参话头等所谓禅定的做法。当然，他并不认为这只是他个人的意见，而是认为这本身就是

---

① 杨曾文：《（大乘寺本）韶州曹溪山六祖师坛经》，见《敦煌新本六祖坛经》，上海古籍出版社 1993 年版，第 102 页。

② 《圆音月刊》第 3、4 期合刊，第 64 页。

六祖在《坛经》中特别强调的:

试观《坛经》所列品第,开端自序品之下,第二即标出般若品,于般若独家详说,而于禅功并不列入品第。更于定慧品第四,与妙行品第五,却将后世坐禅参话头法,种种加以针砭。当知此二品,非是无的放矢。闻当时北宗以国师资格,宏扬坐禅之法,其道大行。南宗僻处偏隅,非认真禅学高深、发起大心者,不易来求南宗道貌岸然法。故南宗者,实为禅宗应病与药之甘露法门也。①

其实,六祖禅虽然强调般若智慧,强调"学道者顿悟菩提,各自观心,自见本性。若不自悟,须觅大善知识,解最上乘法者,直视正路"②。但是,六祖慧能也特别强调:"我此法门,以定慧为本。"并告诫追随者说:"大众,勿迷言定慧别,定慧一体,不是二。定是慧体,慧是定用。即慧之时定在慧,即定之时慧在定。若识此义,即是定慧等学。"③尤其是对于大多数人来说,不可能像六祖那样一听五祖弘忍说法便言下大悟,否则,岂不都是六祖般的大智慧了?因此,六祖说法,是针对大众的,而不是仅对上上根人所说。他时常教导:"我此法门,从上以来,先立无念为宗,无相为体,无住为本。"④何况,对于大多数修道学禅者来说,没有经过神秀所说的"时时勤拂拭,莫使染尘埃"的修持,何以能了悟六祖慧能所说的"本来无一物,何处有尘埃"之境界呢?

当然,我们应当承认,观本法师对于六祖禅的理解,是抓住了南禅与北禅相比其所具有的最本质的特征的,那就是南禅重悟、重般若智慧,而北禅重修、重无念坐禅。但是,我们绝不要误会慧能的南禅轻视无念坐禅,忽视定而只注重般若智慧。观本强调六祖最重视的是般若智慧,而不是坐禅入定,不过是针对晚近以来禅门中盛行持念话头的枯坐参禅者而施下的药。

三

观本法师对于《坛经》的阐发,最令人瞩目的地方,就是他对于

① 《圆音月刊》第3、4期合刊,第64-65页。
② 《圆音月刊》第3、4期合刊,第64-65页。
③ 《圆音月刊》第3、4期合刊,第85页。
④ 《圆音月刊》第3、4期合刊,第86页。

六祖禅宗与密宗、净土宗、律宗、涅槃宗、法华宗和唯识宗等诸宗关系的认识。

印度古密教早在三国时代就传入中国，但是印度纯粹的密教的传入，是在唐朝。这也是中国密宗正式建立的时期。先是善无畏于唐开元四年（716）从中印度经西域来长安弘密，四年后南印度密教高僧金刚智及其弟子不空经南海、广州来洛阳弘密，由是在中国逐渐形成了以修持密法为主的密教宗派（后称"唐密"）。日本于唐代派高僧来中国学密教，后来发展成了东密。不幸的是，汉地的"唐密"在会昌法难和五代变乱后而渐至歇绝，但是，西藏地区自7世纪松赞干布时期从印度传入密教，至14世纪大兴密法，逐渐形成了至今仍有很大影响的"藏密"。近代中国佛教文化复兴运动之时，一些佛教信徒相继到日本和西藏学习密教，尤其是日本真言宗僧人来中国传教，以及西藏的宗教领袖之一的班禅来汉地弘法，引起了不小的密宗热潮。

观本认为，近代以来虽然有不少人喜欢密宗，但是，那些研究和崇尚密教的人，只是涉及密宗的仪式，而极少懂得密宗的真理，而且，他们又往往将密宗与显宗"打作两橛。不知轩轾显密，为密宗根本所大戒。据诺那呼图克图佛学问答开示录云：康藏行者，须先修显教十二年以上。将显教经典，研究明了后，乃进而修密"①。他特别指出六祖当年对于密教真理的教导：

密法的真理，言简理当。最说得透彻，莫如六祖。观《坛经·自序品第一》：慧明在大庾岭，得六祖指点，言下悟得本来面目，复问曰："上来密语密意外，还更有密意否？"六祖曰："与汝说者，即非密也。汝若返照，密在汝边。"好个密在汝边！若如此悟得，则密宗之骨髓在是矣。②

不过，从现存最早的《坛经》敦煌本和敦博本来看，观本上述所引六祖慧能开示慧明的话并没有记载，日本的大乘寺本《坛经》也没有上述记载，这至少说明观本所引"通行本"的《坛经》中上述慧能对慧明所讲的话不一定真实，而很可能是后人因为某种需要加上去的。

当然，无论上述观本所引慧能的话是否真实可靠，至少可以说明

---

① 《圆音月刊》第3、4期合刊，第65页。
② 《圆音月刊》第3、4期合刊，第65页。

观本对于南禅六祖具有精深的密宗思想是深信不疑的，而在观本看来，近人所谓学佛修密者，因为不懂得六祖《坛经》的密法观念而时常误入歧途。就此而言，观本的观点当然带有明显的宗派偏见，但是，他对于当时许多人盲目崇信密宗的批评，也有一定的积极意义。因为在当时确有不少人为弘密者所遮诠。20世纪30年代，著名高僧印光法师就曾明确地对当时正崇信密宗的谢慧霖居士说：

近来密宗大兴，然某某之劣迹，已大为露布。闻重庆佛学社，完全变作密宗道场。彼成佛之易，往生之易，直同反掌，居士恐亦为之感动。但思某某多年专学密宗，其见识如此，决非成佛及业尽情空之气氛，则彼之所学者，殆非如来所传之密宗。使真正如来密宗已得，何致香臭亦不知而任意侮蔑圣贤也？①

也就是在观本法师来澳门弘扬佛法之前夕，巨赞法师（万均）在桂林出版的《狮子吼月刊》上发表了《新佛教运动史的研究》一文，对于当时流行的密宗的某些做法，提出了尖锐的批评，认为密教徒的许多宣传，都不过是牵强附会。②

对于净土宗与禅宗的关系，观本认为，《坛经》所反映的六祖南禅思想，不仅没有轻视净土宗，而且，"净土宗亦为《坛经》所重"，他说：

观《决疑品·第三》所答韦刺史念佛生西之问。后人滑口读过，以为六祖不主张念佛法门。

不知六祖之所主张，乃念自性弥陀。此是上品上生，念佛至精之道……观六祖指点韦使君言："若悟无上顿法，见西方只在刹那。"又分明指点出曰："自色身是城，眼耳鼻舌是门，外有五门，内有意门，心是地，性是王，王居心地上，性在王在，性去王无，佛在性中作，莫向身外求。"此明白指出吾人念佛，当向八识心王，认取自性。认得心性时，便见本源自性天真佛。③

六祖慧能关于念佛与净土的说法，主要体现在以下一段问答对白之中：

① 《印光法师文钞三编》卷二，苏州灵岩寺刻印本，第299－300页。
② 《狮子吼月刊》1941年第2期，第6－8页。
③ 《圆音月刊》第3、4期合刊，第65页。

又问："弟子常见僧俗念《阿弥陀经》，愿生西方。请和尚说得生彼不？愿为破疑。"师言：使君善听，某甲与说。世尊在舍卫城中，说西方引化，经文分明，去此不远。若论相说里数，即有十万八千。若说身中，十恶八邪便是。说远只为下根，说近为其上智。人有两种，法无两般。迷悟有殊，见有迟疾。迷人念佛生彼，悟人自净其心。所以佛言：随其心净，则佛土净。师言：东方人但净心无罪，西方人心不净有愆。东方人造罪，念佛求生西方。西方人造罪造愆，彼土念生何国？……使君心地，但无不善，西方去此不遥。若怀不善之心，念佛往生难到。今劝善知识，先除十恶，即行十善。后除八邪，乃过八千。念念见性，常行平直，到如弹指，便睹弥陀。能净能寂，即是释迦。①

同时，六祖还指出，仅以口念佛是不够的，尚需口念心行，心口相应：

世人终日口念，本体不识自性，由（犹）如诵食。口但说空，万劫不得见性。某甲与说，善知识，摩诃般若波罗密（蜜）是梵语，此言大智慧到彼岸。此须心行，不在口说。口念心不行，如幻如电。口念心行，即心口相愚。②

很显然，六祖慧能所谓的念佛往生西方净土，并不是要往生一个什么自身之外的西方净土世界，而是自净其心，达到自身之内的清净世界。这与净土宗所追求的身外西方净土世界，是有根本不同的。但是，大约自五代时期的永明延寿融合禅净以后，净土佛教多少吸取了禅宗的唯心净土思想，而禅宗也逐渐融入了净土宗的念佛思想，从而使宋元以后的禅宗和净土宗呈现出似禅实净、似净实禅、非禅非净和亦净亦禅的复杂局面。由此，我们来看待观本对于六祖《坛经》中关于唯心净土思想的诠释，似乎可以这样说：如果从传统净土佛教的角度讲，这种诠释是不妥当的；而如果从宋元以后的禅佛教和净土佛教来讲，这种诠释并非不成立。

四

自曹魏时起，佛教的戒律就开始传入中国，至隋唐时期，中国逐

---

① 杨曾文：《敦煌新本六祖坛经》，上海古籍出版社1993年版，第98－99页。
② 杨曾文：《敦煌新本六祖坛经》，上海古籍出版社1993年版，第92页。

渐形成了自己的律宗佛教。宋元以后律宗逐渐式微，至晚清时期，律宗和律学几丧殆尽。民国以后，幸有弘一法师等努力复兴极度衰微的律宗和律学，并有日本律学回传中国本土，中国律宗和律学才开始有所复兴。那么，在近代律宗和律学复兴之时，它与正在复兴的禅佛教，尤其是与虚云和尚努力振兴中的六祖南禅之间，是什么关系呢？

观本在澳门陶轮学社的禅学演讲中，对禅宗与律宗的关系问题，从南禅的角度给予了阐释。他说：

> 《坛经·忏悔品第六》，此纯然是提倡律宗。律宗最紧要是忏悔，看《坛经》中解释"忏悔"二字，何等透彻。其所言律，纯从自性起修，从大处落脉。要明一体三身自性佛，方能发真正持戒之心。世人持戒，有名无实，就系不明三身自性佛，所以敌不过五魔六贼，而不觉陷入三途业因也。故欲得持戒力用，须寻味透彻《坛经》。①

我们知道，《坛经》强调："我此法门，以定慧为本。"但这绝不是说南禅不重视持戒，忽视戒律。《坛经》中多次引用《菩萨戒经》，这本身就说明六祖慧能不仅主张"我此法门，从上已来，先立无念为宗，无相为体，无住为本"，而且非常重视戒律和持戒，以此作为"外禅内定"②的先决条件。他强调修习南禅者先要发"四宏愿"，进而授无相三归依，由此才能真正修行。因此，说六祖《坛经》提倡持戒，是合乎实际的。

但是，提倡持戒，并不等于提倡律宗。因为律宗所强调的持戒，与禅、净、密等佛教宗派所强调的持戒是有所不同的。"律宗将佛陀所制的一切诸戒归纳为'止持''作持'二类，以比丘、比丘尼二众制止身口不作诸恶的'别解脱戒'为'止持'戒，以安居、说戒、悔过等行持轨则为'作持'戒。"③显然，律宗所谓的持戒，除了其他诸宗所要求行持的"止戒"，更重要的是行持"作戒"，而其他诸宗所行持的主要是"止戒"。

所谓涅槃宗，是指那些以研究和弘传《大般涅槃经》为志职的佛教学者所形成的佛教宗派。历史上通常称这些学者为涅槃师。中国最早传入的《大般涅槃经》，是法显于东晋时期从中印度取经后，回到

---

① 《圆音月刊》第3、4期合刊，第65页。
② 杨曾文：《敦煌新本六祖坛经》，上海古籍出版社1993年版，第88页。
③ 中国佛教会编：《中国佛教》第1辑，知识出版社1980年版，第299页。

建康道场寺与佛陀跋陀罗共同译出的，题名为"大般泥洹经"，引起了大江南北佛教学者的极大兴趣。几年后，在敦煌又译出了一个版本，称为《大涅经》。不久，在此基础上，又整理出兼有二者之长的所谓南本《大涅槃经》，由此在南北朝时期的宋梁二代形成了最盛行的一种佛教学术思潮——涅槃学。

观本法师认为，六祖《坛经·机缘品第七》中就有六祖对无尽藏尼解释《大涅槃经》妙义的记述，这就是六祖对于涅槃宗的论述。只可惜六祖当时尚未出家，身边没有人对他的此次解说作笔记，因而当时他究竟说了些什么，现在不得而知。"然观无尽藏尼，闻此妙义，实践用功，能与六祖同留真身，至今不坏，则其得真实用处可知也。"①

然而，笔者从《坛经》的两种敦煌本和日本大乘寺本中，都没有找到关于无尽藏尼的记载，倒是在《景德传灯录》卷五的慧能传中，发现了观本所提到的关于六祖曾向无尽藏尼解说《涅槃经》之事。观本又说：

然《坛经》中所述：僧志道，览《涅槃经》，十载有余，未明大意，求六祖垂诲。志道所以不明之故，因为意识中有个生死苦乐执情。此执情人人所有。所谓众生知见，最难解脱，所以世间上求长生久视之术的人，以为仙佛同源，不知根本上错了。②

当然，仍然需要指出的是，观本上述所言志道请求六祖指点《涅槃经》之事，在《坛经》中并无记载，此史实出于《景德传灯录》卷五。六祖禅思想的形成，很显然也是继承和发展了涅槃学"顿悟成佛义"。但是，涅槃学与南禅毕竟有着很大的不同，较明显的一点，就是南禅重在实践，而涅槃学重在学说的探讨；而且，南禅重在顿悟，而涅槃学还有慧观等人主张渐悟，反对顿悟，等等。

五

六祖《坛经》中记载着法达向六祖请教《法华经》妙义的一段故事，颇能反映六祖对于《法华经》的理解。六祖说：

---

① 《圆音月刊》第3、4期合刊，第66页。
② 《圆音月刊》第3、4期合刊，第66页。

经文分明，无有余乘，唯一佛乘。……诸佛世尊，唯以一大事在缘故，出现于世。……吾劝一切人，于自心地，常开佛知见。世人心邪，愚迷造罪，口善心恶贪嗔嫉妒，谄佞侵害，自开众生知见。世人心正，常起智慧观照，自开佛之知见。汝须念开佛知见，莫开众生知见，即见出世。……此是《法华经》一乘义，向下为迷人故。汝但依一佛乘。……心行转《法华》，不行《法华》转。心正转《法华》，心邪《法华》转。开佛知见转《法华》。努力依法修行，即是转经。自心若不念念修行，即常被经转。①

观本法师据此认为："佛一生传法利生的苦心，被六祖轻轻一听，便明了无余。六祖之见地，真是传佛心宗的大善知识。昔天台智者大师，于《法华经》，悟入"是破例精进，是名真法供养如来"，便见灵山一会，俨然未散，旋获大陀罗尼（即大总持），悟入法华三昧，即创法华宗。智者所悟的境界，乃接受佛的咐嘱。六祖所会得的境界，乃指出佛以一大事因缘出现于世的心事。故欲深悟法华宗旨，须从《坛经》着手。"②

六祖慧能的确对于《法华经》中的"一大事因缘"有深刻的领会。不过，这"一大事因缘"其实并非法华宗所独有，佛法中的哪一法未尚无？创立了南禅的六祖，自然对于这"一大事因缘"不会陌生。因此，从《坛经》着手来把握这"一大事因缘"未尝不可，由此来进一步研读《法华经》，当然也不失为一种学佛途径。只是不能因此就认为南禅已包含了法华。

法相唯识学在唐朝因玄奘和窥基的大力弘传而盛行一时，会昌法难和宋代以后，很快就衰落下去了，以至于到了近代，杨文会等有识之士发现在唐朝盛行一时的法相唯识学，连许多重要的论著都找不到，因而不得不从日本搜集中国原有的法相唯识学的著作。唯识学注重名相的诠释和因明学，在佛教理论上有着特别的贡献，为近代中国佛教文化复兴运动中最受瞩目的一个宗派。因此，阐释六祖《坛经》与法相唯识学（宗）的关系，很自然地成为观本法师所关注的一个重要方面。

《景德传灯录》卷五记载智通"初看《楞伽经》约千余遍而不会

① 杨曾文：《敦煌新本六祖坛经》，上海古籍出版社 1993 年版，第 103－104 页。
② 《圆音月刊》第 3、4 期合刊，第 66 页。

三身四智，礼师求解其义。祖曰：三身者，清净法身汝之性也，圆满报身汝之智也，千百亿化身汝之行也。若离本性别说三身，即名有身无智；若悟三身无有自性，即名四智菩提。"观本法师认为，六祖对于《楞伽经》"所含甚深之妙义，以极简单数句偈语，便解释了。今人在唯识宗研究多年，总摸他头绪不清。解释一句半句，连篇累牍，牵出无数葛藤，总解不清楚"①。

观本法师对于近代唯识学者所提出的尖锐批评，是有一定道理的。在清末和民国时期，法相唯识学成为佛教僧俗和社会人士竞相研讨的热门问题，出版了不少著作，章太炎、欧阳竞无、韩德清、释太虚、朱芾煌、周叔迦、王恩洋、唐大圆、梅光羲、熊十力、梁漱溟和吕澂等人，都作出了自己的贡献。但是，由于始终没有摆脱法相唯识学的复杂的名相关系网的束缚，许多论著晦涩难读。当然，我们也不能因此否定近代学者对于复兴和研究法相唯识学的历史性贡献。三身四智，只是《楞伽经》中一个方面的内容，法相唯识学所包含的佛法智慧，要远远复杂于三身四智的问题了。

观本法师为了说明六祖对于《楞伽经》的深刻领会，特别指出：

《楞伽经》句义，佶屈聱牙。达摩初祖传佛心宗，虽以《楞伽经》兼授宗门弟子，然而无人能读。后世虽有一二子孙能读，而能注述，可惜都无人继续而研究之。而这位不识字的六祖，乃能深通其义如是也。故研究《楞伽经》，非先熟读《坛经》不可。②

他甚至认为，六祖在为韦刺史解答念佛生西问题时，曾提到"心地性王"的观点。这一观点，不仅是对净土法门而言，而且也是对唯识宗而言。他说：

此明白指出吾人念佛，当向八识心王，认起自性。认得心性时，便见本源自性天真佛。……

若明白六祖所说这段道理，不止净土一宗得彻底，连唯识一宗也彻底了也。故欲透彻明了净土、唯识二宗，须熟读玩索《坛经》意义。③

心、识之说，是大乘般若空宗的基本观念，中国佛教各宗派均以此作

---

① 《圆音月刊》第3、4期合刊，第66页。
② 《圆音月刊》第3、4期合刊，第66页。
③ 《圆音月刊》第3、4期合刊，第65页。

为其理论基础。因此，谈论心、识问题，不一定仅限于唯识宗。不过，六祖《坛经》对于心、识问题的阐释，不仅反映了禅宗，尤其是南禅的基本理论特色，而且也有利于学佛修禅者对于其他宗派学说的了解。

通过以上叙述，我们不难发现，观本法师实际上是要说明，六祖对于佛教的诸宗派的妙义，都有精深的领悟和把握，正如他自己所说："六祖无宗不通。"因而，六祖所开创的南禅，透彻诸宗的精义而又别开生面。那么，是什么原因使原本一个不识一字的岭南凡夫，变成了开创南禅的六祖呢？观本法师告诉世人：

> 此不是从诵读得来，乃是从般若智悟佛心宗得来。世人只知六祖是禅宗祖师，而不会注意彼之禅功，不是从外相坐参而入手，乃是从般若正智而入手。观其在黄梅入室时，闻讲《金刚经》，至"应无所住而生其心"，便于言下大悟，知一切万法，不离自性，遂启祖曰："何期自性，本自清净。何期自性，本不生灭。何期自性，本自具足。何期自性，本无动摇。何期自性，能生万法。"句句不离"自性"。而"何期"二字，是以前不曾见到，而今始实实证入，是意外想不到的口气。此五个"何期自性"，就是六祖一生受用的心地工夫。

由此，他认为，从六祖身上，我们应当明白一个真理，那就是般若智慧超越一切世间智慧，也超越一切修行实践，学禅无疑要首先注重开发般若智慧，学其他法门，也应当注重探求般若智慧。除此之外，其他入门之径，都是歧途。所以他说：

> 欲学禅功，先要发心学般若智慧。不止禅宗为然，无论哪一宗，都有要先发心求般若智慧为主。今人用功不得力之故，就系满胸世间智慧，便以为是，不知世间智慧，乃万劫羁锁。根本无明，无法能断。轮回三有，无法能息。愿大家急早回头也可！

无论学禅者是否同意观本法师对于六祖南禅的精辟阐述，至少笔者认为观本法师是把握了南禅的神髓。禅宗虽然强调坐禅，但是，这只是大多数学禅者达到开悟的必要途径。禅宗的最高境界，就是般若智慧的发达和圆满。由此来看，观本法师当年在澳门弘扬的禅学思想，其价值便不可低估了。

（原载《曹溪——禅研究》，中国社会科学出版社 2002 年版）

岭南文化书系

韶关禅宗文化研究集萃

惟因老和尚光大曹溪禅风
思想与实践初探

何明栋

自南朝宋时，达摩祖师来华，禅宗初成，而后有唐宋"一花五叶七家"之鼎盛，此后，渐渐衰微。但千余年来，禅灯长明，薪传不绝，代有继承，辈辈创新。从 1996 年冬至今，笔者应佛源、传正两位大和尚之召，负责编纂《新编曹溪通志》。此中，留心惟因老和尚光大曹溪禅风的思想与实践建树资料，现整理成稿，就教于诸方大德善知识。

一

惟因老和尚，字知果，俗姓黎，名志成，又名志德，广东省番禺县沙湾镇人，1914 年 2 月出生。因家贫自幼发奋自学，文名称盛乡里。稍长服务于税务、教育诸业，以赡养双亲。1939 年，父母先后弃养，悲痛欲绝，而感人生无常，顿兴出世之志，赴南华禅寺，礼灵妙和尚为师，剃度出家。次年，于有当代禅宗泰斗之尊的师公虚云老和尚座下受具足戒。惟因和尚自清众苦行，到 1943 年受请为南华禅寺知客，继而受请为首座兼监院，此职事数十年之久。1947 年，惟因和尚于复仁和尚座下承曹洞宗法脉，为第五十代传人。十年后，在江西永修县云居山，得虚云老和尚代传洞云宗（即曹洞宗）第五十代法卷。1978 年惟因和尚受众推举，司首座之职。1982 年，晋院荣膺南华禅寺方丈。1984 年，当选为广东省佛教协会副会长兼秘书长。1990 年（农历）闰五月二十日，惟因老和尚在南华祖庭圆寂。

惟因老和尚出家后，一直住在南华禅寺，数十年如一日，为光大曹溪禅风，弘嗣洞云法脉，勤勤恳恳，建树不凡功德。当年，惟因和尚在虚公座下受具足戒后，即遵虚公之命，入住禅堂，参究第一大义。实学苦参，根基敏锐，道业日隆，深得虚云老和尚器重，命为侍者。此后，惟因和尚跟随虚公赴重庆建法会，至香港、澳门等地讲经说法，充当侍者，现场记录，后整理为《虚云和尚语录开示》，广泛流传。与此同时，惟因和尚深入经藏，致力穷究《金刚经》《六祖坛经》《楞严经》等经典，深得其中三昧，乐此不疲，精进深入。即使在"文化大革命"时期，仍然默默背诵《金刚经》，行忍辱行，成为难得的苦行僧之楷模，得到同参好评和赞许。惟因和尚一生坚持认真禅修，又得虚公老和尚面命耳提，深谙禅修要津，结合自身禅修体验，于禅门修持有着正知正见，致力于光大曹溪禅风，形成具有强烈时代特色的禅修思想，作出不凡建树，足为世人之表率，辉炳千古的楷模。

二

惟因老和尚到南华祖庭剃度出家以后，特别是在 20 世纪 80 年代后，作广长舌，大转法轮，先后在《法音》等刊物上发表《修行漫谈》《福慧双修》《自性自度》《解行相应》等论文，同时，在南华禅寺的禅七中有长达数万字的开示法语，对光大曹溪禅风，实践禅修，提出不少独到之见。

对于禅修，惟因老和尚首先强调要有坚定信仰，明白因果，要坚持实修实证。他说："佛经上常讲'闻、思、修'，'信、解、行、证'，这修行的'修'字，行持的'行'字，最为吃紧，不能忽视。"他进一步强调，禅修就好比想吃果子，"就要浇水施肥栽培果树，否则便成空想"[1]。修是禅僧们一项长期的必修功课，要持之以恒，方可得利益。要做到这一点，学人徒嗣要明确方向，树立目标。所以，人要懂得"参禅为了悟道，道由心悟"[2]。对于禅修的实质，惟因老和尚有很通俗而切实的理解，他强调"修行就是修正自己不正确的行为"[3]。作为禅修者首先要明白"我们现在是人，先要学会做人的方

---

[1] 《福慧双修》，《法音》1982 年第 1 期。
[2] 《禅七开示·10 月 20 日》。
[3] 《禅七开示·10 月 21 日》。

法。倘若做人尚且做不好，如何做菩萨?"① 他所说的会做人，指可以做出很多有益于人类的事；不会做人，做坏事，甚至犯法坐牢，哪里还谈得上修行呢？

对于学会做人，惟因老和尚教导学人徒嗣要时时不忘因果。他指出"有人以为我们修行人能知过去未来"，这是错误的。因为"佛教不占卦算命，以四谛法——苦、集、灭、道来判断"。具体说，就是"现在得好果，是过去栽培善根，种了好因。想将来得好果，就要现在栽培善因"。如人们常言所道，"种瓜得瓜，种豆得豆，真实不虚"。正是这样惟因老和尚还特别强调"重要的是现在收获不好，勿悲观消极，赶快下良种，合理施肥，把除虫等各项'田间管理'工作做好，将来就有好收成。现在收获虽好，也勿骄傲，不能放松，继续栽培下去。一分耕耘，一分收获。不去劳动，坐享其成，是不可能的"。他经常叮嘱学人徒嗣要记住"好事不会从天上掉下来"。一个人活在世界上，"做了好事，回向法界，与一切众生共，希望大家一起好；做了恶事，赶快忏悔，改过就好，勿护自己短处，要怀中解垢衣"。更重要的一方面，做人要想到大家，"还要认识到，倘若大家不好，我个人想好，也好不起来。无缘大慈，无条件同情他人；同体大悲，见他人受苦，感同身受"。惟因老和尚希望修道行人能时时保持"平常心是道"，正确应对现实，特别是在受苦时，要"怪自己过去宿殃，非别人给与，甘心忍受，不怨天尤人"。只有这样，才能发长远心，有坚固心，坚持修行。

惟因老和尚在对学人徒嗣进行教导时，注意从实际出发，主张应机施教。他说："有人认为初发心者，要先看小乘《阿含经》，后看大乘《般若》，循序渐进。若果先《般若》，后《阿含》，便觉《阿含》乏味；而《阿含》是基础，基础坚固，方能建筑高楼大厦。这种说法是有道理的，不过个人的机缘不同，不能强求一致罢了。"应当说，惟因老和尚的这一看法是很有见地的，达摩祖师在《楞伽师资记》中曾指出，"夫人道多途，要而言之，不出两种：一是理入，二是行入。理入者，谓藉教悟宗"。惟因老和尚继承了达摩祖师的思想，又根据自己在虚公老和尚身边所得，结合长期禅修体验，认为初发心习禅修，不能开口"大乘"，闭口"般若"，而是要识得自己根器。若是资粮不

---

① 《修行漫谈》，《法音》1981 年第 1 期。

够，《阿含》又何尝不是"藉教悟宗"的因缘呢？由此可见，惟因老和尚对达摩祖师的教导是心领神会、运用自如的。对此，他多次强调"看佛经悟佛理者开圆解。禅宗虽说教外别传，其修行路径也不能离开经教"。他认为这就正如古代祖师所教导的"依文解义，三世佛冤；离经一字，还同魔说"。惟因老和尚在讲说开示时多次引用莲池大师的一段语录："看经须是周遍广博，方得融贯，不致偏执。盖经有此处建立，彼处扫荡；此处扫荡，彼处建立。随时逐机，无定法故。假使只看《楞严》，见势至不入圆通，而不广览称赞净土诸经，便谓念佛不足尚矣。只看达摩对梁帝语，见功德不在作福，而不览六度万行诸经，便谓有为福德，皆可废矣。喻如读医书不广者，但见治寒用桂附而斥芩莲，治虚用参耆而斥枳朴，不知芩莲、枳朴，亦有时当用，而桂附参耆亦有时当斥也。是故执经之一义者误慧命。"他奉此为圭臬，教导"学佛法的人，文化高者喜看理论深的经典，否则便觉无味；文化低者要看浅近的经典，否则便看不懂，找不着门径。经典文章有深有浅，各人领会不同。须知法有浅深，一切圣贤以无为法而有差别。如果没有系统地看经论，往往看到有讲'如来无法可说''十地顿超'，也有讲不要躐等要循序渐进，乍看觉得彼此有矛盾，莫明其妙。其实只要深入思考就会明白"。他进一步指出："原来佛陀无定法与人，说的法都是因病与药，病愈药废，医亦不立。执法亦是病，迷则以药治病，悟则无病无药。所谓'如来无法可说'是对健康人所说的，病好了何需用药。过河需用筏，到岸不需舟。"惟因老和尚的这一观点，既是对莲池大师教导的贴切形象化的宣扬，又是对禅法与修持关系理解的探索，还可以说是对达摩祖师"藉教悟宗"遗教的一种圆满的诠释，在今天看来是有其时代意义的。

惟因老和尚远承六祖慧能大师的宗风，近霑虚公和尚的法雨，铭记六祖慧能大师"佛法在世间，不离世间觉。离世觅菩提，恰如求兔角"的教导，注意在平常生活中修行，特别是将修行与生产劳动结合。他师承虚公和尚的教导，光大当年百丈祖师倡导的"农禅并重"家风，响应政府号召，率领僧众走生产自养的道路，强调当年佛陀在世时，不拿银钱，穿粪扫衣，乞食活命。在中华人民共和国，佛教徒是公民，"我国《宪法》规定，不劳动者不得食，公民在爱国守法的前提下，信仰自由，自己劳动生产，解决生活问题，是完全应该的"①。针对当时有些人认为佛教徒特别是出家人从事生产劳动会影响他们的修行，惟因老和尚明确地指出这种看法是片面的，是不对的。他强调"因为修行的目的就是断烦恼，证菩提，方法是勤修戒定慧，息灭贪瞋痴。止恶防非，众善奉行，诸恶莫作为戒；见境不乱，有条不紊为定；明白事理，心地无痴为慧。掌握戒定慧，工作一定做得好。当然劳动余暇，早晚静坐或念佛，听我自便。这样精神舒畅，身心安乐，无形中就是修行"②。他老人家更是以身作则，表率大家，数十年如一日，积极参加劳动，坚持"一日不作，一日不食"之信条。即使在挨批斗时被打坏了腰，也一直承担着为全寺数十人种植蔬菜的重任和养护寺内花木之职。他付出了艰辛的劳动，所种蔬菜不但满足了寺内之需，有时还有多余，送给附近的乡亲。寺内的花木也是应时合景，得到大家的好评。到了晚年，他的身体每况愈下，有时受过伤的腰疼得直不起来，或是因关节炎复发，连上下楼都十分困难，但他仍然坚持随众出坡劳作，为年轻人作出表率，到后来，身体实在不行，就扶着墙慢慢蠕动着下来，坚持到田地里参加劳动。

对于禅修实践，惟因老和尚强调禅修者要严格守戒，并以此为基础，再从静坐入手为宜。他说："静坐是初入佛门的基本功，很重要。古人云'若人静坐一须臾，胜造恒沙七宝塔；宝塔毕竟化微尘，一念净心成正觉。'"他对初学禅修者的静坐学习很重视，首先教导学人，"坐时姿势要平时锻炼好，端身正坐，坐如钟。不要冷着腿，冻着腰。先调身，次调心，身心安乐，才能不出毛病，是为至要"。禅修"初时由静坐开始"，而后循序渐进，"功夫做纯熟了，行亦禅，坐亦禅，语默动静体安然"③。当然这是惟因老和尚对学人的一片婆心，但在实践中并不一定每一个初学者都能一帆风顺，总有这样那样的问题出现。比如对静坐，历代祖师就有不同看法。对此，惟因老和尚认为，"学人要善于体会佛言祖语，有时称赞静坐好；有时又说'生来坐不卧，死去卧不坐，一具臭骨头，何为立功课？'""这是针对只顾静坐而不用心的人来说的"。他则本着《金刚经》之精髓，结合自己静坐

---

① 《修行漫谈》，《法音》1981 年第 1 期。

② 《禅七开示·10 月 20 日》。

③ 《禅七开示·冬月初三日》。

之体验，详细地加以解释道出真谛，"须知未坐之前，身心都不安定。在静坐摄其身的同时，又降伏其心，身心打成一片，最后，忘却身心世界，无人相，无我相，亦无坐相。这时才能体会佛言祖语的善巧方便"。

惟因老和尚认为作为一个佛教徒，首先，应当明白佛教的道理，依法修行。对于具体修行，他主张"依经教来讲，有许多与道不相适应的尘埃，大的如贪、瞋、痴、十缠、十使等，小的如还有尘沙无明"。他谆谆告诫学人弟子，作为禅修者要明白这些道理，把握宗旨。"当我们起恶念的时候，迅速起照，使恶念不见诸行动。""佛教称起念这种境界为打妄想，觉照即看这妄想从何而生。知妄即离，离妄即觉。古人说'不怕念起，只怕觉迟'，能够觉照，妄念当下冰消瓦解"，禅修也就方可入门。禅修的关键在于坚持，要发长远心。对此，惟因老和尚认为："要使思想清净，不染尘埃，这是很不容易的事情，没有坚强意志，下大决心，尘埃是不易除掉的。稍一疏忽，染了尘埃还不知道。"非但禅修难以深入，严重的还会出毛病。同时，要"广学多闻，明白佛理，把尘埃（妄念）消灭于未萌之前；另一方面，发菩提心，积极多做善事。凡有利益，无不兴崇"。只有这样，才能做到"再向前进，达到能所俱泯，人法双忘"。这"才是修行的极则"。

对于禅修的入门，惟因老和尚特别强调要牢记古贤所言"修行贵识路头"。若是路头不识，则易"人执法执，不能真正解脱，反而烦恼丛生身心不安"。他认为马祖道一禅师等历代祖师都以"即心即佛"接引来者，而今天在佛门里有些人恐怕连对"佛、法、僧"三字都搞不清楚，因此，有必要根据六祖慧能大师所说"佛者觉也，法者正也，僧者净也，是一体三宝。个个本自具足，释迦成佛，自觉觉他，觉行圆满为究竟佛"。他又说："我们现在若果彻悟自心本来是佛，是理即佛。方向明白，便好修行。"因而，学人"路头若识得，生死一时休"①。惟因老和尚认为禅修者一旦入了门，坐禅能坐得下来，杂念妄想渐能平息，至此还要加功苦修。特别要注意在这个时期内，静坐思维，参究禅理，是十分必要的。但是他又特别指出："环境幽静，比较容易入门。但若认为不静坐便不是修行，那就错了。"因为"一个人不可能每天从早到晚，或一辈子都静坐。若说静坐时有功夫，不

① 《修行漫谈》，《法音》1981 年第 1 期。

韶关文化研究丛书

惟因老和尚光大曹溪禅风思想与实践初探

静坐就没有功夫，那不算究竟"。正确的是"必须做到在闹市中亦有功夫，行住坐卧，纯一直心，专注一境，绵绵密密"①，方可达到万法归一，一归万法，也才有可能摸得着未生之前的真面目。惟因老和尚秉承六祖慧能大师在《坛经》中所说的："外于一切善恶境界，心念不起为坐；内见自性不动为禅。""外离相为禅，内不乱为定。本性自净，若见诸境，心不乱者，是真定也。"光大虚云老和尚主张的"处处是道场"的教导，教育学人"心净即佛土净，处处是道场"，进而教诫他们如"想功夫靠得住，不是关起门来修行，要见世面，在风雨中经得起考验，八风（利、衰、毁、誉、称、讥、苦、乐）吹不动"。并且要能做到不但在禅堂里可以静得下来，"在火车站热闹的地方，心也不散乱"。如果能达此境界，则大有前途。做到"堂内坐禅，堂外禅坐，假戏当真来做，在喜怒哀乐中见本性，忘记初一、十五，天冷、天热，忘却身心世界"②。长此以往，则定有收获。

惟因老和尚强调禅修者要把握好体用之原则。他常举慧能祖师所说："定慧一体不是二，定是慧体，慧是定用，即慧之时定在慧，即定之时慧在定。犹如灯光，有灯即光，无灯即暗。灯是光之体，光是灯之用。"惟因老和尚进一步阐述，指出"电流是体，发光是用，内容与形式统一，身心打成一片，性相如如。灯泡有红色绿色，电流无红绿。电力强灯明，电力弱灯暗，内外互相联系"。这对我们正确理解与掌握修行很有帮助，"修行人对此要研究研究"。对于禅修者来说，"说的话如何，乃内心的表现，心口相应。内心清净，则三业清净。内心不正，行为不正。运用智慧，判断问题，见外境不乱即是定的作用"③。

看到有些人学佛，希望有神通，而且强调神通。惟因老和尚遵照虚公的教导，时时以"楞严思想"为圭臬，强调禅修者对禅修要有正确的目的。这正如《楞严经》所说"如澄浊水，贮于净器，静深不动，沙土自沉，清水现前，名为初伏客尘烦恼；去泥纯水，名为永断根本无明"。他说："我们打禅七的目的是要开智慧，要把一盆浊水澄清。"特别告诫众学人"禅宗不把神通放在首位"，"日常生活，行、

---

① 《禅七开示·冬月初四日》。
② 《禅七开示·11月4日》。
③ 《禅七开示·10月24日》。

住、坐、卧，都是神通妙用"。学人要牢记六祖慧能大师以来历代祖师们相传的"平常心是道"之原则，并且指出"雪峰饭头，沩山典座，运水搬柴，不离这个"①。"可惜有种人，发心修行，又没有听过经教，自己满以为成佛很容易，贪求神通。个人住在茅蓬，能耐劳苦，自耕自食，静坐用功，因为无人指点，不持戒律，盲修瞎练，结果心狂发魔，欲升反坠。"② 惟因老和尚指出了盲修瞎练的结果，希望学人弟子在习禅修时要把握方向，持长久心，如一人与万人战，清除习气。在此之中，"持戒有力，则不怯弱；有定力则勇猛精进，中途不退；有智慧力则不畏前境，不怕艰险。靠戒、定、慧，三无漏学成功"③。

学人在修习禅修时注意克服习气，拿得起，放得下，"要像'大圆镜'，物来即应，物去不留。勿学'照相机'，含藏善恶种子在八识田中"。修学禅修的重要方面是修学智慧，而"修学智慧还要善于集思广益"。因为个人的智慧有限，众人的智慧无穷。从根本上说，"智慧是人人本具、个个不无的，但因妄想执著所障，故不能显现，不会运用，所以要有正思维、正知见，在正确轨道上思考，不能胡思乱想，否则便入歧途"。他特别告诫学人，禅修的人一定要能区分智慧与假聪明。"智慧与假聪明不同。损人利己，就是假聪明。其结果是自己受害。"因此，"修习智慧的人，还要推己及人，想到自己，也想到别人。自己不喜欢的，不要强加于人；对自己不利的事固然不做，对别人不利的事更不应该做"。从另一方面说，修学禅修的人还应当懂得，"有智慧的人还能及时修正错误，从善如流；没有智慧的人文过饰非，小错不改，结果弄成大错"。所以"学佛的人，不可不慎！"④

惟因老和尚通过数十年如一日，在长期不懈地深入经藏的同时，刻苦认真地禅修，认为"想修证菩提，就要断除恶习，经过刻苦锻炼，付出辛勤、精进的代价"。首先，"现在我们提出一个要求——学习。求学、实习。学然后知不足，习然后得到证明，也就是解与行互相结合"。在现阶段对于经教的学习，就每个佛教徒来说机缘不同，差别很大。"除少数人有条件有机会系统地研经习教，博览群书以外，大多数的教徒都是在工作余暇，边解边行。"他希望大家，"那就起码

① 《禅七开示·10 月 25 日》。
② 《禅七开示·10 月 27 日》。
③ 《福慧双修》，《法音》1982 年第 1 期。
④ 《解行相应》，《法音》1983 年第 2 期。

要懂得基本知识，才好依法行持"。有此前提，禅修方能进一步深入。众学人弟子要记住"一句话，'学以致用，自利利他'"。以此为根本，坚持下去，就能前进。

作为一个老禅人，惟因老和尚坚持禅净双修，对弟子视各人之根基，因人施教，倡导禅净双修，宜禅则禅，宜净则净。他于 1958 年在写给学人徒嗣传开法师的信中强调，修持净土法门也是成就人的好方法之一。"念佛时，意志集中，正念现前，勤行精进，达到一心不乱，功夫纯熟，不著静境，不厌闹市，处处是净土，直心是道场，便能顿开佛慧。"学人徒嗣，注意念佛修持也要万缘放下，顺其自然，一声紧接一声念下去，功深自然成。念佛时不要念得太紧张。"念佛念得紧张时，会生毛病。"若万一在念佛中因过分紧张而生病，"那时则连念佛亦要停止，暂时放下，勿死执法"。他强调"要知道离心之外，无佛可成，无众生可度。了脱自己心中烦恼，即自在，即解脱"①。

三

惟因老和尚自入佛门，即研读《六祖坛经》，数十年坚持不懈，深得其中真谛，使之成为指导自己禅修的圭臬。同时，对《六祖坛经》内容特别是经文的理解多有创发。他指出"有人认为神秀大师的'时时勤拂拭，勿使惹尘埃'的修行方法不及六祖'本来无一物'高超，于是把'时时勤拂拭'忽略了"。他进一步分析，"……'时时勤拂拭'乃反省功夫"。因此，"初发心的人，时时扫除自己思想行为上的尘埃，很有必要"。对于这一点，惟因老和尚有其新解，"尘埃拂去了，变为肥料，六根六尘成妙用"。以此为前提，结合现实社会情况，特别是学人禅修实践，强调"世人总以为自己样样都对，其实不然。众生都有烦恼，都有过错，时时拂拭，知错能改就好了"。禅修者如能这样，禅修进步就会快一些。否则的话，沉湎于沾沾自喜之中，妄想纷飞，心都无法静下，禅修也就无从谈起了。

对于《六祖坛经》内容的理解，惟因老和尚认为："六祖听《金刚经》，至'应无所住，而生其心'，才大彻大悟说：'何期自性，本自清净，本不生灭，本自具足，本无动摇，能生万法。'一段含义特别深邃，学人当刻苦参悟，方能得其三昧。"有人只注意"本来无一

---

① 《1958 年 6 月 16 日致传开仁者函》。

物", 不注意"能生万法", 这就落于偏空。"本来无一物", 真空也; "能生万法", 妙有也只有"空有齐泯, 才是究竟。若空心静坐, 即落无记空"。而虚空虽空, 能藏日月星宿, 山河大地, 下雨天晴, 一切无碍。因此, 他主张"我们东想西想, 固然不好, 一切不想也不成"。而"要转变念头, 参禅或念佛。"只有这样, 我们对《六祖坛经》这一段的理解方可契入, 逐渐深入最后得其真正三昧。惟因老和尚认为我们虽是南宗弟子, 但就禅修而言, "神秀大师与六祖都是老师。我们学习神秀大师'时时勤拂拭'的反省功夫; 学习六祖'本来无一物''能生万物''真空妙有, 全体大用''法无顿渐, 人有利钝''理须顿悟, 事要渐修'"。学人学习禅修, 要"以所悟之理, 历境验心, '随缘消旧业, 更莫造新殃'"①。本此圭臬, 学人习禅方可有消息, 长此以往也可获利益。所以, 他多次强调: "我们要善于吸取《六祖坛经》的精华, 从'时时勤拂拭'到'本来无一物''能生万法', 都是各人自己宝藏的家珍, 理事无碍, 卷舒自在。"

对于《六祖坛经》中六祖在黄梅得法后, 南行到大庾岭头, 与惠明说法一事, 惟因老和尚也有新意。他对六祖说"不思善, 不思恶, 正与么时, 哪个是明上座本来面目"这句话的意义有深刻的探索。对这句话, 长期以来, 仁者见仁, 智者见智, "有的注解打问号, 要各人自己参; 有的不打问号, 名为直指人心, 见性成佛"。对这些, 惟因老和尚强调各有独到之处, 但自己则"以为'直指'较好"。"因为真如自性, 实相无相, 涅槃妙心, 本自具足, 一向被善恶二心遮障。现在正当不思善恶时, 二心隐闭, 无人相、无我相的本来面目便显露出来。无二之性, 即是佛性。"正如祖师所说"宝所不可指, 接近而已"。禅修到了这一步, 可以说已达"冷暖自知"之境界。这可以理解为六祖大师在"指示我们参禅的法要"②, 希望大家能进一步参空, 并在禅修实践中多加体会, 自然会有收获。

此外, 对于《六祖坛经》所记载的当年在大庾岭上, 惠明追上六祖大师, 却提不动置在石头上的衣钵, 其原因何在? 惟因老和尚认为"惠明是武将, 到此为什么提衣钵不动? 惭愧心一生, 便即手软, 不

---

① 《禅七开示·10 月 17 日》。
② 《禅七开示·10 月 19 日》。

好意思强夺他人衣钵"。他觉得"如此解释比较合理"①。应当说，结合当时的实际来看，惟因老和尚的这一看法，是较为全面的，也是有着独创意义的。

综上所述，我们可以看到惟因老和尚年轻时接触佛法之后，即有志于佛学研究。在南华禅寺出家之后，得到中国当代禅宗泰斗虚云老和尚的面命耳提，饱承禅修之精髓。数十年如一日，坚持不懈，结合禅修实践，深入经藏，特别是穷究《金刚经》《六祖坛经》等经典，多有创发。对《六祖坛经》的理解、内涵的剖析，有其独到之处。恒持虚怀若谷之胸怀，毫无门户之见，不但致力于弘扬六祖慧能大师所创立的南宗禅风，而且对神秀大师的言教也能吸取其精华，圆融同视，并蓄广化。这在中国乃至世界佛教史上有着自成一说之建树，也是他老人家留给我们的一份珍贵遗产。惟因老和尚数十年如一日地坚持禅修，同时在受请为南华禅寺首座和尚，特别是荣膺方丈后，他把重点放在禅堂的恢复与规制的健全上，用自己于虚云老和尚座下所承禅法和研读《金刚经》《六祖坛经》等心得，通过平日为学人徒嗣解疑释难和禅堂讲开示、说法语，教导学人，接引来者，培养和造就了一大批弟子，他们现在也都在众多祖庭名刹弘扬曹溪禅风。与此同时，惟因老和尚的法语、开示，经整理编辑后，在海内外广泛流通，得到极高评价。惟因老和尚是 20 世纪中国佛教禅宗修持的一个典范。

（原载《曹溪——禅研究》，中国社会科学出版社 2002 年版）

---

① 《禅七开示·10 月 19 日》。

韶关禅宗
典籍研究

《坛经》版本及内容流变

张志军

佛教经典分为经、律、论三藏，即，佛陀金口所说的语录称为"经"，佛陀所制定的戒条为"律"，佛弟子们为阐释佛法而著作的经典为"论"。这就是说，唯有佛祖亲口所说教义，才能被尊为经；非佛所说，则为伪经。

可是，也有一个例外，一个目不识丁的人，他所讲述的语录，却被尊称为"经"，而且千百年来毫无异议，这就是慧能的《六祖坛经》。

《坛经》是慧能多次说法的综合结集，也是他一生重要活动的记录，因此，集中展现了他的佛学思想。它的问世，是中国佛教发展史上的一个里程碑，是一个全新时代开创的标志——宣告了中国禅宗的正式形成，宣告了佛教中国化的初步完成。正如汤用彤先生指出的那样："此经影响巨大，实于达摩禅学有重大发展，为中华佛学之创造也。"①

的确，作为禅宗的宗经，作为指导禅僧修行的理论纲领，《坛经》对于禅宗的迅猛发展、快速传播，并一跃成为汉传佛教最大的宗派，乃至佛教的主流，其作用不可估量。而且，一千多年来，它早已超出了佛教范畴，对中国文化甚至整个东方文化产生了巨大影响。

正因为如此，在一千多年的流通过程中，《坛经》的版本流变出了将近三十种，内容也发生了较大变化。本文力图从这两个方面作一些探讨。

---

① 汤用彤：《隋唐佛教史稿》，中华书局 1982 年版。

一、坛经的版本

《坛经》问世以来，随着禅宗的兴旺发展，五大流派相继建立，天下僧衲尽归其宗，十个和尚九个习禅，各种版本的《坛经》也传遍了全国。尽管版本众多，题目花样翻新，但据印顺等专家学者考证，它们所依据的基本上是四种版本：敦煌本、惠昕本、契嵩本、宗宝本。

（一）敦煌本

敦煌本《坛经》，是在敦煌发现的一种《坛经》的版本，约为12 000字。因系手抄本，故也称作"敦煌写本"。敦煌写本是两种抄本，一种是英国探险家斯坦因早年从敦煌盗运出去的大批中国古代珍贵文献之一，1922年，日本学者矢吹庆辉在大英博物馆所藏的敦煌遗书中发现了它，并翻拍成照片。中国最早利用这一发现进行研究的，是胡适先生。另一种是敦煌当地文化名流任子宜于1935年在敦煌千佛山之上寺发现，其抄写字迹工整，错漏较少，系敦煌写本中的精品，后不知所踪。20世纪80年代，周绍良先生等人在敦煌县博物馆重新看到了这个馆藏号为077的抄本，并拍成了照片①。周先生经过整理校勘，以《敦煌写本坛经原本》为名，1997年由文物出版社出版。通过内文对比，可以确认这两种抄本源自同一种版本。

（二）惠昕本

惠昕本又称宋本，此本经名在所有版本中最为简洁：《六祖坛经》。它的改编者是晚唐僧人惠昕，故有"惠昕本"之称。它的编写时间约为宋太宗乾德五年（967），最早的刻本为北宋时期，所以也称"宋本"。

此本前有惠昕的《六祖坛经序》一文，其序云：

> 故我六祖大师广为学徒，直说见性法门，总令自悟成佛，目曰《坛经》，流传后学。古本文繁，披览之徒，初忻后厌。余以太岁丁卯，月在蕤宾，二十三日辛亥，于思迎塔院，分为两卷，凡十一门，

---

① 此抄本最初有敦煌当地人任子宜先生于1935年在敦煌千佛山之上寺发现并珍藏，字迹工整，错字很少，堪为珍品。1943年，北京大学教授向达曾见此抄本，后不知所踪。20世纪80年代，周绍良等人偶然在敦煌县博物馆重新找到了它（馆藏077号文书）。

贵接后来，同见佛性者。

惠昕编写的两卷本《坛经》，大约 14 000 字，早已在中国失传。我们现在看到的版本，是南宋高宗绍兴二十三年（1153），由晁子健在湖北蕲春刊行的，后来传到了日本，由日本学者在兴圣寺发现。其序下题有一行字："宋依真小师邕州罗秀山惠进禅院沙门惠昕"，因此认定这就是惠昕所改编的版本，故又有"兴圣寺本"之称。

（三）契嵩本

契嵩本书名为"六祖大师法宝坛经曹溪原本"，故又称"曹溪原本"。据《普慧大藏经》记载，该版本是宋代名僧契嵩①于宋至和年间（约 1054—1056）改编的，有一卷十品 21 000 多字。其大梵寺说法部分与敦煌本、惠昕本大致相同，但其他部分字数大大增加了。这种版本最早是北宋仁宗至和三年（1056）刊行的。宋吏部侍郎郎简所撰《六祖法宝记叙》一文称：

> 达磨赍衣钵，航海而来……以其法传慧可，可传僧璨，璨传道信，信传弘忍，忍传慧能，而复出神秀。能于达磨，在中国为六世，故天下谓之《六祖法宝记》，盖六祖之所说其法也。……然六祖之说，余素敬之。患其为俗所增损，而文字鄙俚繁杂，殆不可考。会沙门契嵩作《坛经赞》，因谓嵩师曰：若能正之，吾为出财模印，以广其传。更二载，嵩果得曹溪古本校之，勒成三卷，粲然皆六祖之言，不复谬妄。乃命工镂板，以集其胜事。

然而，这种三卷的契嵩本今已难得一见。所幸的是，至元二十七年（1290），禅僧德异在吴中刊行了一种《坛经》，他在序文说：

> 《坛经》为后人节略太多，不见六祖大全之旨。德异幼年，尝见古本。自后遍求三十余载，近得能上人寻到古本，遂刊于吴中休休禅庵。……至元二十七年庚寅岁中春月叙。

据学者研究考证，德异幼年所见到的后来刊行所依据的古本，就

---

① 契嵩，字中灵，藤州镡津李氏子。得法于洞山晓聪禅师。契嵩作《原教篇》十余万言，阐释了儒释一贯的宗旨。后，他又撰写《禅门定祖图》《传法正宗记》，并《辅教篇》，宋仁宗御览之后大为叹赏，亲自下诏，将之编入大藏经流通，赐给契嵩紫方袍，号明教。契嵩为宋代最为著名的文僧之一，与欧阳修交谊甚深。有文集二十卷，名《镡津文集》，盛行于世。熙宁五年（1072）六月圆寂。

是契嵩的编纂本。但是，经文已不是三卷，而是一卷十门，21 000 字，史称"德异本"。这个版本在日本发现了元延祐三年（1316）的刻本，称为"元祐本"，是经高丽而传入的。德异本翻刻本极多，明末高僧憨山大师重刻的曹溪原本，也是这种本子。

（四）宗宝本

宗宝本又称流通本，即元朝僧人宗宝于至元二十八年（1291）的改编本，题为"六祖大师法宝坛经"。此本经文后有宗宝作于公元1291 年的跋文：

六祖大师平昔所说之法，皆大乘圆顿之旨，故目之曰经。……余初入道，在感于斯，续见三本不同，互有得失，其板亦已漫灭。因取其本校雠，讹者正之，略者详之，复增入弟子请益机缘。庶几学者得尽曹溪之旨。按察使云公从龙，深造此道。一日过山房，睹余所编，谓得《坛经》之大全，慨然命工锓梓，颛为流通，使曹溪一派不至断绝。……至元辛卯夏南海释宗宝跋。

经宗宝集成的《坛经》，在四个版本中篇幅最长，达到了 24 000多字。这也是流传最广的版本，普遍收录于明版诸本大藏经中，所以也称"流通本"。

那么，这四个版本是什么关系呢？

宇井伯寿在《坛经考》中说，"在坛经各本当中，敦煌本为最古，它是后来各本《坛经》的基础"。胡适先生在《神会和尚遗集》中说："敦煌写本《坛经》是《坛经》最古之本。"周绍良先生更干脆，在《敦煌写本〈坛经〉原本》整理说明及考定中指出："敦煌所发现的本子，正是法海集记的原本……是唯一的'原本'，在惠昕整理《坛经》之前，再没有其他原本，这是可以肯定的。"

情况果真如此吗？

在敦煌本《坛经》之中，我们发现了这样的经文："……吾灭后二十余年，邪法缭乱，惑我宗旨。有人出来，不惜身命，定佛教是非，竖立宗旨，即是吾正法。"

这段经文是在暗示，慧能圆寂二十年之后，弟子神会携法北上，在河南滑台（今滑县）大云寺召开无遮大会，树立起南宗宗旨的事实。很显然，这是神会一派的禅僧后来所添加的内容。因为神会在滑

台开无遮大会是在唐开元二十年（732）。

我们再看敦煌本的标题——南宗顿教最上大乘摩诃般若波罗蜜经六祖慧能大师于韶州大梵寺施法坛经。

这里值得注意的是"南宗"两个字。

人们习惯将慧能与神秀的禅法分别称为"南能北秀、南顿北渐"，是慧能圆寂多年之后的事情，在慧能与神秀生前，压根没有"南宗"之说。在禅宗史上将慧能的禅法定名为"南宗"的提法，始于神会的《南宗定是非论》。

《传灯录》说："天宝四年，方定两宗。"

《宋高僧传》也说："（神会）开元八年敕配住南阳龙兴寺。续于洛阳大行禅法，声彩发挥。先是两京之间皆宗神秀，若不淰之鱼鲔附沼龙也。从见会明心，六祖之风荡其渐修之道矣。南北二宗，时始判焉。"

据史料记载，神会第一次进驻洛阳，是在天宝四年，由兵部侍郎宋鼎请入东都，住持荷泽寺。

天宝四年，是公元 745 年，距离慧能去世已经三十多年。由此可见，"南宗"这个名称的正式形成，最早也在此时。这一事实表明，敦煌本《坛经》成书的年代，最早也在唐天宝四年之后。而此时，《坛经》的记录、整理者——法海，已经死去了十五年①，他怎么可能给《坛经》冠以"南宗"的标题呢！

由此可见，敦煌本，绝对不是法海集记的《坛经》原本。因此，它也不可能是最初的《坛经》。

从法海本的内容研究，敦煌本似乎与惠昕本有着某种渊源，这两种版本在内容上有许多相近的地方。例如，敦煌本最后有这样的记载：

此《坛经》，法海上座集。上座无常，付同学道际，道际无常，付门人悟真。悟真在岭南曹溪法兴寺，现今传授此法。

惠昕本也说：

法海上座无常，以此《坛经》付嘱志道，志道付彼岸，彼岸付悟真，悟真付圆会，递代相传付嘱，一切万法不离自性中现也。

---

① 据易行广编著的《曹溪禅人物志》考证，法海的生卒年为公元 650—730 年。

惠昕本中涉及的志道，是慧能晚年的十大弟子之一，也是法海的同学。在这个《坛经》传授世系中，在悟真之后多了一代圆会。因此有人断定，敦煌本《坛经》是惠昕本的基础，惠昕本脱胎于敦煌本，二者是前后延续关系。

可是，惠昕本恰恰有这样的序言：

……古本文繁，披览之徒，初忻后厌。余以太岁丁卯，月在蕤宾，二十三日辛亥，于思迎塔院，分为两卷，凡十一门，贵接后来，同见佛性者。

据此，惠昕本的确来源于一种古本《坛经》，但这个"古本"不可能是敦煌本。惠昕是因为古本文字繁多庞杂，使人厌烦，所以才下决心改编它的。繁者简化之，乱者条理之，表现在文字上，应该是越整理越少，而绝不是越整理越多。他大笔一挥，将原来的经名"南宗顿教最上大乘摩诃般若波罗蜜经六祖慧能大师于韶州大梵寺施法坛经"，削减成了短短的四个字："六祖坛经"，由此可见其笔锋之精炼，态度之坚决。而现存的敦煌本《坛经》，仅有一万两千余字，惠昕本却有一万四千余字，这不但不能反映"古本文繁"这一情况，而且惠昕无论如何也无法将一万两千字"削减"成一万四千字。何况，惠昕本中还有一些敦煌本根本没有的内容，尚嫌"古本文繁"的惠昕，总不会再去"无中生有"吧？

那么，惠昕本的内容与传授次第，为何与敦煌本相似呢？

这恰恰说明曾经有一个古本——一个"文繁"的古本《坛经》，惠昕本虽然比敦煌本晚出了一代，但它们都是源自同一个体系的古本《坛经》，分别改编自这个古本。

可是，既然古本文繁，为什么敦煌本仅仅剩下一万两千字呢？

我们对其经文研究之后就会发现，敦煌本是经过神会一派加工之后的一种版本，其中多处加添了这样的文字：

刺史遂令法海集记，流行后代，与学道者承此宗旨，递相传授，有所依约，以为禀承，说此《坛经》。

不受《坛经》，非我宗旨。如今得了，递代流行，得遇《坛经》者，如见吾亲授。

持此经以为禀承，于今不绝。

本来系传授禅宗心法的《坛经》，在这里却被当成了因传宗而说！可见，此敦煌抄本，是被神会一派当作了南宗传宗的信物，也就是相当于现在传法的法卷。

既然是信物，当然字数越少越好，越能体现传宗内容越好。于是，他们在内容中作了特意的加工——在大量精简的同时，增添了一些传宗的文字。同时，连经名也进行了一番精心的修饰——加上了"南宗顿教"等。在以后递代传抄的过程中，人人都有可能随意舍弃自己认为不重要的内容，抄本《坛经》越来越薄……据日本学者宇井伯寿研究，敦煌本手写《坛经》，是唐末宋初（960 年前后）的遗物。所以，现在的手抄本与原始的古本相差了两百多年时间，就渐渐缩减成了这般模样。

从内容到标题各个方面分析，第三种版本称契嵩本以及第四种本子宗宝本，与敦煌本、惠昕本，分属两个不同的流传体系。

契嵩本的书名为"六祖大师法宝坛经曹溪原本"，宗宝本为"六祖大师法宝坛经"。这两个版本都有"法宝"二字。

法是万事万物内在的理体或法则。法，就是宇宙人生的真理、规律、法则。同样，万事万物本身，就是法理的示现、体现。释迦牟尼，就是因为通达了诸法的实相——法理，所以达到觉悟，成了佛。佛智慧就是因为与万事万物的法则、理体是相应的，所以无边无际，圆融无碍，通达一切。因此，佛经所阐释的教理，并不神秘，也不玄奥，就是宇宙人生，万事万物存在、发展的规律和法则。

法，不增不减，不来不去，不生不灭，不动不摇，它并不因佛的发现而光辉，也不因无人认识而湮灭。法本如如，法尔如是！因此，在佛、法、僧三宝中，法处于中心位置，法更为重要。正是因为如此，《坛经》虽非佛说，因其正确阐释了宇宙人生的法理，所以也是"法宝"。

由此我们知道"法宝"二字对于佛教来说具有特殊的意义，在佛、法、僧三宝中，法处于核心位置。然而，敦煌本的经题多达三十余字，且经过了精心修改，极力想提高《坛经》的分量，却偏偏没有这两个重要的文字。

这是为什么？唯一的解释是，敦煌本改编时所依据的古本上，根本就没有"法宝"这两个字！

那么，契嵩本与宗宝本又是依据什么版本改编的呢？

契嵩的改编本完成之后，最早的印本是在北宋仁宗至和三年刊行的。宋吏部侍郎郎简所撰《六祖法宝记叙》一文称：

> 然六祖之说，余素敬之。患其为俗所增损，而文字鄙俚繁杂，殆不可考。会沙门契嵩作《坛经赞》，因谓嵩师曰："若能正之，吾为出财模印，以广其传。"更二载，嵩果得曹溪古本校之，勒成三卷，粲然皆六祖之言，不复谬妄。乃命工镂板，以集其胜事。

郎简原先所见的《坛经》，"文字鄙俚繁杂"，应该与九十年前，惠昕所见的"古本文繁"相近。惠昕是以此为基础做了一番精简，而契嵩又得到了一种"曹溪古本"，依据曹溪古本校改当时的俗本，作了一番文字的补充、修正、润饰，编成了三卷。以此推断，他的版本篇幅，要比惠昕的一卷本大很多，文字多很多。

契嵩的这种三卷版本，是根据"曹溪古本"勒成的。那么，曹溪古本又是怎样的一个版本呢？

胡适先生在《坛经考之一（跋曹溪大师别传）》中推论：《曹溪大师别传》是浙江东部或中部一位陋僧妄作的一部伪书，而契嵩居在杭州，也在浙江中部，"他所得的'曹溪古本'大概即是这部《曹溪大师别传》"。他经过一番考证之后得出这样的结论：

> 总之，《别传》的作者是一个无学问的陋僧，他闭门虚造曹溪大师的故事……不幸契嵩上了他的当，把此传认作"曹溪古本"，采取了不少材料到《坛经》里去，遂使此书欺骗世人至九百年之久！

胡适先生的这一结论存在明显的漏洞。首先，就算《别传》像他推论的那样，是一位浙江中、东部的僧人所撰，也不能因近百年之后契嵩居住在浙江中部，就可以推定他所得到的"曹溪古本"就是这本书。这种相近"地理"推定，几近荒谬。契嵩是宋代最为著名的文僧，极富学问，对禅宗史了如指掌，他怎么会上"无学问的陋僧"的当呢！

其次，我们现在用《别传》与敦煌本组合起来，却无论如何也拼凑不成契嵩本《坛经》。尤其是占全文篇幅将近三分之一的慧能与弟子之间的八则问答，敦煌本没有（或者在抄写过程中省略了），《别传》之中压根没有提及！难道契嵩也是无中生有、凭空编造的么？这充分说明，契嵩所依照的古本，根本不是什么《别传》，而是另有其

《坛经》版本及内容流变

他底本。

最后，我们不能因为契嵩本《坛经》有些内容，敦煌本没有，而《别传》中有，就认定其一定源自《别传》。例如，慧能与印宗在广州法性寺相会一事，《别传》中有，敦煌本中没有，但是，比《别传》更早的柳宗元碑铭以及法性寺住持法才的《瘗发塔记》都记述了此事。再如唐中宗派特使迎请慧能一事，柳宗元在碑文中也有涉及。更主要的是，郎简在给契嵩本作《六祖大师法宝记叙》说：达磨赍衣钵，航海而来……能于达磨，在中国为六世。故天下谓之《六祖法宝记》，盖六祖之所说其法也。其法乃生灵之大本。

这里准确无误地表明，契嵩所依据的"曹溪古本"叫作《六祖法宝记》。不是么，就连郎简所作的序文标题也叫"六祖法宝记叙"！

无独有偶，《新唐书·艺文志》（卷五九）中著录有僧法海《六祖法宝记》一卷。这里的《六祖法宝记》，肯定不是六祖慧能还另有一部语录体著作，它就是《坛经》的一个版本。这一记载说明，在唐代，的确还公开流传着《坛经》的一种抄本——《六祖法宝记》。

欧阳修在撰《新唐书·艺文志》时，为何只收集了《六祖法宝记》，而没有收集称作"坛经"的本子呢？这说明二者是重复的，而《法宝记》版本更古老、内容更为全面，足能涵盖当时流行的"为俗所增损"的《坛经》。

欧阳修（1007—1072）与契嵩（1007—1072）是同时代的两位大才子，又是道友，他们分别编纂《新唐书》《六祖法宝坛经》的时间也差不多。一官一民、一俗一僧不约而同地发现并采用了《六祖法宝记》，说明其的确明显优于当时流行的《坛经》。

那么，这种抄本为什么不称"坛经"而叫作"法宝记"？它与被称作"坛经"的本子是什么关系？

说到"法宝记"，在禅书中是有悠久渊源的。上元年间（760—761），神秀门下杜朏，作《传法宝记》；大历中（775 年左右），保唐门下作《历代法宝记》，这都是代代相承的传灯史。在《历代法宝记》中，记录了由释迦牟尼至菩提达摩多罗等西土诸祖、东土六祖的事迹，及智铣、处寂、无相、无住等保唐宗（禅宗之一派）历代祖师付法传衣的大略经过。其中无住禅师为弟子的开示最多。

这些禅宗祖师的事略及法语，有法宝的意义，所以，都称为"法

234

宝"。由此可见，由法海集记的，六祖慧能最原始的说法记录，以及最早期的抄本，在开始流传的初期，很有可能也习惯性叫作"六祖法宝记"——那时，禅宗行人还不敢将"祖语"与"佛言"相提并论，所以开始之时，未称作"经"。

这说明，叫"法宝记"的本子，应该早于叫"坛经"的本子。

从各种记载可以得知，这个最原始的、未经过精心整理的版本，在慧能晚年已经在弟子中传播开了，并流传了下来。后来，随着顿教的风行，慧能的六祖之位在全国得到了公认，所以弟子们在进一步整理六祖慧能语录的时候也就将之由"法宝"升格成了"经"。

《全唐文》卷九一五有一篇署名为"唐释法海撰"的《六祖大师法宝坛经略序》。有人认为，此文不像法海所作，可能是慧能的门人所集，借用法海的名字。我们姑且不论究竟是不是法海所作，起码这是可以相信的唐代史料。这里出现了"法宝坛经"标题，据此，我们可以看到从"法宝记"向"坛经"演变的轨迹。

在日本僧人圆仁来唐取经（844—848）所作的《入唐新求圣教目录》中，有《曹溪山第六祖惠能大师说见性顿教直了无疑决定成佛法宝记坛经一卷（沙门入法译)》（大正藏55卷）。此，可以进一步验证这种变化的存在。

这种演变也可以反过来证明《六祖法宝记》的存在。

从"法宝记"，到"法宝坛经"——以"法宝"为《坛经》的题目，是契嵩根据曹溪古本《六祖法宝记》所改。后来，自称重刊古本的德异本，也把经题定为"六祖禅师法宝坛经"。再后来，到元代宗宝本，是根据三个不同的版本改编的，也名为"六祖大师法宝坛经"。从契嵩的曹溪原本，到宗宝的集成本，题目都有"法宝"二字，由此可知，它们源自同一个体系，都是依古本的《六祖法宝记》改编而来。

因为改编自不同的体系，所以，它们与敦煌本、惠昕本差距很大。

我们可以顺便推测出来，成书于慧能去世后七十年左右的《曹溪大师别传》，并非像胡适先生认定的那样，是一个无知的陋僧凭空虚造的，不是连他自己也承认"其中所记慧能的一生，大体用王维的《能禅师碑》"吗？《别传》的一部分资料，也与契嵩本一样，来源于《六祖法宝记》，所以就形成了这样一种情况：《坛经》的一些内容，

《别传》有，契嵩本有，而隶属不同体系的敦煌本没有（或者是敦煌本在流传、抄录的过程中舍弃了）。

《六祖法宝记》若为慧能语录最原始的集记，它与敦煌本、惠昕本《坛经》又有什么联系呢？

我们分析这两个版本的传授世系，就别有意味了。敦煌本说：

此《坛经》，法海上座集。上座无常，付同学道际……

惠昕本也说："法海上座无常，以此《坛经》付嘱志道……"

我们知道，《坛经》并非像敦煌本刻意渲染的那样，系秘密传授。它的主体部分，是慧能在韶州城内大梵寺为一千多位僧俗公开说法的记录，可谓"见者皆得闻，路人亦知之"。在宗宝本《坛经》中有这样的记载：慧能在圆寂之前对法海等弟子说："吾于大梵寺说法，以至于今抄录流行，目曰《法宝坛经》。汝等守护，递相传授，度诸群生。"这说明，《坛经》早在慧能生前就已经在弟子之间公开抄录、流行了。

不管是道际，还是志道，与法海都是同学关系，他们也是六祖的弟子，早就拥有了《法宝记》的抄本，那么为什么临死前还要法海传授呢？是什么样的版本，值得法海再次传授给他们呢？

笔者推测，法海传授给他们的，应该是慧能过世之后，他根据自己原始记录的《六祖法宝记》，经过精心梳理、调整、裁汰，形成的一个新的《坛经》抄本。

法海在慧能所有弟子中，跟随师父时间最长，又是上座弟子——在那时，上座即是首座——群僧之首。所以，在所有的弟子中，法海听闻师父慧能开示、说法的机会最多。更主要的是，因为慧能不识字，不能亲自审定《法宝记》的文字，同时，慧能生在岭南边地，地方口音很重（在《坛经》中，慧能曾经说过，自己"生在边方，语音不正"），而法海是广东曲江人，能听懂六祖慧能的方言土语。因此，由法海记录、整理的慧能语录最为全面，最为珍贵。

唯有这样，才值得他临终郑重交付：

此《坛经》，法海上座集。上座无常，付同学道际，道际无常，付门人悟真。

法海上座无常，以此《坛经》付嘱志道，志道付彼岸，彼岸付悟真，悟真付圆会……

这些经文表明，法海去世后，经他整理过的新《坛经》抄本，开始在岭南曹溪一带流传。到敦煌抄本所依据的底本成书的年代，传到悟真；到惠昕本所依据的底本成书的年代，传到了圆会。

据易行广《曹溪禅人物志》考证，法海圆寂于公元730年，志道卒于740年。他俩同是慧能的弟子。以此推断，悟真为慧能的再传弟子，弘法的时代，应该在750年前后。

《传灯录》卷二八，有慧能的另一位弟子南阳慧忠的这样一段对话：南阳慧忠问禅客：从何方来？对方答：南方来。慧忠再问：南方有何知识？对曰：知识颇多。慧忠三问：如何示人？禅客表述了"南方宗旨"的见地。忠国师呵责道："把他《坛经》改换，添糅鄙谭，削除圣意。"

这就是说，早在750年，《坛经》至少已增添进"南方宗旨"——慧忠已经见到了"南方宗旨"的添改本。由此可见，慧忠早年看到过《坛经》的原始版本——《六祖法宝记》，或者是法海的整理本，否则，他如何知道有了改换呢？

印顺在《中国禅宗史》说，给《坛经》揉进"南方宗旨"的人，是志道：

> 志道是广州南海人，他的"色身无常，法身是常"的对立说，与慧忠所知的"南方宗旨"，《坛经》中"色身无常而性是常"的见解相近。《坛经》的"色身无常，法身是常"说，如作为志道传的添改本，应该是非常合适的。
>
> ……悟真以前有志道，思想与"南方宗旨"相近，所以推定为：悟真所传，敦煌本所依的底本，是修改过后"南方宗旨"本。

"南方宗旨"的增添，引起南阳慧忠的感叹——"添糅鄙谭，削除圣意"。可见，此时这个体系的《坛经》在法海已经整理的基础上，又有了新变化。

其后，已经被尊为"经"的六祖语录，以手抄本的形式在慧能后世弟子中次第传授、流通。在流传过程中，历代免不了又有添改，到惠昕时期（约967年），已经是"古本文繁，披览之徒，初忻后厌"，所以他要简而言之，形成了今天的"惠昕本"。惠昕本所照的底本，近于敦煌本，是圆会所传本。

另一方面，揉进了"南方宗旨"的悟真本，传入京洛，神会门下

237

利用其次第传授的世系，如"法海付道际，道际付悟真"，而加以利用，赋予其全新的意义：以"禀承《坛经》"为"南宗弟子"的依约。《坛经》，在这里被当成了南宗传宗的信物。他们根据这个需要，对《坛经》作了刻意的加工，补充付法传宗之类的内容，舍弃与传宗无关的经文，连经名也进行了一番精细的修饰，这就是《南宗顿教最上大乘摩诃般若波罗蜜经六祖慧能大师于韶州大梵寺施法坛经》，从而形成"传宗"本——敦煌本《坛经》。

据印顺法师考证，"《坛经》传宗"的改补，约为780—800年。

二、《坛经》内容的流变

无论哪种版本的《坛经》，在内容上大致可以分成主体与附录两大部分。

《坛经》的主体部分，是慧能在韶州大梵寺公开说法的内容，是《坛经》的核心，集中阐述了慧能独创性的禅学思想。这部分经文又大体包括两个方面的内容：第一部分是慧能自述本人家世、于黄梅五祖座下得法、携衣钵南归、山中隐居以及出山弘法的经历。他坎坷艰难的身世，波折起伏的命运，充满传奇色彩的经历，不仅是一个传记，也客观地传达出了他禅学思想形成的渊源。第二部分，是慧能在大梵寺所说的摩诃般若波罗蜜法，即慧能禅学思想的集中阐释。从内容分析，这是他多次说法的集成，地点也不仅限于大梵寺。

附录所组成的内容包括弟子机缘、临终嘱咐以及慧能去世前后的情形。这一部分也十分重要，尤其慧能平时与众多弟子的问答，不仅阐述了许多重要的思想，而且活灵活现地演示了禅宗教学的公案，对后世禅师教训弟子接引学人，起到了示范作用。甚至，禅宗后来的种种禅机、种种禅风、种种禅法，都可以从这里找到渊源。

在各个版本的《坛经》中，其主体部分的内容大体相同，变化不是很大。但是，其"弟子机缘"部分，敦煌本与惠昕本相同，只有志诚、法达、智常、神会四人；而契嵩本与宗宝本是大大增广了，扩展到了十二人之多。除上述四人外，又增加了法海、智通、志道、行思、怀让、玄觉、智隍、志彻八位弟子与慧能的问答。这种情况进一步说明，它们分别源自两个不同的古本体系。

主体部分，惠昕本与敦煌本相比，也有所不同。例如多出了皇帝

征召、传五分法身香、慧能得法回来避难等事迹。

应该说，这些内容，不是惠昕本增加了，而是敦煌本减少了。

因为惠昕本是在"文繁"的底本基础上精简的，说明底本上原来就有这些内容，敦煌本之所以没有，是因为其在抄写的过程中舍弃了。

这些内容，凡惠昕本所有的，如"唐皇征召""传五分法身香""慧能避难"等，契嵩本、宗宝本等所有版本都有。这进一步证实，原始《坛经》确实存在这一部分内容，是敦煌本将之省略了。

敦煌本之所以省略这些内容，是因为其已经不是一本传授心法的语录，而是传宗的信物："今日已后，递相传受，须有依约，莫失宗旨！"它不但列举了中华六代祖师的付法偈，还突出了从七佛到慧能的传承次序，而且是："若不得《坛经》，即无禀受，须知法处、年月日、姓名，递相过嘱。无《坛经》禀承者，非南宗弟子也。"

这种以《坛经》传宗的方式，与现在传法的"法卷"意义相同。现代"法卷"的内容更为简单。所以，敦煌本《坛经》的实际作用，与"法卷"一样，是个传宗的信物，不过起到一个证明作用罢了。因此，其文字内容相对来说变得不十分重要了，在抄写过程中力求简短，舍弃了很多与传宗无关的经文。于是敦煌本就有了一个由繁多渐渐减少的变化过程。

禅宗祖师虽然不重视文记，但其弟子一直有记录师父开示法语的习惯，其目的是比照修行，启发领悟。法海作为慧能座下年龄较大、跟随时间最长的上首弟子，将师父平日里接引学人的机锋、对大众的说法、随缘的开示，记录了下来，形成了《坛经》的基础。

《六祖法宝记》如果不是法海的原始记录稿，也应该十分接近，起码比所有正式称作"经"的版本更接近原始记录。当然，它在流通的过程中，各位弟子根据自己知道的慧能的法语、启发弟子的机缘（尤其是针对自己的），随时随地不断地补充、增添了进来，不可避免地形成了《法宝记》内容繁多、形式杂驳的特点。所以，契嵩等人先后对其进行了整理。

契嵩本《坛经》，因其直接源自《六祖法宝记》，所以保存下了大量"弟子机缘"之类的内容。大概就是因为它最接近原始记录的《法宝记》，所以又称"曹溪原本"。

宗宝本即元朝僧人宗宝的改编本，他在作于公元1291年的跋文中说："余初入道，在感于斯，续见三本不同，互有得失，其板亦已漫灭。因取其本校雠，讹者正之，略者详之，复增入弟子请益机缘。"

宗宝本是根据三个版本改编的，可以说是集诸本之大成。从经文前录有德异的序、契嵩的赞文来判断，那三种版本中肯定有契嵩本，可能还有敦煌本、惠昕本之类的节略本。从经文又有新增加的情况来看，另外一个版本，很可能就是内容最为庞杂的《六祖法宝记》。所以，宗宝本自称是"得《坛经》之大全"，经文达到了创纪录的24 000余字。

从《六祖法宝记》到契嵩本，再到宗宝本的途径，其内容应该是一个由"繁多杂驳—相对精炼—集其大成"的演变过程。

《坛经》内容的流变，尤其是机缘品的大大增加（比敦煌本多出了八个人的机缘、近五千言），遭到了一些非议。

如明成化七年（1471）所刊《曹溪原本》的校对者王起隆，在《重锓曹溪原本法宝坛经缘起》一文中说："则窜易颠倒，增减删改，大背谬于原本，未有如是极者，盖至元辛卯元僧宗宝改本……"

近代也有一些学者认为，《坛经》的版本"时间愈晚，字数愈多。这一情况清楚表明，愈是晚出的《坛经》，就窜改越多，就愈多私货！"①

笔者不大同意这些结论，首先，契嵩本之于敦煌本、宗宝本之于契嵩本所增加的内容，不是窜改，而是复原。这些内容不但载于《坛经》古本，还可以从其他语录、灯史、传记中得到印证（例如《历代法宝记》成书于775年左右，《宝林传》成书于801年，《黄檗传心法要》集成于857年，《祖堂集》成书于952年，《传灯录》成书于1001年，均早于契嵩本辑录时间），说明其人其事是历史真实、内容可靠、有凭有据，而不是什么"私货"。

再说，《坛经》不是文物，所以，并非所有后补的东西皆是作伪。它是传授心印的法宝，目的是启迪学人开悟，只要那些内容是真实的，确属慧能接引弟子的一部分，完全可以补充进来。这样不但可以更全面地反映慧能的禅学思想，也为后人参禅悟道提供了鲜活的公案。

我们看，现在的流通本《坛经》，主体部分是慧能别具一格、充满创新色彩的禅学理论，附录部分是他用自己独特的禅法启迪弟子的

---

① 郭朋：《坛经校释》，中华书局1983年版。

教案，其全新的理论与丰富的实践相结合，创造出了一个个"顿悟菩提、幡然觉醒"的奇迹。

如果没有这些活泼的弟子机缘，其理论将是怎样的苍白？如果没有这些生动案例的印证，顿悟成佛谁人相信？如果不是二者有机融合，仅仅是一套抽象而又空洞的理论，怎敢称作经——所谓经，不但要上契十方诸佛所说之理，还必须下契一切众生之根机。恰恰是有了这些丰富多彩、活灵活现、充满机锋的教学案例，《坛经》更具有了强大的生命力，历千年而常新：

——正是六祖慧能与无尽藏的机缘——"诸佛妙理，非关文字"，才启发了马祖道一、石头希迁及其弟子们于数十年之后共同创造了离言绝句、扬眉瞬目的"禅机时代"。

——正是六祖慧能棒打神会，呵斥法达、志道，才渐渐发展到了一百五十年之后的德山棒、临济喝，树立起禅宗的棒喝门庭。

——正是有了《坛经》"弟子机缘品"那一则则活生生的案例示范，才有了风行千年的公案禅。一千七百则公案，经历代祖师提拈，已经成为人类最为璀璨的智慧奇葩，而且必将永远熠熠生辉。

——正是有了慧能启发惠明的"不思善、不思恶，那个是明上座的本来面目"，才有了南宋时期大慧宗杲的看话禅（参话头），并且一直沿用到如今，使得无数禅人明心见性，开悟得道。

…………

有人认为，流通本《坛经》因补充了许多内容，经文之中存在相互矛盾的情况，比如慧能有的地方讲空、有的地方讲有；有的时候说常、有的时候说无常；在此阐释涅槃佛性论，在彼论述般若三昧……许多观点之间恰恰是相反的，造成了慧能思想的前后不一致。更有甚者，有人说："这是从思想上对慧能作了根本性的窜改。"

我们要知道，《坛经》并不是一部严谨的学术著作，它是慧能一生说法的记录、集成。他在不同的时期，面对不同的对象，针对学人不同的根基，自然要采取不同的说法，以便使对方顿悟自性，得到解脱。他所讲的法，如同医生治病，全部是因病予药，根据每一个病人的症状用不同的处方使他们能够离苦得乐，究竟成佛。世界上大概没有一个人指责医生面对不同病人时所开具的处方不同。

因此，我们看《坛经》，应该明白，六祖慧能的最终意趣不是建立一种完美的理论，所以我们不能用对待世间理论的方法来看他的教法，不然，我们有的时候会感到很迷茫，会觉得很矛盾。其实，并不矛盾，因为他讲的法，都是为了对治我们各种各样的偏颇。如果我们执著有，六祖就讲空；如果执著空，六祖就会讲有；我们偏左，他就讲右；我们偏右，他就说左……

我们应当知道，空与有、左与右都是相对的概念。凡是相对的，都落在两边。人们只能在一边向另一边修正自己，才能契合中道。若离两边，岂有中道？这是经教里（佛教理论）辨中边的辩证名言。但是，经教中并未对"中与边"加以形象化的描述，六祖的教法是其最生动的范例——

一只木筏若想不搁浅，顺利漂向大海，就一定要想方设法保持在中流。然而，一条不断流动的长河，岂有固定的中流？所以，唯一的方法就是不断修正自己。

我们千万切记，《坛经》是禅宗的宗经，是指导禅人修行的工具，是指向月亮的手指，所以我们不能将之当作月亮研究。相反，如果当代人充分利用这一工具，挖掘它博大精深的潜在功能，一定能推陈出新，在看话禅之后再次寻找到新的突破口，给凝滞的禅林带来勃勃生机，进而服务于现代人的精神解脱。

（原载《六祖慧能思想研究（三）》，香港出版社 2007 年版）

韶关禅宗文化研究集萃

惠昕所述《坛经》的版本谱系研究

白　光

一、惠昕所述《坛经》版本的发现与研究进展

（一）惠昕所述《坛经》的发现与发布概况

现存五本惠昕所述《坛经》均为汉文本子，按发现和发布的次序，分别为兴圣寺本、大乘寺本、天宁寺本、真福寺本和宽永本。在这五本《坛经》中，前三本的照片已经于1976年在柳田圣山先生主编的《六祖坛经诸本集成》中集中公布，其余两本的内容则只能从石井修道先生的录文中推知。在这种情况下，我们对于惠昕系列本之间关系的研究就受到了一定的限制。今根据杨曾文、石井修道等学者的研究，① 并结合自己所获知的一些关于真福寺本的最新信息，② 将这五个写本《坛经》以发现和公布时间为序制为表1：

---

① 杨曾文：《新版敦煌新本六祖坛经》，宗教文化出版社2001年版。［日］田中良昭：《坛经经籍研究概史》，见《佛光山国际禅学会议实录》，佛光山出版社1990年版，第276页。2010年9月，笔者从日本学者村田冷女士那里获得了石井修道的三篇研究论文的电子稿，即［日］石井修道：《伊藤隆寿氏发见真福寺文库所藏〈六祖坛经〉的介绍》，见《驹泽大学佛教学部论集》1979年第10期；《惠昕本六祖坛经的研究》，见《驹泽大学佛教学部论集》1980年第11期、1981年第12期。

② 2010年11月，笔者得知南京大学社会学院张玉林先生要前往日本名古屋访学，便向他提出前往考察这一写本的请求，并希望他能将其照片带回。2010年12月，张玉林先生进入真福寺见到了该本《坛经》，但寺方不许拍照，只能抄写。通过历次抄写，只抄完了上卷。这时，寺方说要等到2011年3月方能再开放，所以下卷只是对照了而未抄。通过抄写的上卷，笔者发现石井修道先生有些地方没有照录原文，甚至个别地方有错误。在这里，笔者想再次感谢支持我学业的张玉林先生曾经付出的极为细致的辛勤劳动。

表 1　五本惠昕所述《坛经》的发现及发布

名称	发现者	发现时间	照片或录文公布时间及流通情况
兴圣寺本	［日］日种让山	1931 年前	刻本。1933 年，铃木大拙将其影印出版，并将其中一本赠送给胡适（1933 年 11 月）。1976 年，柳田圣山主编的《六祖坛经诸本集成》将其收入
大乘寺本	［日］久保道舟、铃木大拙	1937 年前	写本。1937 年，铃木大拙曾结合兴圣寺本对之进行录校，其影印于 1976 年收入柳田圣山主编的《六祖坛经诸本集成》。1980—1981 年，石井修道对之录文。1993 年，杨曾文在铃木大拙的成果的基础上结合其他惠昕本对之进行录校
天宁寺本	［日］椎名宏雄	1975 年前	写本。1976 年，其影印本收入柳田圣山主编的《六祖坛经诸本集成》。1980—1981 年，石井修道对之录文
真福寺本	［日］伊藤隆寿	1980 年前	写本。1980—1981 年，其录文见于石井修道著《惠昕本六祖坛经的研究》，载《驹泽大学佛教学部论集》第 11、12 期
宽永本	［日］石井修道	1980 年前	刻本。1980—1981 年，其录文见于石井修道著《惠昕本六祖坛经的研究》，载《驹泽大学佛教学部论集》第 11、12 期

由表可知，惠昕系列《坛经》的发现有一个过程，与此相应，学术界对它们的关注和研究也存在一个逐渐深入的过程。

（二）惠昕所述《坛经》版本谱系研究的进展

20 世纪初，法海集记《坛经》的发现和发表激发了中外学者对不同《坛经》本子进行追寻的热情。一些日本学者在这方面的工作成果显著。在日本境内，他们发现了一些可以说是"日本特有"的《坛经》。其中，最先发现的是藏于日本京都兴圣寺的一本《坛经》，其中载有一篇关于"二卷十一门"《坛经》之所以产生的序文，介绍了作者将"古本文繁"的《坛经》"分为两卷，凡十一门"的事实。对照经文，这正与经文分为上下两卷十一门相符契。又因为这篇序文紧跟在"依真小师邕州罗秀山惠进禅院沙门惠昕述"之后，所以一般认为

"两卷十一门"《坛经》乃是惠昕的首创。

不过，在石井修道于 1980 年左右发表的真福寺本《坛经》的录文中，"依真小师邕州罗秀山惠进禅院沙门惠昕述"也存在于其"下卷"的经题之侧，所以中国学者徐文明先生据此认为现存二卷十一门的《坛经》只是惠昕所述《坛经》的整理本而不是原本，根据晁迥 970 年遇道士刘惟一之事被写进 1153 年重刻《坛经》的序文中，而推测"二卷十一门"可能与刘惟一有关。① 张培峰则在此基础上，根据五代时的陈琡传记中有"述"《坛经》为三卷的记载，而进一步认为其是"惠昕所述原本"，也是契嵩校勘《坛经》的直接来源。② 这样，传统的《坛经》"类版本"谱系论，即法海集记一卷至惠昕所述二卷再到契嵩校勘三卷，便因此变成了法海集记一卷至惠昕所述三卷（原本）再到惠昕所述二卷（简本）和契嵩校勘三卷了，然而由于"惠昕所述原本"与"法海集记原本"一样，并未见闻于世，所以至今尚无学者回应这种看法。

值得注意的是，在国内忙于重建《坛经》"类版本"谱系之前，关于惠昕所述《坛经》"具体版本"关系的研究成论便已面临崩溃了。

由于惠昕所述《坛经》几乎完全掌握在日本学者手中，所以中外学者对惠昕所述《坛经》"具体版本"关系的认知几乎完全源自 1980 年左右由石井修道对之所作的研究结果，即认为真福寺本与其他诸本相比，是现存最早的惠昕所述《坛经》。③ 而不到十年的时间里，丹麦学者摩登·史鲁特便通过重新讨论五本惠昕所述《坛经》的文本关系而针锋相对地指出真福寺本《坛经》并非像石井修道所说的那么接近惠昕两卷本。不过，史鲁特并没有进一步指出到底是哪一本更早，反而理论性地认为根据现存资料尚无法建立五本惠昕所述《坛经》的版本谱系。④

另外，随着法海集记《坛经》之校勘热潮的来临以及惠昕所述《坛经》诸本的发布，长期以来将惠昕所述《坛经》作为其参校本的

<hr />

① 徐文明：《中土前期禅学思想史》，北京师范大学出版社 2004 年版。

② 张培峰：《〈六祖坛经〉与道家道教关系考论》，《宗教学研究》2008 年第 2 期，第 91 - 98 页。

③ ［日］石井修道：《伊藤隆寿氏发见真福寺文库所藏〈六祖坛经〉的介绍》，见《驹泽大学佛教学部论集》1979 年第 10 期。

④ ［丹麦］摩登·史鲁特：《论坛经的系谱与演进》，见《佛光山国际禅学会议实录》，佛光山出版社 1990 年版，第 451 - 469 页。

做法开始受到质疑,① 其主要根据即在于认为二者的思想体系有所不同。②

　　那么,惠昕所述《坛经》的具体版本谱系是否真的无法建立?《坛经》的"类版本"谱系是否会受到动摇?惠昕所述《坛经》能否被用于校勘其他《坛经》? 这些问题的出现,使得惠昕所述《坛经》版本谱系及其思想流变的研究越来越重要,越来越亟待澄清。

　　为方便进一步的研究,这里先对惠昕五本《坛经》的书体情况作一简表(如表2所示),并据此而引出下文的研究线索。

表2　五本惠昕所述《坛经》的书体情况

	经前		经文			经后	备注
	附录		字体	卷数	字数	附录	
兴圣寺本	惠昕序(967)	晁子健刻记(1153)	刻体	上(6)下(5)卷共11门	原本13 858字③	经后是了然和尚的两个标点记(1559/1603)	有些版心有"军"字。附录是写体,经文是刻体。经文与宽永本极其相似
宽永本			刻体	上(6)下(5)卷共11门	13 856字	重刻记(1631)	无序文。经文与兴圣寺本极其相似

---

　　① 李申合校,方广锠简注:《敦煌坛经合校简注》,山西古籍出版社1999年版。

　　② 一般以法海集记《坛经》中的"无者无何事,念者何物? 无者离二相诸尘劳,真如是念之体,念是真如之用"改写为"无者无何物? 念者念何物? 无者离二相,无诸尘劳之心。念者真如本性,真如即是念之体,念是真如之用"(天宁寺本、大乘寺本)。或"无者无何事,念者念何物? 无者离二相,无诸尘劳之心。念者念真如本性,真如即是念之体,念即是真如之用"(宽永本、兴圣寺本)为根据,认为法海集记《坛经》更强调体用一如,而后者则有强调体用分离的倾向。20世纪60年代中期,韩国学者金志恭则开始指出法海集记《坛经》中也有与惠昕所述《坛经》一样的"二元论"倾向([韩]金志恭:《论高丽知讷〈坛经〉跋》,见《印度学佛教学研究》1966年第15卷第2号)。至1989年,美籍学者朴性焙则进一步将知讷与慧忠的相关内容进行比较后,指出对《坛经》的研究不能仅停留在哲学与历史上,而应考虑信仰和教法的层面,从而认为法海集记《坛经》中的二元论是为了教法上的需要而有的([美]朴性焙:《论知讷对〈坛经〉的观点》,见《佛光山国际禅学会议实录》,佛光山出版社1990年版,第423–428页)。

　　③ 因缺一页(相当于三折),相当于462(22×7×3)字,故实存13 396字。

（续上表）

	经前		经文			经后		备注
	附录		字体	卷数	字数	附录		
天宁寺本	重修记(1747)	存中序(1116)	写体	上(6)下(5)卷共11门	13 319字	捐资刻记(1747)	重修记(1747)	写体不一,非一人写成。经文与大乘寺本极其相似
大乘寺本		存中序(1116)	写体	上(6)下(5)卷共11门	13 075字	道元和尚①的书写记9字		写体一致,为一人写成。经文与天宁寺本极其相似
真福寺本	惠昕序(967)		写体	上(6)下(5)卷共11门	13 489字	周希古叙(1012)	"写点了"3字	未见照片,据考察,书体已虫损严重

从此表可知：

（1）其中最早的附录是"惠昕序"，时间是公元 967 年。又，因其序文中声明自己"于思迎塔院，分为两卷，开十一门"②，这二者构成了此五本《坛经》被称为"惠昕本"的主要原因。

（2）以字数由少到多排列，依次为大乘寺本、天宁寺本、真福寺

---

① 道元生卒年为 1200—1253，于 1223 年来到中国，历游天童、阿育王、径山等著名寺院。后回天童寺谒新任住持如净（曹洞宗第十三代祖），随侍 3 年，师资相契，受曹洞宗禅法。回国后创立日本曹洞宗。

② 真福寺本《坛经》。兴圣寺本则作"分为两卷，凡十一门"（［日］柳田圣山主编：《六祖坛经诸本集成》，中文出版社 1976 年版，第 49 页），其将"开"变为"凡"很可能是想掩盖其对所整理的《坛经》的"展开"历史。

惠昕所述《坛经》的版本谱系研究

韶文化研究丛书

本、宽永本和兴圣寺本。

（3）以前后相差的字数论，大乘寺本《坛经》与天宁寺本最相近；兴圣寺本与宽永本极其相近。

基于上述所列的特点，本文将首先对兴圣寺本与宽永本的关系进行研究，再对大乘寺本与天宁寺本的关系进行研究，最后探讨真福寺本与前四个本子的关系。

二、惠昕所述《坛经》的宽永本与兴圣寺本的谱系研究

根据上文，兴圣寺本与宽永本非常接近，所以先行对之进行研究。今以文字争议较少的兴圣寺本进行逐字录文，给每一个字一个坐标编号，[1] 同时取宽永本与之对照，凡有差异者，顺次列出。表3、表4分别为兴圣寺本和宽永本参与对照的字数和对照后的统计结果：

表3　兴圣寺本、宽永本参与对照数字

13 858（坐标）	版本字数	实际参与统计的字数
兴圣寺本	13 858	13 396
宽永本	13 856	13 856

表4　兴圣寺本、宽永本对照结果

对照主题	统计结果	占总差异比例（%）	占参照字比例（%）
兴圣寺本与宽永本相似互通	6	19（或1）	0.04
兴圣寺本与宽永本完全不同	25（或487）	81（或99）	0.20（或3.50）
差异总数	31（或493）		0.24（或3.54）
兴圣寺本与宽永本完全相同	13 827（或13 375）		99.76（或96.46）

---

① 这里需要指出的一点是：兴圣寺本《坛经》在下卷部分缺少3折的内容。根据兴圣寺本是刻本，刻本每折的列数（7）及其字数（22）都是一定的，又加上其他版本与之相对应的部分没有分列、分段等，可知所缺字数为462（3×7×22）字。虽然不能得知此缺少的具体内容，但是知道此内容必定是462字，因此笔者在制定表格时即将之算在内，而没有填写具体的内容。在作具体比较时，这部分内容应当适当考虑。

248

据此，我们可以得出这样两个明显的结论：

（1）兴圣寺本与宽永本之间的差异是那样小（0.2%），以至于可以被视为是同一个本子（99.76%）。

（2）在兴圣寺本与宽永本之间的总差异中，不可互通的部分有25处。

既然二本如此相同，那么是否可以从其有限差异中分析出二者的先后关系呢？通过仔细比较二者的差异，笔者发现可以从下面两个方面判断出宽永本要比兴圣寺本更接近晁子健当时所刻出的原本。

首先，在宽永本与兴圣寺本可以互通的差异中，最值得关注的是"慧"字与"惠"字。我们知道，在法海集记《坛经》中，并未出现过"慧"字，而只有"惠"字。[①] 此字既在"惠能"之名中出现，又在比较重要的核心范畴如"智惠""定惠"中出现。这种做法也一度沿袭到多数惠昕所述《坛经》中，但是到了宽永本和兴圣寺本，开始发生微妙的变化。在宽永本中，作为惠能"名称"使用的"惠"字不变，但作为"范畴"使用的"惠"字则开始变成"慧"字，如其保留了"智惠"的写法，却开始将经文中的"定惠"统一改为"定慧"。值得注意的是，宽永本对同一范畴"定惠"出现了不同的写法：它在前文出现的品题中用"定惠"以与古本保持一致，却在后文的品题中使用"定慧"以与经文保持一致，如"三为时众说定惠门……三为时众说定慧门。师言：我此法门，以定慧为本"。在兴圣寺本中，则对之进行了统一，从而变为"三为时众说定慧门……三为时众说定慧门。师言：我此法门，以定慧为本"。与法海集记《坛经》版本系列中由俗字转成正字的现象相类似，惠昕所述《坛经》版本系列中由异字到同字的现象则可以说明宽永本当先于兴圣寺本。

其次，在完全不同的差异中，亦有不少可以看出两个本子前后关系的。例如，在惠昕所述《坛经》中，唯有宽永本和兴圣寺本才有的"风幡之议"便是很好的例子，二者分别有如下段落：

---

① 这一现象常见于敦煌出土的早期禅籍文献中。

宽永本	时有风有幡动。一僧云幡动，二僧云风动，惠能云：非幡动风动，人心自动。
兴圣寺本	时有风吹幡动。一僧云风动，一僧云幡动，惠能云：非幡动风动，人心自动。

这段文字也是法海集记《坛经》中所没有的，但是在早期禅宗发展史上可以找到相关的文本来源，比如在《曹溪大师传》中这样说：

时嘱正月十三日悬幡，诸人夜论幡义。法师廊下隔壁而听。初论幡者：幡是无情，因风而动。第二人难言：风幡俱是无情，如何得动？第三人：因缘和合故合动。第四人言：幡不动，风自动耳。众人诤论，喧喧不止。能大师高声止诸人曰：幡无如余种动。所言动者，人者心自动耳。印宗法师闻已，至明日讲次欲毕，问大众曰：昨夜某房论义，在后者是谁？①

值得注意的有三点：第一，《曹溪大师传》的主题是"论幡义"而不是"论风幡义"；第二"风吹幡动"是初论者的意思而不是交代故事背景的；第三，论义者有四人，有先后次序，最初的人主张幡因风动，最后的人主张风自动。很显然，宽永本的"一僧云幡动，二僧云风动"与兴圣寺本的"一僧云风动，一僧云幡动"相比，宽永本更带有原始的"次第"义，而兴圣寺本则显生动。另外，因为宽永本舍弃了其他两人的议论，所以议论的主题也发生了变化，即"幡"变成了"风幡"，进而要在议论之前有意地交代"有风有幡动"的环境前提。宽永本用"有风有幡动"而不是"有风吹幡动"，恐怕与其编辑者明确地知道"风吹幡动"是《曹溪大师传》中初论者的观点有关吧。职是之故，可以看出宽永本更接近早期的素材。

综上所述，笔者认为宽永本和兴圣寺本是两个极其相似的刻本，但从其有限的差别中仍然可以看到兴圣寺本要比宽永本更晚，兴圣寺本更注意一些用字的统一性和叙事的生动性。

---

① ［日］柳田圣山主编：《六祖坛经诸本集成》，中文出版社1976年版，第410页。

三、惠昕所述《坛经》的天宁寺本与大乘寺本的谱系研究

（一）从重修记及重修内容看天宁寺本与大乘寺本的互动关系

在上文关于五本惠昕所述《坛经》的字数统计中已经知道，天宁寺本与大乘寺本的关系最为接近。不过，二者的先后关系则由于天宁寺的重修和大乘寺的修订而变得异常复杂。

现存天宁寺本中有前后两个"重修记"：

重修记〔前〕

> 延享四丁卯①七月上瀚、再修表帙而备足阙文蚀字　金山天宁常住
>
> 现白英惠玉记写
>
> 此《坛经》全部二卷，出于金山宝藏秘函之中矣。今流布于世丛林《坛经》，旧刊新削不一，或多或少，分门字数皆失本经之正者间有之。末流学者不能无疑于其间也。特秘贺北洞宗大乘禅寺写本《坛经》耳，为正本传焉。今以此二册考合之，不违一字，只有阙纸数枚为恨而已。幸得贺北正本写书而书，加而备足之，永莫废失，至嘱。

重修记〔后〕

> 金山宝藏秘书，此《坛经》正本贺州大乘寺室中有之，为扶桑之珍书也。
>
> 延享四丁卯七月再修表帙而备足落字
>
> 天宁现住　白英　记
>
> 小子
>
> 祖镜修补

由此可见，关于天宁寺本的重修活动是对"金山天宁寺秘藏本"《坛经》的"阙文"和"蚀字"进行修补，补文来自"贺州大乘寺藏本"《坛经》，大约在 1747 年 7 月份完成。所以，重修后的天宁寺本，可以说是"金山天宁寺秘藏本"与"贺州大乘寺藏本"的联合，是后

---

① 即 1747 年。

人"善意的填写"之作。从文字的变动上来看，现存的天宁寺本已经不是原来的天宁寺本了。

值得一提的是，当初在修订天宁寺本时，天宁寺僧人之所以会选择"贺州大乘寺藏本"作为来源，是因为在天宁寺僧人的眼中，它和"金山天宁寺秘藏本"一样，是正本的正传，二本"不违一字"。

吊诡的是，虽然现存的大乘寺本与天宁寺本极其相似（包括天宁寺本补入的部分），但它绝非当初天宁寺僧人所说的"不违一字"的"贺州大乘寺藏本"，因为现存的大乘寺本的"二十八祖说"与天宁寺本根本不同，已经是《宝林传》等所述并经过北宋僧人契嵩考定过的祖师谱系说了。

表5　天宁寺本、大乘寺本在"二十八祖说"上的变化

天宁寺本	《传法正宗记》	大乘寺本
释迦弟七	释迦牟尼佛	释迦弟七
迦叶	摩诃迦叶尊	迦叶
阿难	阿难尊者传	阿难
商那和修	商那和修尊	商那和修
优波掬多	优波毱多尊	优波掬多
提多迦	提多迦尊者	提多迦
	弥遮迦尊者	弥遮迦尊
	婆须蜜尊者	波须密多
佛陀难提	佛陀难提尊	佛陀难提
伏驮蜜多	伏驮蜜多尊	伏驮蜜多
胁尊者	胁尊者传	胁尊者
富那夜奢	富那夜奢尊	富那夜奢
马鸣	马鸣大士传	马鸣
毗罗长老	迦毗摩罗大	迦毗罗尊
龙树	龙树大士传	龙树
迦那提多	迦那提婆大	迦那提多
罗睺罗多	罗睺罗多大	罗睺罗多
僧伽那提	僧伽难提大	僧伽那提
僧伽耶舍	僧耶舍多大	僧伽耶舍
鸠摩罗驮	鸠摩罗多大	鸠摩罗驮
奢夜多	阇夜多大士	奢耶多

（续上表）

天宁寺本	《传法正宗记》	大乘寺本
婆修盘多	婆修盘头大	婆修盘头
摩拏罗	摩拏罗大士	摩拏罗
鹤勒那	鹤勒那大士	鹤勒那
师子比丘	师子尊者传	师子比丘
奢那婆斯		
优波掘多		
须婆密多		
僧迦罗叉		
	婆舍斯多尊	婆舍斯多
	不如蜜多尊	不如密多
	般若多罗尊	般若多罗
菩提达磨	菩提达磨尊	菩提达磨
北齐惠可	慧可尊者传	北齐惠可
唐僧璨	僧璨尊者传	唐僧璨
唐道信	道信尊者传	唐道信
唐弘忍	弘忍尊者传	唐弘忍
惠能	慧能尊者传	惠能

由于大乘寺本末有"道元书"的落款，而查由道元于 1227 年从中国回到日本后，从 1232 年便开始著述的《正法眼藏》中关于祖师谱系的内容即《宝林传》《传法正宗记》等所载的祖师谱系①，故可推定这种改动为道元所为。所以，从这部分内容看，现存天宁寺本是必定要比现存大乘寺本更早的，除此之外，由于现存天宁寺本尚且含有从古大乘寺本补入的内容，所以也可据此进一步间接判断"现存大乘寺本"对"古大乘寺本"的非祖师谱系部分进行的修订情况。

---

① 在道元所著的《正法眼藏》中，他在第五十二《佛祖》篇中特别列举了从七佛到道元的血脉传承，其内容与《传法正宗记》等一致。这一内容是道元在 1243 年于日本越前吉峰开示的（［日］道元著，何燕生译注：《正法眼藏》，宗教文化出版社 2003 年版，第 417 – 450 页；何燕生：《道元研究相关资料》，见《中国禅学》第 4 卷，中华书局 2006 年版，第 168 – 171 页）。

表6　现存天宁寺本补入内容与现存大乘寺本相应内容对照结果

735 + 640 = 1 375	统计结果	占总差异比例（％）	占参照字比例（％）
大乘寺本与天宁寺本相似互通	24	71	1.7
大乘寺本与天宁寺本完全不同	10	29	0.7
差异总数	34		2.4
大乘寺本与天宁寺本完全相同	1 341		97.6

　　也就是说，现存古大乘寺本遗留部分与现存大乘寺本相应部分也存在不同，这种不同也可以通过比较据说与古大乘寺本"不违一字"的天宁寺本（原有部分）与现存大乘寺本的相应部分而进一步得到印证。

表7　天宁寺本原有内容与现存大乘寺本相应内容对照结果

12 191	统计结果	占总差异比例（％）	占参照字比例（％）
大乘寺本与天宁寺本相似互通	236	70	1.9
大乘寺本与天宁寺本完全不同	101	30	0.8
差异总数	337		2.7
大乘寺本与天宁寺本完全相同	11 854		97.3

　　而更为值得注意的是，在天宁寺本中，由古大乘寺本补入的部分中有一处明显的不同，即天宁寺僧人在抄写"欲入圣位"时，还在"欲"的旁边加了一个"定"字。如图1所示。

　　据调查，法海集记《坛经》和惠昕所述《坛经》其他版本均为"欲"而无此"定"字，而在契嵩校勘系列《坛经》中则均为"定"而无"欲"字。因此可推断天宁寺僧人惠玉等人在"填补""欲入圣位"的时候，是有所犹像的，所以在抄写"古大乘寺本"的"欲入圣位"时，在"欲"的旁边写着"定"字。笔者认为，这一动作很可能

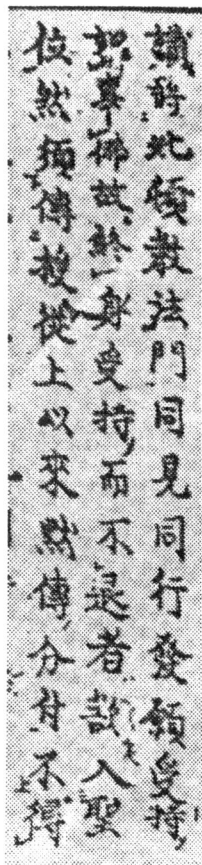

是受到丛林《坛经》影响的结果。我们虽然不知道天宁寺僧人重修记中所谓的"丛林《坛经》"具体何指，但在他们重修（1747）之前，契嵩校勘《坛经》（1056）及其流传本（如德异本乃至宗宝本）都已经在世间流通很多年了！这些不同于大乘寺本、天宁寺本的本子正可构成"旧刊新削"的具体所指——它们都有木刻本！从这个角度讲，天宁寺僧人正本清源的重修行为，实际上是通过古刻本反对新刻本来实现的。[①] 即便如此，笔者不得不指出，重修后的天宁寺本不仅不是古天宁寺本，而且实际上也受到了丛林诸刻本《坛经》的影响，以至于在某些地方不完全信任自己所依据的"古大乘寺本"的原型性了。

图1

　　总而言之，天宁寺本在修补时所依据的古大乘寺本并非现存大乘寺本，因为现存大乘寺本已经根据当时最新流行的禅宗祖师谱系对古大乘寺本作了修订，其修订的内容也波及其他部分。另外，天宁寺本在从古大乘寺本补入内容时，由于受到社会上流行的其他《坛经》的影响，也对古大乘寺本（或亦可谓古天宁寺本）作了一定的修订。职是之故，从经文修订的角度虽然可以揭示天宁寺本与大乘寺本的互动关系，但是尚无法确定古天宁寺本与古大乘寺本的先后关系。

（二）从重刊记看古天宁寺本的原始性及其社会功能

　　虽然从重修记和经文着手不能最终判定古大乘寺本与古天宁寺本的先后关系，但可从天宁寺本所留有的重刊记认识到天宁寺本的原始性及其社会功能。根据现存天宁寺本所保留的古天宁寺本的内容看，古天宁寺本的重刊记由一篇存中的重刊序和一篇助刊记组成，而现存大乘寺本只保留了前者。其存中序为：

　　　性体虚空，本无名相，佛祖出兴，示以正法者，良由众生妄失其

----

　　① 笔者在写出这句话时，不禁想到今人发现敦煌写本之后的反应和情绪，真是以今例古，其例不爽啊。笔者认为，每个时代、地域都有自己的《坛经》，不必厚此薄彼，妄增执著。

本也，故初有六佛，而释迦绍出焉。释迦七々①年道化，复悯后五百岁斗诤坚固，遂以正法付迦叶，受金栏信衣，俾妙明之种性不灭也。衣々相受，法々相承，列位西干，二十有八，东土正法，自达磨始兴。二祖出于北齐，三四兴于唐代。曹溪六祖得衣法于黄梅五祖。是时，刺史韶牧等请六祖于大梵戒坛受无相戒说摩诃顿法，门人录其语要，命曰《坛经》。夫吾祖传衣，三更受法，令若悬丝，而说是经，则普告僧俗，令言下各悟本心，现成佛道者，何耶？盖此非五（吾）祖一时之直指，实欲传乎后斗诤之岁也。今则门风百种，解会千般，努眼撑眉，寻言举古，忘情绝念，自缚无绳，诋毁明师，纷纭矛盾，岂知有《坛经》之可龟鉴者哉！谨再刊传，庶几学者，悟其本焉。政和六年丙申元旦福唐将军山隆庆庵比丘［存中］序并书。②

　　根据存中序可知，禅宗发展至宋代正在向"遍地开花"的阶段发展（"门风百种，解会千般"）。早期的门厅设施的不同，现在成了一些宗徒自我标榜的根据。往日的正傍之争，现在演化成了互指为谬（"诋毁明师，纷纭矛盾"）。而存中写序的时间即是 1116 年，由此便可推定其中"寻言举古"和"忘情绝念"的分歧，很有可能是指文字禅或看话禅与默照禅的对峙。③ 在这种情况下，他将六祖惠能与七佛释迦相提并论，认为释迦之"传衣"与惠能之"传《坛经》"都具有"平息斗诤"的现实意义。在他看来，《六祖坛经》不仅传承着佛教的根本精神，而且包含禅门诸家的根本宗旨，是禅宗的准绳（"龟鉴"）。可以说，惠昕所述《坛经》到了存中这里，可谓开启了其从形式化的佛经走向功能化的佛经的历史进程。实际上，存中不仅强调《坛经》在禅宗内部的价值，也希望《坛经》能够超出禅宗在更广泛的社会领域中发挥作用，其体现便是录在天宁寺本之后的助刊记：

---

　　①　"々"为重写符号。

　　②　天宁寺本《坛经》。

　　③　提出看话禅的大慧宗杲（1089—1163）与提倡默照禅的宏智正觉（1091—1157）生活的年代正与存中写序的时间相应，而开创文字禅的善昭（947—1024）则与之稍早。龚隽认为文字禅可谓是中国禅学历史上的一场思想运动，在这场运动中，其在把经典禅的机缘语录和公案思想化的过程中形成了自己的典范，为看话禅的出现提供了桥梁作用（龚隽：《禅史钩沉：以问题为中心的思想史论述》，生活·读书·新知三联书店 2006 年版，第 295－330 页）。大慧与宏智相互批评乃是宋代禅宗的一大特点（方立天：《论文字禅、看话禅、默照禅与念佛禅》，见吴言生主编：《中国禅学》第 1 卷，中华书局 2002 年版，第 12－17 页）。

僧［不远］① 缘化施财，莫信奖［孝恩］与室中陈［九娘］舍贰贯文，朱［最礼］朱［琬］李［三娘］各舍一贯文，郑［误］满②［宗］陈［殁］张［六娘］各舍一贯文。有王［勉］等十人各舍伍佰文，有结此胜因，普沾善果。

劝缘比丘住保寿庵最乐

都劝缘比丘住安元报恩禅院赐紫祖印大师［绍资仍舍贰贯文，有］将仕郎陈［㧓］舍俸金贰阡为母亲奖［代六娘］，愿延景福。仙豀林［师益］舍俸金贰仟。有助于《坛经》之费。愿一切含灵得闻此经不涉二乘，悉证无上菩提。

这个助刊记的性质，很明显是一篇功德芳名录。这应是存中当初在民间号召重刻《坛经》的铁证。大乘寺本《坛经》没有保留这一部分，可能另有原因。但这一部分的存在，至少可以说明两点：第一，天宁寺本保留了存中重刻本《坛经》更多的原始资料；第二，惠昕所述《坛经》在宋代已经深入民间了。

四、惠昕所述《坛经》的真福寺本与宽永本、天宁寺本的谱系研究

根据上文的分析，兴圣寺本与宽永本很相近而宽永本更早，大乘寺本与天宁寺本很相近而天宁寺本更原始。因此，宽永本可以作为兴圣寺本和宽永本等系列写、刻本子的早期代表，天宁寺本则可以作为大乘寺本和天宁寺本等系列写、刻本子的早期代表。这样，考察惠昕五本的先后亲疏关系就可以归结为考察宽永本、天宁寺本和真福寺本三本之间的关系。

（一）宽永本的晚出及其向契嵩校勘《坛经》的过渡

在研究惠昕所述《坛经》的版本谱系时，其先后关系首先可以通过是否在既定的经文框架之内存在经文增入情况而得到确定。在宽永本和兴圣寺本中，其在"第二门"和"第三门"交接的位置，即增入

① "［］"表示此中之字要小一号（细字），或小一号且双行。
② "满"原无三点水。

了关于"惠明机缘"的内容，今列其照片如下①：

图2

这部分内容，是法海集记《坛经》和惠昕所述《坛经》的其他流传本中所没有的，只是到了契嵩校勘《坛经》中才将之正式纳入经文之中，内容均为"谓明曰不思善不思恶正与么时那个是明上座本来面目惠明言下大悟"，而与兴圣寺本、宽永本有所不同。这在客观上反映了惠昕所述《坛经》向契嵩校勘《坛经》的过渡性格。宽永本和兴圣寺本不仅在书写上使用的是"细字双行"，而且将之与惠明追逐惠能的部分相分离。这一方面说明其欲与古本保持一致的态度，另一方面说明其欲对古本进行补充的渴望。那么是谁这样做的呢？根据兴圣

---

① 此照片为兴圣寺本的照片，但石井修道在对惠昕五本进行对照时，曾指出：在兴圣寺本与宽永本中，惠明的机缘话是作为注释放在"二悟法传衣门"之末尾。但，开头的"祖谓"在宽永本中为"唯谓"（［日］石井修道：《惠昕本六祖坛经的研究》，见《驹泽大学佛教学部论集》1980年第11期，第119页）。因此，在没有宽永本照片的情况下，此兴圣寺本的照片实际上代表宽永本的内容。

258

寺本所保留的晁子健的刊刻记来看，当是晁迥。因为晁子健所刊的实际上就是晁迥在 1031 年看过 16 遍且在上面进行"点句"且予以"标题"的写本。

> 子健被旨入蜀，回至荆南，于族叔公祖位见七世祖文元公①所观写本《六祖坛经》，其后题云：时年八十一，弟十六次看过。以至点句标题，手泽具存。②

也就是说，晁子健重刻的惠昕所述《坛经》已经是晁迥修改过的本子。除此以外，宽永本的晚出也可以通过与天宁寺本、真福寺本的经文进行对照得到印证。

表 8　天宁寺本、真福寺本、宽永本经文对照结果

13 858	数额	占总差异的比例（%）	占总坐标的比例（%）
天宁寺本与真福寺本相同或相通而与宽永本不同	1 418	62	10.2
天宁寺本与宽永本相同或相通而与真福寺本不同	208	9	1.5
宽永本与真福寺本相同或相通而与天宁寺本不同	602	26	4.3
天宁寺本、真福寺本、宽永本各不相同	76	3	0.5
差异的总额	2 304		16.6
天宁寺本、真福寺本、宽永本完全相同	11 554		83.4

其中的"天宁寺本与真福寺本相同或相通而与宽永本不同"占到总差异的五分之三（62%），这说明真福寺本与宽永本相比，真福寺本与天宁寺本的关系更密切。也就是说，宽永本与真福寺本、天宁寺本的关系更远，所以更晚出。除此之外，表中"宽永本与真福寺本相同或相通而与天宁寺本不同"的数额与比重也较大（602/26%），这

---

① 晁子健序中所说"七世祖文元公"，即是晁公武（字子止），《郡斋读书志》自序中说的"公武家自文元公来，以翰墨为业者七世"的文元公，即是晁迥，是北宋前期的大文学家，他死后谥"文元"，《宋史》卷 305 有传，《宋史》所论与晁子健所述略同（《毫智余书》，《宋史》宣作营）。《宋史》所记也有可供此本考证的。本传说："天圣中，回年八十一，召宴太清楼。……子宗悫为知制诰，待从，同预宴。"据毕沅《续通鉴》卷 38，晁宗悫知制诰是在天圣九年正月：太清楼赐宴在同年闰十月。据此可知，他八十一岁正是天圣九年（1031）。此本的原写本有晁回自题"时年八十一，第十六次看过"的话，题字之年（1031）和惠昕改订之年（967）相隔只有 64 年，也可以说是十世纪的写本（胡适：《坛经考之二（记北宋本的六祖坛经）》，见张曼涛主编：《六祖坛经研究论集》，大乘文化出版社 1976 年版）。

② ［日］柳田圣山主编：《六祖坛经诸本集成》，中文出版社 1976 年版，第 49 页。

说明真福寺本虽然与天宁寺本比较密切，但是它们之间存在的差异也不小。那么二者的先后亲疏关系如何呢？

（二）天宁寺本比真福寺本更接近法海集记《坛经》

将天宁寺本与真福寺本的差异相对照，可从中得知天宁寺本更接近法海集记《坛经》，兹举两例。

1. "火急急"

"火急急"三字出现在法海集记系《坛经》之英博本里的五祖弘忍命令门人各自作偈时的最后一句话中，用意在督促门人弟子赶快作偈呈上来，是非常口语的表达。其在其他诸本《坛经》中的情形如表9所示：

表9　"火急急"在各版本《坛经》中的情形

英博本	旅博本	敦博本	天宁寺本	真福寺本	宽永本	契嵩校勘诸本
火	火	火	火	火	火	火
急	急	急	急	急	急	急
々	々	作	便作		速去	速去

由此表可知，英博本和旅博本更接近当时的实录，语意更为丰富，而其他各本则带有更多的书面色彩，而且"作"（作偈）和"去"（归房）均只有单向的意味。值得注意的是，作为重写符号出现的"々"的字形与"作""去"在书写上是存在相似部分的，因此很有可能是抄写者故意将其辨认成"作"或"去"的，目的是更好地与下文（归房或作偈）相连接。"便作"和"速去"则是进一步的"完善"而已（虽然"速"字与"火急"有些重复）。而天宁寺本"便作"，很显然与法海集记《坛经》的关系更密切。另外，这在一定程度上也反映出法海集记《坛经》由口语化带来的含糊性（或称"文繁"）正在通过书面化而得到条理。

2. "若轻人即有无量无边罪张"

天宁寺本更接近法海集记《坛经》的特点，除了从是否更多地保留了法海集记《坛经》中的内容而得到确认外，还可以通过惠昕所述

《坛经》在流变过程中对经文的逐渐增加过程中留下的印迹而认识到。例如"若轻人即有无量无边罪张"这 11 字便是逐渐被增入惠昕所述《坛经》中的。

表 10　惠昕所述《坛经》对"若轻人即有无量无边罪张"的增入过程

天宁寺本	真福寺本	大乘寺本	宽永本	兴圣寺本
上上人 无意智	上上人 勿意智	上上人勿 意智（若	上上人有 没意智若	上上人有 没意智若
		轻	轻	轻
		人	人	人
	即	即	即	即
	有	有	有	有
	无	无	无	无
	量	量	量	量
	无	无	无	无
	边	边	边	边
		罪	罪	罪
	张	张）	张	张
别	日	别	日	日
驾	用	驾	用	用

由此可见，"若轻人即有无量无边罪张"是逐渐被写入惠昕所述《坛经》中的。在这个过程中，我们不仅可以知道天宁寺本的经文内容是比较早的，而且可以知道真福寺本是天宁寺本向宽永本过渡的中间环节。同时，这也进一步印证了宽永本的晚出性。

（原载《禅和之声》——"2012 年禅宗六祖文化节暨广东省佛教协会三十年"研讨会论文集）

六祖《金刚经注》残文研究

刘斯翰

禅宗六祖慧能，其与《金刚经》的关系，可谓世人皆知。但他曾经为《金刚经》作注，恐怕知者就不多了。本来，六祖在其长达三十七年的说法利生生平中，讲说《金刚经》，乃至为之作注疏，完全是可想而知的事。不过，因为未见其书，所以被人忽略了。其实，六祖确有关于《金刚经》的讲说和注解。20世纪80年代上海古籍出版社出版的《金刚经集注》，其中就收录有六祖《金刚经注》的若干文字。这部《金刚经集注》（以下简称《集注》）题"明朱棣集注"，是"据复旦大学图书馆藏明永乐内府刻本影印"。据整理者说，是明成祖朱棣在《太祖集注金刚经》（朱元璋撰，已佚）的原有基础上，重加纂辑而成的（参见该书"出版说明"）。经文之前并有朱棣永乐二十一年四月十七日所作序。

从《集注》得知，六祖的注文乃采自"新州印六祖注本"（见261页），当时［明永乐二十一年（1423）］此注本具在。《集注》又透露，另有《六祖说金刚经》一种（见105页）。可惜的是，这两种六祖著作都已亡佚。今天可以略睹六祖《金刚经注》的真容，唯有拜《集注》之赐了。

爰从其中辑录六祖注的"零缣碎锦"，共得30条，2 492字①。因著文稍作论述。

《集注》所存六祖注文，虽然只能称为"残片"，未足据之见其原

---

① "六祖何以注四句偈云：'我人顿尽，妄想既除，言下成佛。'"见《集注》第80页。按，此12字为颜丙注中引述者，故未计入。

貌。但是，其中有关《金刚经》的大义、修行原则和若干重要名相，均有所涉及，颇足"窥豹一斑"。

一、《金刚经》的要义是教导修行者"破执"

《金刚经》的要义是教导修行者"破执"：第一破我执；第二破法执；第三破破执。这在注文中已备言之。

先看破我执。经文云：

须菩提，若菩萨有我相、人相、众生相、寿者相，即非菩萨。

对于这"四相"，一般的解释是：

总执主宰，名为我相，执过去我是今世我，多生不断，名众生相。执现在我一期命住，是我之寿，是名寿者相。执我当来复生异道，数取趣故，名为人相。①

六祖注曰：

修行人亦有四相。心有能所，轻慢众生，名我相。自恃持戒，轻破戒者，名人相。厌三涂苦，愿生诸天，是众生相。心爱长年而勤修福业，法执不忘，是寿者相。有四相即是众生，无四相即是佛。

两相比较，可以见出，六祖的解释，有意揭破修行者的迷执。他说："修行人亦有四相"，便犹如一声棒喝。然后，他指出修行中最易具有四种迷执：第一是"心有能所，轻慢众生"，即认为自己信佛修道、高人一等，因此看不起众人，是之谓"我相"。第二是"自恃持戒，轻破戒者"，即在信佛修行的同伴中，自恃能坚守戒律，看不起违戒犯错的人，是之谓"人相"。第三是"厌三涂苦，愿生诸天"，即信佛修行，出于厌尘世之苦，贪西天之乐的目的，是之谓"众生相"。第四是"心爱长年而勤修福业，法执不忘"，即信佛修行，出于贪恋尘世，希望长生不老的目的，是之谓"寿者相"。骤然看来，这与注经所要求的解释"名相"，不是很符合。但是，若深一层去想，六祖的用意却与经中的佛意正符。因为佛的"四相"之言，是针对修行者——菩萨容易发生的我执（"我灭度众生"）而发。六祖是就中国信

---

① 京西明道场沙门昙旷撰：《金刚般若经旨赞》卷上，（唐代宗）广德二年（764）六月五日释普遵于沙州龙兴寺写。

众（非菩萨）在修行中易生的我执而发，具体内容虽异，而"破修行者之我执"的本义则同。由此可见，六祖对"四相"的注解，从具体的中国人信佛修行的思想问题出发，因而自具特色。

六祖曾说：

自悟修行不在口诤。若诤先后，即是人不断胜负，却生法我，不离四相。

《坛经》中涉及"四相"者，只此一处。上述注文，显然丰富了六祖的说解。

再看破法执。经文云：

如来所说法，皆不可取，不可说，非法，非非法。所以者何？一切圣贤皆以无为法，而有差别。

六祖注曰：

三乘根性，所解不同，见有浅深，故言差别。佛说无为说者，即是无住，无住即无相，无相即无起，无起即无灭，荡然空寂，照用齐施，鉴觉无碍，乃真是解脱佛性。佛即是觉，觉即是观照，观照即是智慧，智慧即是般若也。

然灯是释伽牟尼佛授记之师，故问须菩提：我于师处听法，有法可得不？须菩提知法，即因师开示而实无得，但悟自性本来清净，本无尘劳，寂而常照，即自成佛。当知世尊在然灯佛所，于法实无所得。

一切万法皆从心生，心无所生，法无所住。

由以上注文可见，六祖"破法执"的智慧，是"无住"。从"无住"入手，就不会著相：既不执法相，也不执非法相，这就是"无相"。做到"无相"，也就是心"无起无灭"，因为"一切万法皆从心生，心无所生，法无所住"。这即是《金刚经》所说的"应无所住而生其心"。达到了这一境界，便可以体会"荡然空寂，照用齐施，鉴觉无碍"的"真解脱"，"但悟自性本来清净，本无尘劳，寂而常照，即自成佛"。《六祖说金刚经》曰：

恰至应无所住而生其心，六祖言下大悟。乃言何期自性本自清净，何期自性本不生灭，何期自性本自具足，何期自性本无摇动。五祖曰：

不识本心，学法无益。若言下识自本心，见自本性，即名丈夫天人。①

一旦明白"佛性就在自心"，便如五祖说："识自本心，见自本性，即名丈夫天人。"用六祖的话："众生是佛。"《坛经》说：

内外不住，来去自由，能除执心，通达无碍。心修此行，即与《金刚般若波罗蜜经》本无差别。一切经书及文字，大小二乘十二部经，皆因人置。因智慧性故，故然能建立。或若无智人，一切万法本亦不有。故知万法本从人兴，一切经书因人说有。缘在人中有愚有智，愚为小，故智为大。迷人问于智者，智人与愚人说法，令愚者悟解心开。迷人若悟解心开，与大智人无别。故知不悟，即佛是众生。一念若悟，即众生是佛。故知一切万法，尽在自心中。何不从于自心顿见真如本性。

相比较可以看见，各书中六祖所说破法执的理路是完全一致的。也与五祖的话一致："不识本心，学法无益。"

最后看破破执。经文云：

尔时须菩提白佛言：世尊！善男子善女人发阿耨多罗三藐三菩提心，云何应住？云何降伏其心？佛告须菩提：善男子善女人发阿耨多罗三藐三菩提心者，当生如是心：我应灭度一切众生已，而无有一众生实灭度者。何以故？须菩提，若菩萨有我相、人相、众生相、寿者相，即非菩萨。所以者何？须菩提，实无有法发阿耨多罗三藐三菩提心者。

六祖注曰：

须菩提问佛，如来灭后，后五百岁，若有人发阿耨多罗三藐三菩提心者，依何法而住？如何降伏其心？佛言：当发度脱一切众生心。度脱一切众生尽得成佛已，不得见有一众生是我灭度者。何以故？为除能所心也。除有众生心也。亦除我见心也。

"度脱一切众生尽得成佛已，不得见有一众生是我灭度者"，是为释迦牟尼教导世人修行的大乘妙理。它包含着这样一种智慧，就是"破破执"。首先，要有所执——发心"度脱一切众生"使"尽得成

---

① 见《集注》第105页。此条注明采自《六祖说金刚经》，与传世《坛经》本略同，当非出于注本。

佛"；然后，要破这执——"不得见有一众生是我灭度者"，从"有心"到达"无心"；最后，再破"有心""无心"之执——"实无有法发阿耨多罗三藐三菩提心者"。六祖深谙此理，故说："为除能所心也"，即要破除"我能度脱"和"度脱众生"之心，也就是破除"有众生"之心和"我见"之心。六祖注曰：

> 如来说我人等相，毕竟可破坏，非真实体也。一切众生尽是假名，若离妄心，即无众生可得，故言"即非众生"。

"一切众生"是如此，"一切万法"也是如此。所谓"破破执"，是说对于"破执"也不要执著的意思。譬如"一切众生即非众生"，是破除修行者"度脱一切众生"之执，但如果修行者因此放弃"度脱一切众生"，则又陷入另一种执——对破执的执。所以，佛不但仍然主张修行者发心"度脱一切众生"，而且要实实在在去"度脱一切众生"。这个智慧，或可表述为"破执破破执"，或者"也执也不执""也破也不破"。六祖在《坛经》中就时时运用这个智慧，以至可以说，一部《坛经》，就是运用这个智慧而成。

二、《金刚经》中反复称说"布施"的意义

《金刚经》中反复称说"布施"，有三种用意。一是鼓励世人行善积德，二是提倡受持《金刚经》并为他人解说，三是破世人修福的迷执。这三种用意，六祖注都有反映。

先看鼓励世人行善积德。六祖注曰：

> 应如无相心布施者，为无能施之心，不见有施之物，不分别受施之人，故云无相布施。

在这里，六祖不是强调布施可以得福，而是强调布施者应持之心。他说，布施者应做到不骄矜（无能施之心）、不计算（不见有施之物）、不选择（不分别受施之人）。六祖贫苦出身，世态炎凉看得多了，故所说针对性也强。

再看提倡受持《金刚经》并为他人解说。六祖注曰：

> 布施供养，身外之福；受持经典，身内之福。身福即衣食，性福即智慧。虽有衣食，性中愚迷，即是前生布施供养，不持经典。今生聪明智慧，而贫穷无衣食者，即是前生持经听法，不布施供养。外修

266

福德即衣食，内修福德即智慧。钱财见世之宝，般若在心之珍，内外双修，方为全德。此是赞叹持功德胜布施福也。

六祖肯定"布施供养"和"受持经典"二者都是福德，不可偏废。主张"内外双修，方为全德"。这也是颇有针对性的，因为中国人的特点，多数人信佛布施，都离不开修福。一个典型例子，是达摩见梁武帝，武帝问："朕一生以来造寺、布施、供养，有功德否?"达摩答："并无功德。"武帝大为不悦，把达摩送出国境。从禅宗的立场，六祖完全同意达摩的回答，不过，达摩答得未免太直率了些。六祖作为中国人，自比达摩更了解中国人的特性，所以循循善诱，不偏不倚。这也是随缘说法之意。类似的精神，还反映在疏解"种诸善根"之中。六祖注曰：

何谓种诸善根? 所谓于诸佛所一心供养，随顺教法。于诸菩萨、善知识、师、僧、父母、耆年宿德尊长之处，常行恭敬供养，承顺教命，不违其意，是名种诸善根。于一切贫苦众生，起慈悯心，不生轻厌，有所须求，随力惠施，是名种诸善根。于一切恶类，自行柔和忍辱，欢喜逢迎，不逆其意，令彼发欢喜心，息刚戾心，是名种诸善根。于六道众生不加杀害，不欺不贱，不毁不辱，不骑不捶，不食其肉，常行饶益，是名种诸善根。

这是六祖对中国信众劝善修行之意，其中颇多日用的成分，体现了六祖主张修行"在家亦得，不由在寺"，以及"行住坐卧"皆是修行的思想，也令我们可以想见六祖日常说法的风格。

再看破世人修福的迷执。六祖注曰：

三千大千世界七宝持用布施，得福虽多，于性一无利益。依摩诃般若波罗蜜多修行，令自性不堕诸有，是名福德性。心有能所，即非福德性。能所心灭，是名福德性。心依佛教，行同佛行，是名福德性。不依佛教，不能践履佛行，即非福德性。

通达一切法，无能所心，是名为忍。此人所得福德，胜前七宝之福。

在这里，六祖对"布施"的称论便入深一层，他虽肯定说布施可以"得福"，却指出其"于性一无利益"。从修持心性而言，关键还是在于"心行"。布施者若要真实的福德（即"福德性"），还得靠"心

267

依佛教，行同佛行"。六祖通过疏解"福德性"的名相义，又着重从修行实践来加以说明，归结起来，仍是一句话："持功德胜布施福。"

三、衍发《金刚经》"平等"大义，创为"众生各各自性自度"之说

六祖注曰：

卵生者，迷性也。胎生者，习性也。湿生者，随邪性也。化生者，见趣性也。迷故造诸业，习故常流转，随邪心不定，见趣堕阿鼻。起心修心，妄见是非，内不契无相之理，名为有色。内心守直，不行恭敬供养，但言直心是佛，不修福慧，名为无色。不了中道，眼见耳闻，心想思惟，爱著法相，口说佛行，心不依行，名为有想。迷人坐禅，一向除妄，不学慈悲喜舍智慧方便，犹如木石，无有作用，名为无想。不著二法想，故名若非有想。求理心在，故名若非无想。

信心者，信般若波罗蜜能除一切烦恼；信般若波罗蜜能成就一切出世功德；信般若波罗蜜能出生一切诸佛；信自身佛性本来清净，无有染污，与诸佛性平等无二；信六道众生本来无相；信一切众生尽得成佛，是名净信心也。

自心诵得此经，自心解得经义，自心体得无著无相理，所在之处常修佛行，即自心是佛。故言"所在之处，即为有佛"。

《金刚经》中，佛说法的对象是修菩萨行者，故专主如何对待"灭度众生"，反复讲说"破执破破执"的心法。六祖说法的对象是中国信众，因中国人偏重现世，演为《坛经》一部，通过现世即可成佛（"顿悟成佛"）的说教，诱导信众超越现世种种尘劳妄念，而获得"大解脱"，成为"大觉者"（即"佛"）。这从他作的注文中也可以见到：第一条注文，本来是解释经文中"众生"各为何物的，《集注》载录王日休①注云：

若卵生者，如大而金翅鸟，细而虮虱是也。若胎生者，如大而狮象，中而人，小而猫鼠是也。……上四种谓欲界众生。若有色者，色谓色身，谓初禅天至四禅天诸天人，但有色身而无男女之形，已绝情

① 王日休，字虚中君，南宋绍兴国学进士，龙舒人，又号龙舒居士。见《庐山莲宗宝鉴念佛正因》卷四。

欲也。此之谓色界。若无色界者，谓无色界诸天人也，此在四禅天之上，唯有灵识而无色身，故名无色界。若有想者，此谓有想天诸天人也，此天人唯有想念。……若无想者，此谓无想天诸天人也，此有想天之上，此天人一念寂然不动，故名无想天。若非有想非无想者，此谓非想非非想天诸天人也，此天又在无想天之上，其天人一念寂然不动，故云非有想，然不似木石而不能有想，故云非无想。此天于三界诸天为极高，其寿为极长，不止于八万劫而已。

王注是比较符合注解经文的训诂要求的。而六祖未循此注疏常规，而是借注发挥其义理。六祖注所解说的，都是修行者在修行中易生的种种迷执，尤其注重启导其心的修持。第二条注解经文"一念生净信者"，值得注意的是后半段："信自身佛性本来清净，无有染污，与诸佛性平等无二；信六道众生本来无相；信一切众生尽得成佛。"这里六祖强调，每个信众一要坚信自身佛性与诸佛性平等无二；二要坚信一切众生尽得成佛。这既是对经文中佛用以鼓励后人的一番说话的发挥，也是六祖自己从《金刚经》悟得的大乘妙理的解说。第三条大意与第二条相类，六祖在此一连用了四个"自心"，把力主信众"自性自度"的精神，凸显无遗。

由上述可见，《集注》保存的六祖注文，虽然可能未及原注的十分之一，但已经显出原注的若干特色，其发挥的义理，也足资与传世的《坛经》相印证，乃至相发明。它让我们可以更深入地了解六祖对《金刚经》的心得，还让我们看到更多六祖说法的形象。这无论对于研究六祖其人，还是研究六祖的思想，都是值得加以珍视的一份遗产。

（原载《六祖慧能思想研究（三）》，香港出版社 2007 年版）

269

《曹溪大师传》及其在中国
禅宗史上的意义

杨曾文

《曹溪大师传》，也称《曹溪大师别传》①，记述中国禅宗南宗创始人惠能生平事迹和禅法语录，是编撰于 8 世纪的唐朝禅宗史书之一，久已在中国遗失。然而日本长期保存 9 世纪日本天台宗创始人最澄来唐求法期间抄录的此传的写本，18 世纪曾刊印，在 20 世纪初刊印《续藏经》收载此书后，开始受到世人广泛的关注，并逐渐被更多学者利用和研究。

笔者据自己掌握的资料对此书作概要介绍和评述，希望今后中国学者在考察和研究禅宗早期历史中能结合《六祖坛经》对此书充分参考利用，并展开进一步研究。

一、《六祖坛经》和《曹溪大师传》

唐代禅宗成立之后曾产生多种记述禅宗代表人物、事迹和禅法的史书，然而在后来遗失很多，长期来主要借助宋代道原《景德传灯录》等五部灯史和普济《五灯会元》的记载来了解和研究中国禅宗形成和发展的历史，至于记述早期禅宗历史的《楞伽师资记》《传法宝纪》《历代法宝记》《祖堂集》和《宝林传》（现仅保存有残本）等具有宝贵史料价值的史书曾长期从社会上消失，只是到二十世纪二三十年代以后才从敦煌遗书中和韩国相继被发现，经过中外学者的整理和研究，为世人了解和使用。至于早已遗失而至今仍未被发现的史书，

---

① 笔者在本文中一般称《曹溪大师传》，然而在引用他人著作或观点时，如果他人原用《曹溪大师别传》，则也用此称，不强求一律。

例如《圣胄集》《续宝林传》等，恐怕仍有相当数量。

惠能（638—713），唐代以后多写为慧能，是后来成为中国禅宗正统的南宗的创始人。记述他生平事迹和语录的《六祖坛经》是中国人写的佛教著作中唯一被奉为"经"的文献。然而在禅宗传播和发展过程中，《六祖坛经》也形成多种章节、形式不同的本子。自明代以后中国最通行的是属于北宋云门宗契嵩禅师改编本《六祖坛经》系统的元代宗宝本《坛经》和所谓《曹溪原本六祖坛经》，其他则全部遗失。幸而进入 20 世纪 20 年代以后，从敦煌文献中发现唐本《六祖坛经》，因在敦煌遗书中发现而被称为"敦煌本六祖坛经"。现保存完整的有旧本与新本两种，皆已整理出版①。此外，20 世纪 30 年代从日本陆续发现属于 10 世纪宋代惠昕改编本《坛经》的几种不同的刊本。属于惠昕本系统的刊本按发现地命名，包括名古屋真福寺本、石川县大乘寺本、京都兴圣寺本等。这为考察和研究惠能的事迹、禅法和中国禅宗发展史提供了新的资料，并通过这一研究促进了对中国禅宗历史、文献和中国文化史的研究。

正是在这种背景下，人们开始对《曹溪大师传》发生前所未有的兴趣。从内容来看，《曹溪大师传》与诸本《六祖坛经》一样是记述惠能的生平和禅法语录的文献，从某种意义上说《曹溪大师传》是另一种《六祖坛经》也不为过。

中国学者中最早对《曹溪大师传》进行研究的是胡适。1930 年他写了《坛经考之一（跋曹溪大师别传）》（载《胡适文存第四集》），根据自己对《续藏经》中《曹溪大师别传》考察的结果，对《曹溪大师别传》的来源、著作年代及主要内容作了介绍。胡适认为，《曹溪大师别传》的最大价值就是可以用来考证北宋契嵩曾将此作为《坛经》的"曹溪古本"，利用其中的资料对"坛经古本"（指敦煌本《坛经》）作了较大的改编增补，将传中许多内容加到了《坛经》之中，不仅明藏本《坛经》属于契嵩改编的《坛经》，就是元代宗宝本

---

① 旧本敦煌本的最早校勘本是日本铃木大拙、公田连太郎校订，东京森江书店 1934 年出版的《敦煌出土六祖坛经》。这一校本被收入 20 世纪 30 年代上海出版的《普会大藏经》之中。郭朋校释、中华书局 1983 年出版的《坛经校释》即以此本为底本。新本敦煌本最早由杨曾文校写，上海古籍出版社 1993 年出版《敦煌新本六祖坛经》，2000 年重校后由宗教文化出版社出版《新版·敦煌新本六祖坛经》。新本敦煌本还有周绍良编著、文物出版社 1997 年出版《敦煌写本坛经原本》，书前附有迄今发现的各种敦煌写本《坛经》照片。此外，近年还出版几种校刊本。敦煌本《坛经》写本还有北京图书馆藏本，称北京本（残本），此略。

《坛经》也是源自契嵩改编本《坛经》。明藏本《坛经》比敦煌本多出百分之四十的内容中，有相当部分取自《曹溪大师别传》。对此，他摘引相关内容作了说明。

今依明藏本的次第，列述如下：

（1）行由第一：自"惠能后至曹溪，又被恶人寻逐"以下至印宗法师讲《涅槃经》，惠能说风幡不动是心动，以至印宗为惠能剃发，惠能于菩提树下开东山法门——

此一大段，四百余字，敦煌本没有，是采自《曹溪大师别传》的。

（2）机缘第七：刘志略及其姑无尽藏一段，敦煌本无，出于《别传》。

又智隍一段，约三百五十字，也出于《别传》的隍禅师一段，但隍改为智隍，改大荣为玄策而已。

（3）顿渐第八：神会一条，其中有一段，"吾有一物，无头无尾，无名无字，无背无面，诸人还识否……"约六十字，也出于《别传》。

（4）宣诏第九：全章出于《别传》六百多字，敦煌本无。但此删改最多，因为《别传》原文出于一个陋僧之手，谬误百出，如说"神龙元年高宗大帝敕曰"，不知高宗此时已死了二十二年了！此等处契嵩皆改正，高宗诏改为"则天中宗诏"，诏文也完全改作。此诏今收在《全唐文》（卷十七），即是契嵩改本，若与《别传》中的原文对勘，便知此是伪造的诏书。

（5）付嘱第十：七十年后东来二菩萨的悬记，出于《别传》，说详上文。

又《别传》有"曹溪大师头颈先以铁镖封裹，全身胶漆"一语，契嵩采入《坛经》。敦煌本无。

又此章末总叙惠能一生，"二十四传衣，三十九祝发，说法利生三十七载"，也是根据《别传》而稍有修正。

《别传》记惠能一生的大事如下：

三十四岁，到黄梅山弘忍处得法传衣。

三十四至三十九岁，在广州四会、怀集两县界避难，凡五年。

三十九岁，遇印宗法师，始剃发开法。但下文又说开法受戒时"年登四十"。

272

七十六岁死，开法度人三十六年。

契嵩改三十四传衣为"二十四传衣"，大概是根据王维的碑文中"怀宝迷邦，销声异域……如此积十六载之文"。又改说法三十六年为三十七年，则因三十九至七十六，应是三十七年。

以上所记，可以说明《曹溪大师别传》和《坛经》明藏本的关系。笔者曾细细校勘《坛经》各本，试作一图，略表《坛经》的演变史：

《坛经》古本 ——┐　　　宋至和三年（1056）元至元辛卯（1291）
（敦煌写本）　　├—— 契嵩三卷本——宗宝增改本┃——明藏本
《曹溪大师别传》┘

然而胡适最后得出的结论是：《曹溪大师别传》是唐建中二年（781）"江东或浙中的一个和尚""一个无识陋僧妄作的一部伪书，其书本身毫无历史价值，而有许多荒谬的错误"。书中对惠能一生的记述，"大体用王维的《能禅师碑》"。

日本学者利用和研究《曹溪大师传》比中国学者早。近代早期著名佛教学者忽滑谷快天（1867—1934）在其《禅学思想史》①（中国禅部分）第二编第十一章《六祖慧能及其家风》对惠能生平事迹的介绍中，将《曹溪大师传》作为依据的重要资料之一，说："对校《曹溪大师别传》《宋高僧传》《景德传灯录》《六祖法宝坛经》四书而检惠能传，相互非无出入，大体则相一致。"是充分承认《曹溪大师传》的史料价值的。因为《曹溪大师传》中所记的不少帝号年代有明显的错误，所以忽滑谷快天也指出"《别传》之纪年杜撰太甚"，一一给予纠正。当时尚未发现敦煌本《坛经》，所以忽滑谷快天利用的《坛经》是元代宗宝改编的《六祖法宝坛经》。

日本著名禅宗文献研究学者柳田圣山在其《初期禅宗史书的研究》②第四章《祖师禅灯史的发展》的第二节、第三节中以"《曹溪大师别传》的出现"的标题对《曹溪大师别传》作了详细的论述，从

---

① 忽滑谷快天日文版《禅学思想史》有上下两册，东京玄黄社1925年出版。中国学者朱谦之将其中的中国禅部分译出，改名《中国禅学史》，1994年由上海古籍出版社出版。本文引用即据此书。

② ［日］柳田圣山：《初期禅宗史书的研究》，京都法藏馆1967年版。

此传的名称、内容结构、成立及存在的种种问题，作了比较周详的考察和论证，指出此传在撰写过程中受到广州光孝寺所存唐代法才《瘗发塔记》、王维《六祖能禅师碑铭》和《神会语录》的影响，然后在不少问题上有发展。然而他表示，对于《曹溪大师别传》中的种种史实的真伪还不好确定。《曹溪大师别传》中对作为"祖师禅之祖"的惠能形象所作的最出色的描绘，是"安史之乱之后所展开的新佛教动向的如实反映"。

此外的著作，有松本文三郎《关于〈关于曹溪大师别传〉》、内藤湖南《唐钞〈曹溪大师传〉》、花井正雄《〈曹溪大师别传〉解说》、宇井伯寿《第二禅宗史研究》第二章第一节、陆川堆云《六祖慧能大师》第四章第一节《关于〈曹溪大师别传〉》等。①

然而日本在研究惠能传记、《六祖坛经》和《曹溪大师传》方面最引人注目的成果是驹泽大学禅宗史研究会编著、东京大修馆 1978 年出版的《慧能研究》。此书卷首全文刊载长期珍藏于日本天台宗大本山比睿山延历寺、现收藏于奈良国立博物馆的由最澄从唐带回的《曹溪大师传》（称比睿山本）的影印本，正文第一章就是《〈曹溪大师传〉的研究》。

此章第一节"关于曹溪大师传"，对此传的来源、日本现存的不同写本或版本——睿山写本、江户时代无著道忠（1653—1744）抄写本、1762 年京都兴圣寺刊本、《续藏经》本分别作详细介绍。在对《曹溪大师传》与其他惠能传记（包括久佚者）的介绍中，认为此传的出现与禅宗南宗的迅速兴盛、南宗有意"显彰"六祖惠能的事迹和禅法有密切关系，最后强调本传论证佛性思想、心性论、坐禅观独具特色，对后世禅宗有重大影响。

第二节"校订训注曹溪大师传"，以比睿山本为底本，以无著道忠 1734 年抄写本、京都兴圣寺 1762 年刊本、1911 年刊印《续藏经》的收载本为校本，将传记全文进行校订，然后加以分段、标点并译为日文，最后加上详细注释。这为读者阅读和利用《曹溪大师传》提供很大的方便。

《慧能研究》对《曹溪大师传》的题解和校订、注释，可以说是

---

① 这些目录，见驹泽大学禅宗史研究会编著、东京大修馆 1978 年出版《慧能研究》第一章第二节。笔者未见到这些资料，不能置评。

对以往日本研究此传的总结性成果。

二、《曹溪大师传》题目、著作年代和内容特色

《曹溪大师传》虽是唐朝禅僧所作，然而在中国早已湮没无闻，流传至今的只有日本求法僧最澄从唐带到日本的写本和源自这一写本的手抄本及刊印本。现根据《曹溪大师传》的内容并参考日本学者相关研究成果，对此略作介绍。

（一）原传题目和内容

本传的题目原来不是"曹溪大师传"，而是很长的"唐韶州曹溪宝林山国宁寺六祖惠能大师传法宗旨，并高宗（按：据正文相关年号，应为中宗）大帝敕书兼赐物改寺额，及大师印可门人并灭度时六种瑞相，及智药三藏悬记等传"。

这个题目真实地概括了传中以下内容。

（1）"唐韶州曹溪宝林山国宁寺六祖惠能大师传法宗旨"。按中国禅宗惯例，常将寺称山，曹溪宝林山即曹溪宝林寺，在韶州（今广东韶关曲江县）。宝林寺是南朝梁天监二年（503）武帝的赐名，进入唐代曾多次改名，中宗神龙年间（705—706）改名中兴寺、法泉寺、广果寺，玄宗开元九年（721）改为建兴寺，肃宗时改为国宁寺，宣宗时改南华寺①。可见，这里用"宝林山国宁寺"是用唐肃宗之后的名称。"惠能大师传法宗旨"，是惠能向门下弟子和僧俗信众宣述南宗顿教禅法宗旨，体裁包括开法语录、对门下或前来求教者询问的答语等。

（2）"高宗大帝敕书兼赐物改寺额"中的"高宗"，据正文相关年号，应为中宗。此传记述，唐中宗在神龙元年正月十五日派中使（宦官）薛简前往曹溪宣敕书，请惠能入内道场说法，惠能请薛简转呈表奏以疾婉辞，然而应薛简之请向他说法并"指授心要"所谓："一切善恶都莫思量，心体湛寂，应用自在。"据新旧《唐书》"则天皇后本纪""中宗本纪"和《通鉴》相关记载，武则天在神龙元年正月甲辰（二十三日）制太子（后即位为中宗）监国，乙巳（二十四日）传位于太子，丙午（二十五日）中宗即位。因此可以说，敕书应是武则天尚未退位时下的，然而中宗即位后并没有召回使者和敕书，

---

① 见宋李遵勖编撰《天圣广灯录》卷七（慧能章）谓引《南越记》。

也可以看作是武后和中宗共同下的，如果说是"则天太后、中宗敕书"也没有错。元代宗宝改编本所载相关内容就是源自此传，谓"神龙元年上元日，则天、中宗诏云……"是有道理的。

（3）"大师印可门人"，是指惠能的弟子。传中记述的弟子有神会、僧崇、大荣、潭州瑝禅师、行滔等人，对他们事迹的记述有详有略。

（4）"灭度时六种瑞相"，本传最后记载惠能在日及死后寺中六种祥瑞现象，带有浓厚的神异传说色彩。

（5）"智药三藏悬记"。此传说，南朝梁时印度高僧智药最先来到曹溪，劝人修建宝林寺，预言170年后"有无上法宝于此地弘化"，意为惠能在曹溪听无尽藏尼读《涅槃经》之后发挥佛性道理，住入宝林寺，正应智药的预言。

（二）著作年代：唐德宗建中二年（781）

《曹溪大师传》中有如下一段文字：

> 大师在日，受戒开法度人三十六年。先天二年壬子（按："壬子"应改为"癸丑"）岁灭度，至唐建中二年，计当七十一年。

这段文字显然是《曹溪大师传》编撰者的话，记惠能去世到建中二年编撰此传结束的时间是71年。然而这一计算有误。惠能年七十六岁于唐玄宗先天二年（713）八月去世，至唐德宗建中二年应当是68年，如果按古代传统算法连惠能去世的那一年也加上，应是69年，也不到71年。然而据此可以确定，建中二年正是《曹溪大师传》成书之年。

作者在惠能去世近70年的时候编撰此传，应当说他有机会接触到不少惠能弟子或再传弟子，以及曾经与惠能有过交往的其他僧俗信众，看到过不少记载惠能及其弟子事迹、语录的文献资料，也曾听过很多关于惠能的传说。正因为如此，《曹溪大师传》确实为后人提供了在《六祖坛经》和其他资料中看不到的情况。

（三）最澄将《曹溪大师传》带到日本

日本平安时代，中日佛教交流十分频繁。日本桓武天皇延历二十三年（804），最澄（767—822）为了学习天台宗教义和寻求天台宗典籍，获准与弟子义真搭乘遣唐使船入唐求法。时值唐德宗贞元二十

（804）。当时中国禅宗正在迅速兴起，在南方特别是江浙一带特别盛行，其中以惠能下二世马祖道一（709—788）的法系最有影响力。

最澄、义真先到台州天台山，先后拜谒修禅寺的道邃、佛陇寺的行满，从他们受天台教法和教籍，又从禅林寺的翛然受牛头禅派的禅法。唐贞元二十一年（805），最澄与义真到达越州（治今浙江绍兴），在龙兴寺从密宗善无畏的再传弟子顺晓受密宗灌顶和曼荼罗、经书、图像等，然后搭乘遣唐使的船回国，带回佛经、天台宗与密宗的典籍等230部460卷。最澄死后，天皇谥"传教大师"之号。现存《传教大师将来台州录》《传教大师将来越州录》，就是最澄从唐带回的图书目录。《越州录》清楚记载"曹溪大师传一卷。"① 前面已介绍，本传原来的名称很长，这一名称也许是最澄给简化的。

问题是现存所谓"比睿山本"写本《曹溪大师传》是否是最澄带回来的呢？写本后面署有"贞十九二月十三日毕"，意为贞元十九年（803）二月十三日抄写完毕。然而最澄是贞元二十年入唐的，怎么会署前一年的时间呢？实际上，这应是最澄来的前一年有人抄出，保存在越州某寺院的。最澄看到此书，自己或请"书手"按原样抄出。现存比睿山本后面盖有逆字体文字的古印"比睿寺印"，在背面夹缝的地方盖有三个斜体方框（◇）的印，里面有"比睿寺印"四字，方框内分别写有"天台""第一""最澄封"的文字。日本学者认为这确实是最澄从唐带回的。后来江户时代无著道忠的手写本及京都兴圣寺刊印本的后面，或仿绘或木刻，皆保留了原有的印章和文字的标志。

京都北部的兴圣寺原是天台宗比睿山的子院，后成为临济宗寺院，在日本宝历十二年（1762）以"曹溪大师别传"为题用木板刻印《曹溪大师传》。卷首所载金龙沙门敬雄的叙和卷后所载祖芳《书曹溪大师别传后》，皆谓此刊本所依据的是最澄从唐带回的比睿山本。然而驹泽大学禅宗史研究会通过考察比较后明确指出：兴圣寺刊本中的错误语句几乎完全袭自道忠写本，不可能直接依据比睿山写本刻印。（《慧能研究》第一章第一节之二）20世纪初日本编印《续藏经》所收载的《曹溪大师别传》就是以兴圣寺刊本为底本，以比睿山写本为校本加以校订刊印的。

《续藏经》本"曹溪大师别传"的题目沿用兴圣寺本，比最澄

《越州录》中所用的题目"曹溪大师传"增加一个"别"字，长期以来被国内外学者广泛使用，直到驹泽大学禅宗史研究会编著出版《慧能研究》，才将题目改回为《曹溪大师传》。1993 年上海古籍出版社出版笔者《敦煌新本六祖坛经》中附录的《曹溪大师传》，所主要参考和依据的就是此书和石井修道教授的论文《〈曹溪大师传〉考》。此后，由于学者依据的资料来源不同，"曹溪大师传"和"曹溪大师别传"两个书名并行。

（四）内容特色

《曹溪大师传》绝不是如同胡适所说是唐代江东或浙中地区"一个无识陋僧妄作的一部伪书，其书本身毫无历史价值，而有许多荒谬的错误"。

的确，如前面所引胡适所指出的那样，《曹溪大师传》中存在不少人名、年号的错误，然而这些错误有的十分明显，到底是原传作者的错误还是后来辗转抄写的笔误，现在难以确定。只要仔细地对照早期有关记述惠能生平和禅法的文献资料就可以看出，《曹溪大师传》的内容十分丰富，不少内容可以从比它成立较早的文献和稍后的文献记载得到旁证，并且为后世史书继承。至于传中属于明显笔误的地方，是很容易改正的。

综观《曹溪大师传》，可归纳出以下几个主要特色：

（1）在早期出现的记载惠能生平事迹的著作中，《曹溪大师传》记述惠能事迹最多。其中重要的有：

惠能"少失父母，三岁而孤"，是说三岁时没有父亲，而后母亲又亡故，然后才离开新州北上求法。

惠能北上求法经过曹溪，是唐高宗咸亨元年（670）年三十（三十三），与当地刘至略结为兄弟，白天一起劳动，晚上听其姑无尽藏尼读《大涅槃经》，懂得佛性的道理。在曹溪期间曾住在建于南朝梁时的宝林寺，也曾跟乐昌远禅师学习坐禅。

咸亨五年（674）到蕲州黄梅县拜谒弘忍，在对答中论佛性道理引起弘忍对他的赞赏，后来向他传授袈裟和禅法。

离开弘忍后，曾在广东的四会、怀集之间避难，经过五年时间。

仪凤元年（676）在广州制旨寺（后为光孝寺）听印宗讲《大涅槃

经》，以论风幡之义引起印宗对他的注意，欣然为他披剃授戒。此传甚至连为惠能授戒的戒和尚、羯摩师、教授师的名字也都作了明确记载。

惠能按照自己的理解向印宗及众僧讲涅槃佛性之义，然后被送到曹溪。

唐中宗派使者薛简奉敕到曹溪请惠能入京内道场说法，惠能以疾不赴，惠能向薛简说法。……

在惠能去世后八年，他的弟子神会到南阳龙兴寺传法，向朝廷官员及僧俗信众宣讲惠能禅法，也介绍惠能事迹，并且在记载他语录的《南阳和尚问答杂征义》的最后载有六代祖师小传，其中《惠能传》虽也集中讲述惠能事迹，但十分简单，而且涉及的方面不多。在惠能去世三四十年前后，王维受惠能弟子神会之托撰《六祖能禅师碑铭》，对惠能生平也有介绍，然而受体裁的限制，语焉不详。至于惠能弟子法海编撰的祖本《六祖坛经》，在经过二三代流传之后，记述惠能的事迹可以想象虽有增多，然而据现存敦煌本《坛经》来看，也十分有限。比较起来，《曹溪大师传》记述惠能的事迹最多也最富于色彩。此后，五代南唐静、筠二禅僧编撰《祖堂集》，宋初赞宁编撰《宋高僧传》，道原编撰《景德传灯录》及陆续出世的其他禅宗史书，皆对惠能生平事迹有介绍，然而几乎皆吸收继承《曹溪大师传》中不少内容。[①]

（2）惠能在法性寺受戒后应印宗之请向众僧说法，着重发挥涅槃佛性之义，所谓："我有法，无名无字，无眼无耳，无身无意，无言无示，无头无尾，无内无外……"神会说"此是佛之本源""本源者，诸佛本性"。在内容上虽与诸本《坛经》中讲的佛性思想一致，然而这里最为详细。因为他曾从无尽藏尼处听读过《大涅槃经》，对此便不感到意外。

（3）惠能在接待唐中宗派来的使者薛简的过程中，向薛简讲述顿教禅法并传授所谓"心要"，如："道由心悟，岂在坐耶"；"若无生灭，而是如来清净禅，诸法空即是坐"；"烦恼即菩提，无二无别"；"无二之性，即是实性。实性者即是佛性"；"心要者，一切善恶都莫思量，心体湛寂，应用自在"等。应当说这些思想与敦煌本《六祖坛

---

① 这里提到的几种介绍惠能事迹的著作，杨曾文校写、宗教文化出版社 2001 年出版的《新版·敦煌新本六祖坛经》附编一皆有校本，可以参考。

经》的内容是一致的，然而更加突出佛性和"不二"的思想。

至于唐中宗（原作高宗）敕书中所说得悉惠能"密受忍大师记，传达磨衣钵以为法信，顿悟上乘，明见佛性，今居韶州曹溪山，示悟众生，即心是佛"。其中的"明见佛性"的思想与敦煌本《坛经》中的"识心见性"是一致的；所谓"即心是佛"也与敦煌本《坛经》中的"此三身佛，从自性上生"，"三世诸佛，十二部经，在人性中本自具有"及"佛是自性作，莫向身外求"是一致的，未必可当作此敕是吸收马祖法系的禅法而伪作的证据。

（4）惠能去世后，上元二年（应为乾元元年，758）孝感皇帝（肃宗）依广州节度使韦利见之奏请，敕惠能弟子行滔送祖传袈裟到京城宫中供养，行滔以老疾辞，派弟子惠象随中使刘楚江将祖传袈裟送到京城内宫，宝应元皇帝（代宗）在永泰元年（765）又派人送回。这些记述真实情况如何，难以确证，然而对于禅宗研究还是有参考价值的。

三、《曹溪大师传》在中国禅宗史上的意义

《曹溪大师传》虽产生于中国唐代，但在中国本土久佚，长期以来人们对它一无所知。本传虽在9世纪被最澄带到日本，但真正引起人们的注意并对它进行研究是在20世纪初被收入《续藏经》刊印之后。公正地说，《曹溪大师传》在中国禅宗史、文化史上都有重要的意义。

（1）为了解惠能生平、禅法和早期禅宗历史提供了新的资料。在《曹溪大师传》发现以前，了解和研究惠能及早期禅宗历史主要靠明藏所收录的源自宋代契嵩改编本《六祖坛经》的元代宗宝本《坛经》和《宋高僧传》《景德传灯录》及其他禅宗史书。在《曹溪大师传》公之于世之后，又有新的禅宗文献相继出世，例如二十世纪二三十年代以后从敦煌文献中发现《六祖坛经》、神会语录、北宗文献，又从日本各地陆续发现宋代惠昕本的几种不同版本，以及从韩国发现《祖堂集》。这样，为学者对比考察这些来源、体裁各异的文献，探索究明惠能的生平事迹、禅宗思想和早期禅宗历史开拓了更广阔的空间。

（2）《曹溪大师传》是考察诸本《六祖坛经》的形成演变问题的重要资料。在20世纪发现敦煌本《坛经》和其他早期禅宗文献之后，在中日两国掀起一股考察和研究《六祖坛经》和早期禅宗历史的热潮，推动了对中国禅宗史和佛教文化史的研究，先后产生了很多令世

人瞩目的成果。现仅举三例：

例一：敦煌本《坛经》记载惠能初见五祖弘忍，弘忍问："汝是岭南人，又是獦獠，若为堪作佛？"惠能曰："人虽有南北，佛性本无南北；獦獠身与和尚不同，佛性有何差别！"弘忍对惠能的回答十分赞赏。那么一个不识字的惠能如何懂得大乘佛教的佛性思想呢？从唐本《六祖坛经》（现有敦煌本）是得不到说明的，然而一看《曹溪大师传》便可得到理解，原来他在曹溪曾听人读过《大涅槃经》并讨论过佛性问题，甚至后来在广州法性寺受戒后还向印宗和众僧讲过涅槃佛性理论。

例二：宋代云门宗高僧契嵩（1007—1072）以著《辅教编》著称，他受郎简委托对"为俗所增损，而文字鄙俚繁杂"的《六祖坛经》进行改编，据说"得曹溪古本，校之勒成三卷"（契嵩《镡津文集》卷三载郎简《六祖法宝记叙》）。契嵩改编本《坛经》在后世以曹溪原本《坛经》名称流传，另元代德异本《坛经》直接承自此本，宗宝本《坛经》虽也承自此本，但有较大改动。稍加对比就可以发现，契嵩本系统《坛经》中的不少内容是取自《曹溪大师传》的，正如前面所引胡适指出的那样。① 如果没有《曹溪大师传》这个中间环节，我们对诸本《坛经》的内容和演变一定有不少难以理解和贯通的地方。

例三：比《曹溪大师传》出世要早三四十年的王维《六祖能大师碑铭》中有：

九重延想、万里驰诚，思布发以奉迎，愿叉手而作礼。则天太后、孝和皇帝并敕书劝论，征赴京城。禅师子牟之心，敢忘凤阙？远公之足，不过虎溪。固以此辞，竟不奉诏。遂送百衲袈裟及钱帛等供养。

说明武后、中宗曾降敕请惠能入京内道场说法，但惠能未奉诏前往，此后中宗又赐袈裟、钱帛等供养。比《曹溪大师传》晚三十多年的柳宗元所撰《大鉴禅师碑》说：

中宗闻名，使幸臣再征不能致。取其言以为心术。

---

① 关于诸本《六祖坛经》的演变，请详见杨曾文校写《新版·敦煌新本六祖坛经》附编二《〈坛经〉敦博本的学术价值和关于〈坛经〉诸本演变、禅法思想的探讨》之（二），宗教文化出版社2001年版。

281

刘禹锡所撰《大鉴禅师碑》也说：

中宗使中贵人再征，不奉诏，第以言为贡。上敬行之。

应当说，这些由唐代朝廷高官撰写的碑文中所说武后、中宗曾降敕并派使者迎请惠能入京、取其言以为心术、赏赐袈裟等事是可信的，不可能出于随意编造。据唐高宗时长孙无忌奉敕撰《唐律疏议》卷二十五明载：诸诈为制书及增减者绞（口诈传及口增减亦是），未施行者减一等（施行，谓中书覆奏及已入所司者。虽不关由所司，而诈传增减，前人已承受者，亦为施行）。

《疏议》对"诈为制书"解释说：

意在诈伪而妄为制敕及因制敕成文而增减其字者，绞。……未施行，减一等。

据此，在唐代，实际岂止是唐代，伪造诏敕是大罪，将被处以绞刑，即使未成为事实也将判减一等罪，发配三千里。因此，不能轻易怀疑上引这些记载是不可信的编造。

那么，武后、唐中宗是何时和如何降诏敕请惠能的呢？是如何"取其言以为心术"的呢？这些在《曹溪大师传》中有较详细的记载。北宋时期契嵩据此书——"曹溪古本"对《六祖坛经》作增补时，也将这些内容吸收进去，为后世诸本《坛经》及佛教史书所继承。

（3）《曹溪大师传》中关于惠能在广州法性寺对印宗和众僧说法时对佛性的阐述，所谓"佛性是不二之法""无二之性即是实性"；在接待中使薛简过程中的说法，"烦恼即菩提，无二无别""实性者即是佛性。佛性在凡夫不减，在贤圣不增""心要者，一切善恶都莫思量"，等等，为了解、研究惠能为代表的南宗顿教禅法提供了新的资料。

最后，顺便提出，迄今中国教内外学者对《曹溪大师传》似乎尚未引起足够的重视，研究很少。建议今后能有更多学者对此传进行深入的考察和研究，并以此为基础，参考外国特别是日本的成果对《曹溪大师传》重加校勘、分段和标点，以期校订出一个更好的校本，为今后更多人阅读和研究提供方便。

（原载《六祖慧能思想研究（三）》，香港出版社 2007 年版）

后 记

2018 年，韶关市旅游委为了丰富韶关旅游文化内涵，挖掘韶关文化资源，创设韶关文化旅游景区，策划韶关文化旅游项目，组织韶关社会科学研究工作者成立十九个工作组，分组对韶关的各类文化进行挖掘与整理。

承蒙禅宗文化工作组组长黄明奇、唐继华二位先生不弃，邀我忝列其组，并指派我负责编选一本《韶关禅宗文化研究集萃》，以为韶关禅宗文化的价值与魅力张本。

韶关禅宗文化历史悠久，禅宗文化内涵丰厚，有关韶关禅宗文化的研究论文面广量多，选取什么类型的论文，选取谁的论文，这是首先需要考虑的问题。为此，我们确立选取内容的原则为韶关禅宗寺庙文化研究、韶关禅宗高僧大德研究、韶关禅宗典籍研究，选取作者的原则为外地学者与地方学者相兼顾。

根据这一选取原则，最初选取了约 76 万字的论文文稿，工作组审阅后，考虑字数太多，建议将字数控制在 23 万字左右。于是进行第二次筛选，但筛来选去，仍留有 36 万字左右。没有办法，只得将书稿送交出版社审阅。

出版社接到论文集书稿后，经初步审阅，提出了关于精简字数、统一格式等建议。根据出版社的建议，又忍痛删掉了三篇选录的论文以及原三篇论文中的附录，统一注释和参考文献格式。为此，敬请删掉了原论文附录、改动了注释和参考文献格式的论文作者给予谅解。

所选取的论文，绝大部分为已发表过的，为尊重原发表载体的版权，每篇论文后都标出了原载体的名称。

《韶关禅宗文化研究集萃》论文集的编选出版，得到了各方的大力支持，在此，谨向韶关市旅游委、韶关市社科联、暨南大学出版社、各位入选论文的作者、各原载体的编辑致以谢忱！

王焰安

记于韶关学院教师公寓

2019 年 7 月 26 日

岭南文化书系

韶关禅宗文化研究集萃

284